La Péninsule Des

(Tome I)

Vienne, Croatie, Bosnie, Serbie, Bulgarie, Roumélie, Turquie, Roumanie

Emile de Laveleye

Alpha Editions

This edition published in 2023

ISBN : 9789357961547

Design and Setting By
Alpha Editions
www.alphaedis.com
Email - info@alphaedis.com

Contents

INTRODUCTION

SITUATION ACTUELLE DE LA QUESTION BALKANIQUE

Depuis que mon livre sur la péninsule des Balkans a paru, l'attention du monde entier s'est fixée sur cette région, avec une anxiété croissante. On craignait qu'il ne s'y produisît entre la Russie et l'Autriche un choc qui aurait mis en armes et aux prises tous les peuples de l'Europe et de l'Asie septentrionale, depuis l'Etna jusqu'au cap Nord et depuis l'Atlantique jusqu'aux rivages lointains de l'océan Pacifique et aux bouches de l'Amour. Comment ce qui se passe en Bulgarie, dans cette partie si écartée de notre continent, peut-il à ce point menacer la paix, que tous les peuples et même, semble-t-il, tous les souverains désirent également maintenir? C'est que nous touchons à un moment de l'histoire où vont se décider les destinées de l'Orient et, par suite, celles de l'Europe tout entière.

La Russie a affranchi la Bulgarie au prix d'immenses sacrifices en hommes et en argent. Peut-elle souffrir que ce jeune pays, dont elle comptait faire l'avant-garde de sa marche en avant vers la Méditerranée, échappe complètement à son influence et devienne l'allié de sa rivale l'Autriche-Hongrie? L'instant est décisif. Deux éventualités se présentent: ou bien la Bulgarie se constitue en dehors de l'influence russe, et malgré la Russie, et plus tard sous les auspices de la Hongrie se forme une fédération balkanique, que la Roumanie défend dans le camp retranché créé en ce moment à Bucharest, ou bien la Bulgarie devient la vassale et le poste avancé de l'empire moscovite. Dans le premier cas, Constantinople et les rives de la mer Égée échappent définitivement à la Russie et ce n'est plus que dans les plaines illimitées de l'Asie qu'elle peut s'étendre. Dans le second cas, la Bulgarie russifiée et un jour agrandie entraîne la Serbie, prend à revers la Bosnie et, de Philippopoli, domine le Bosphore; l'occupation de Constantinople par une armée bulgaro-russe est tôt ou tard inévitable. Deux fois déjà, les armées russes sont parvenues presque en vue de la Corne-d'Or, et pourtant leur base d'opération était alors l'Ukraine et elles devaient s'avancer, d'étape en étape, en franchissant la Moldavie, le Danube et les Balkans. Partant de la Roumélie, elles arriveraient en quelques jours à la mer de Marmara et au Bosphore. Il ne faudrait pas longtemps pour que la Péninsule, slave de race et orthodoxe de religion, devînt, comme la Finlande, une dépendance du grand empire du Nord. La Grèce pourrait-elle alors conserver son indépendance? Et quel serait le sort réservé à l'Autriche-Hongrie, dont les populations slaves, plus nombreuses que toutes les autres réunies, résisteraient difficilement à l'attraction presque irrésistible qu'exerce aujourd'hui le principe des nationalités?

Quand on réfléchit aux termes du problème, on comprend qu'il doit exister un antagonisme irréconciliable entre la Russie et l'Autriche-Hongrie. Pour les deux empires, des intérêts vitaux sont en jeu. Pour la Russie, il s'agit de son expansion vers le Midi et pour l'Autriche-Hongrie de son existence même. Il faudra des deux côtés beaucoup de modération, de prudence et d'égards réciproques, si l'on veut éviter la lutte.

La cause des complications actuelles se trouve dans le traité de Berlin, qui a coupé la Bulgarie en trois tronçons, malgré les vœux de ses habitants et au mépris des convenances géographiques et ethniques du pays. Toutes les occasions d'agitation et de conflit auraient été prévenues si, par un manque impardonnable de prévoyance, l'Angleterre et l'Autriche n'avaient pas forcé l'Europe à déchirer le traité si sage de San-Stéfano obtenu par les victoires de la Russie.

Résumons les événements qui ont amené la situation actuelle et l'attitude qu'y ont prise les différentes puissances.

Quand je visitai la Bulgarie et la Roumélie, on songeait déjà à réunir ces deux fragments de la commune patrie; seulement les uns, les libéraux, voulaient attendre, tandis que les autres, les radicaux, entendaient précipiter le mouvement.

Dans tout le cours de l'armée 1884, il y eut en Roumélie des meetings très nombreux et très enthousiastes en faveur de l'Union. Les Russes, les russophiles et même les consuls de Russie y prenaient part ou les encourageaient ouvertement.

En même temps s'étaient formés, dans les principales villes des deux Bulgaries, des comités macédoniens ayant pour but de secourir les réfugiés de la Macédoine et de réclamer les réformes promises à ce malheureux pays par le traité de Berlin. Dans l'été de 1885, les chefs de ces comités, entre autres MM. Zacharie Stoyanoff et D. Rizoff, se décidèrent à lancer le mouvement en Macédoine; mais ayant appris qu'ils ne seraient pas soutenus par la Russie, ils crurent devoir utiliser les forces dont ils disposaient pour faire la révolution en Roumélie. Ils trouvèrent un appui dévoué chez deux officiers très patriotes et très influents, le capitaine Panitza et le major Nikolaieff, son beau-frère. Ils sondèrent le consulat de Russie et les chefs militaires, et ne rencontrèrent nulle opposition.

On se rappelle comment le gouverneur Christovitch fut enlevé et la révolution faite en une seule nuit (19 septembre 1885), sans nulle violence et sans résistance. Ce n'était que l'accomplissement du vœu de la population tout entière. Le dénouement était prévu et croyait pouvoir compter sur l'approbation sans réserve de la Russie.

Le prince Alexandre n'avait pu être instruit d'avance de ce coup de main[1], puisque tout avait été improvisé, et il avait pu, en toute sincérité, garantir à M. de Giers, qu'il avait rencontré en Allemagne, le maintien de l'ordre établi. Mais trouvant, à sa rentrée dans le pays, la révolution faite, il avait dû l'accepter, et dans une proclamation datée de Tirnova, le 19 septembre, il reconnut l'union, en prenant le titre de prince de la Bulgarie du Nord et du Sud.

[1]

> D'après un renseignement sûr, il aurait été instruit de ce qui se préparait sept jours à l'avance, mais il n'avait aucun moyen d'empêcher le mouvement en Roumélie.

Aussitôt se révéla l'opposition entre l'Angleterre et la Russie. Faisant toutes deux complètement volte-face, la première approuva l'union, qu'elle avait tant combattue à Berlin, et la seconde l'attaqua, alors qu'elle avait failli risquer la guerre pour la maintenir cinq ans auparavant.

Dans une note collective en date du 13 octobre, les puissances déclarent «qu'elles condamnent cette violation du traité et qu'elles comptent que le sultan fera tout ce qu'il pourra, sans abandonner ses droits de souveraineté, pour ne pas faire usage de la force dont il dispose». Dans la conférence des ambassadeurs, qui se réunit le 5 novembre à Constantinople, la Russie se montra complètement hostile à l'union des deux Bulgaries. Contrairement aux intentions des autres puissances, elle alla même jusqu'à pousser la Porte à s'y opposer par les armes.

L'Angleterre était représentée alors en Turquie par un diplomate éminent, plein d'esprit et de ressources et connaissant à fond les hommes et les choses de l'Orient, sir William White. Il parvint à empêcher toute résolution décisive au sein de la conférence, et, en même temps, il ménagea une entente directe entre le prince Alexandre et la Porte, qui n'avait nulle envie d'intervenir en Roumélie.

L'Autriche et l'Allemagne avaient accepté, dès le début, l'union des deux Bulgaries comme un fait accompli. Le 22 septembre, le comte Kálnoky disait à l'ambassadeur anglais à Vienne: «La reconnaissance par le prince Alexandre de la souveraineté du sultan est importante, parce qu'elle facilite la conduite à suivre par la Porte, si elle est disposée à reconnaître le changement qui s'est effectué. Ce n'est pas l'union des deux provinces que chacun attendait tôt ou tard, mais la façon dont elle s'est faite qui a soulevé des objections.» (*Blue Book* anglais, Turkey, I, n°. 53.)

Le prince de Bismarck arrêta net toute velléité d'intervention militaire turque qui aurait pu se produire. «Je viens de voir M. Thielman, le chargé d'affaires allemand, écrit sir William White le 25 septembre, et il m'informe qu'il a reçu du prince de Bismarck des instructions à l'effet de dissuader les Turcs de passer la frontière. Depuis le début, le sultan est disposé à s'abstenir». (*Blue Book*, I, n° 50.)

Lorsque plus tard un accord intervint entre la Porte et le prince Alexandre, l'Autriche et l'Allemagne n'y firent d'objection que parce qu'on n'avait pas assez tenu compte des vœux des populations. Le comte Kálnoky dit à l'ambassadeur anglais à Vienne «que cet accord pourrait être notifié avec avantage dans le sens d'une extension plutôt que d'une restriction, afin d'amener un règlement final satisfaisant, et il citait la clause nommant le prince Alexandre gouverneur général de la Roumélie pour cinq ans, alors qu'il aurait fallu le nommer à vie. Il exprima l'opinion que l'arrangement devait être de nature à satisfaire les populations de la Bulgarie et de la Roumélie, aussi bien que le prince, afin d'éviter une nouvelle agitation.» (*Blue Book*, II, n° 133.)

Tandis que l'Autriche et l'Angleterre, entièrement d'accord, et même l'Allemagne et l'Italie, acceptaient comme inévitable l'union des deux Bulgaries et que la Porte s'y résignait, la Russie la combattit avec acharnement, contrairement aux sentiments de la nation russe, car nous voyons dans le *Blue Book* anglais (*B. B.*, I, n° 161) que les officiers russes à Philippopoli applaudirent à la révolution du 18 septembre, jusqu'au moment où des instructions en sens contraire leur arrivèrent.

Dans ses conversations avec le ministre anglais à Saint-Pétersbourg, M. de Giers soutenait, en contradiction avec les faits connus de tous, «que l'union n'était nullement réclamée par le sentiment national et que la décision des Bulgares de mourir pour la patrie et leur enthousiasme patriotique étaient des inventions de la presse.» (*B. B.*, I, n°402.) Il insistait sans cesse sur le respect absolu du traité de Berlin et sur le rétablissement du *status quo ante* (*B. B.*, n° 411 et 495.) «En résumé, dit sir R. Morier, le gouvernement russe est décidé à s'opposer à la réunion des deux provinces, sous n'importe quelle forme.» (*B. B.*, I, n° 529.)

Dans la séance de la conférence du 25 novembre, l'ambassadeur de Russie, M. de Nélidoff, demanda que la base de toutes les délibérations fût «le rétablissement de l'ordre, en conformité avec les stipulations du traité de Berlin», ce qui impliquait un veto absolu à l'union des deux Bulgaries.

Quelques jours plus tard, le consul de Russie à Philippopoli menaça les notables rouméliotes de l'intervention des troupes turques, s'ils n'acquiesçaient pas immédiatement aux demandes de la Porte. Les notables répondirent fièrement qu'ils repousseraient les Turcs et qu'ils avaient sur la frontière une armée de 70,000 hommes prête à combattre quiconque passerait leur frontière. (*B. B.*, II, n° 57.)

Pourquoi la Russie persista-t-elle à défendre seule le traité de Berlin, qu'elle avait tant maudit, et à combattre la réalisation du but principal de son traité de San-Stéfano?

Les journaux russes ont prétendu que l'empereur Alexandre a pris cette attitude pour prouver à tous qu'il n'avait ni encouragé ni approuvé la révolution rouméliote, mais chacun savait que le mouvement avait été improvisé sur place et à l'insu de toutes les chancelleries. Le 20 septembre, le comte Kálnoky dit à l'ambassadeur anglais à Vienne: «Ce mouvement a été préparé en Bulgarie, mais sans la connivence et sans la connaissance du czar ou du gouvernement russe, qui ont été aussi surpris que nous.» (*B. B.*, I, n° 9.)

Le 10 octobre, M. Tisza, répondant dans le Parlement hongrois à une interpellation du député Szilagyi, s'exprima ainsi: «Nous savions qu'il existait en Bulgarie une aspiration vers l'union des deux provinces. Cette aspiration était bien connue de tous ceux qui suivaient les événements dans ce pays. L'an dernier, quand ce mouvement s'accentua, plusieurs des grandes puissances intervinrent pour maintenir le *statu quo*, mais ni nous, ni aucun autre gouvernement ne prévoyait ce qui devait arriver le 18 septembre, à la suite d'une conspiration et d'une révolution.»

La Russie elle-même savait que le prince Alexandre n'y était pour rien. Car le 21 novembre M. de Giers dit au ministre anglais à Saint-Pétersbourg «que la révolution n'avait pu être ni préparée ni exécutée par le prince de Bulgarie, parce qu'il n'avait pas les capacités nécessaires pour conduire une entreprise de cette importance». (*B. B.*, I, n° 74.)

Les Russes accusent le prince de Battenberg de s'être montré ingrat envers la Russie et d'avoir adopté à son égard une politique hostile. Il n'en est rien: le prince n'avait aucun intérêt à se brouiller avec le czar, mais il n'avait pu se résoudre à être le très humble serviteur des deux proconsuls russes, les généraux Kaulbars et Soboleff, qui entendaient lui imposer leur volonté de la façon la plus impérieuse et la plus insolente. Les officiers et les fonctionnaires russes avaient provoqué une grande irritation d'abord, parce qu'ils ne cachaient par leur dédain pour la manière de vivre simple et rustique de leurs protégés, et ensuite parce que leurs dépenses extravagantes offensaient les sentiments d'économie des Bulgares, qui savaient que cet argent si follement gaspillé était le leur.

Le véritable motif de l'opposition du czar à l'union des deux Bulgaries semble être celui-ci. La Russie, en affranchissant la Bulgarie au prix d'une guerre très coûteuse et très meurtrière, avait espéré que cette province, bientôt russifiée, serait restée entièrement sous sa dépendance, comme la Bosnie sous celle de l'Autriche. Les troupes bulgares, exercées et commandées par des officiers russes, devaient former un ou deux corps de sa propre armée. L'assimilation semblait d'autant plus facile, que la langue bulgare est de tous les dialectes slaves celui qui se rapproche le plus du russe, et que le clergé et les paysans—lesquels constituent presque toute la population—étaient entièrement dévoués «au Czar libérateur».

Mais la Russie se montra très malhabile. Elle traitait les Bulgares et leur prince en moudjiks. Elle provoqua ainsi une résistance qui alla grandissant et qui devait fortifier la révolution du 18 septembre, faite par le parti démocratique. Elle craignait que la Bulgarie, unifiée sans son appui et à son insu, ne devînt un État renfermant tous les éléments d'un développement libre et autonome, qui, comme la Roumanie, entendrait défendre son indépendance et ne voudrait à aucun prix devenir la vassale du despotisme moscovite. Elle se persuada que son intérêt lui commandait de s'opposer, par tous les moyens, à l'unification de la nationalité bulgare; ne comprenant pas qu'elle luttait contre un mouvement irrésistible et qu'elle sacrifiait ainsi parmi ses frères du Sud sa popularité si chèrement acquise.

La Serbie, voyant la Bulgarie menacée par la Porte et abandonnée par la Russie, crut le moment opportun pour lui enlever quelques districts du côté de Trn et de Widdin, en invoquant le respect du traité de Berlin et l'équilibre des forces dans la Péninsule. On se rappelle cette courte campagne, où l'armée bulgare et le prince Alexandre déployèrent des qualités militaires qui surprirent toute l'Europe. A Slivnitza, le corps d'invasion serbe, deux fois plus nombreux que les milices bulgares, est repoussé le 15 novembre après deux jours de combats acharnés.

Du 20 au 28 novembre, le prince Alexandre conduit ses troupes victorieuses à travers le col du Dragoman à Pirot, qui est pris d'assaut, et il marchait sur Nisch, quand le ministre d'Autriche l'arrêta, en le menaçant de faire avancer un corps autrichien. Le 2 décembre est conclu un armistice qui est converti en un traité de paix signé à Bucharest le 3 mars par M. Mijatovitch au nom de la Serbie, par M. Guechoff au nom de la Bulgarie, et par Madgid-Pacha au nom de la Turquie.

Le prince de Battenberg fit ce qu'il put pour se réconcilier avec le czar. Il alla jusqu'à attribuer le mérite de ses victoires aux instructeurs russes qui avaient formé son armée. Tout fut inutile: rien ne put apaiser les rancunes de l'empereur Alexandre. Le prince alors se retourna vers la Porte, et un accord se fit. Il fut reconnu gouverneur général de la Roumélie, avec l'approbation de la conférence des ambassadeurs.

Aux élections pour l'Assemblée générale des deux Bulgaries, l'opposition n'obtint que dix nominations sur quatre-vingt-neuf, malgré les intrigues russes.

La proclamation de l'unité bulgare, qui eut lieu le 17 juin 1886, fut saluée avec un enthousiasme patriotique et dans la Sobranié et dans tout le pays. Les trente membres turcs du Parlement votèrent tous pour la réunion, et dans la guerre contre la Serbie, les soldats musulmans furent les premiers à se rendre à la frontière pour défendre la commune patrie; ce qui prouve que les Turcs n'avaient nullement à se plaindre du gouvernement bulgare et qu'ils ne regrettaient pas l'administration ottomane.

On n'a pas oublié les événements qui suivirent: le prince arrêté, la nuit du 21 août, dans son palais à Sophia par une bande d'officiers mécontents que soudoyait l'or russe, ainsi qu'osa le dire hautement lord Salisbury à un banquet du lord-maire (9 novembre 1886), en présence de l'ambassadeur de Russie; le prince rappelé par l'armée et par le peuple, reçu en triomphe dans sa capitale, et essayant de fléchir le czar, à force de condescendance et d'humilité, puis désespérant de pouvoir résister à l'hostilité implacable de la Russie et quittant le pays; la régence nationale maintenant l'ordre, malgré les tentatives d'insurrection tentées de différents côtés, grâce aux intrigues et à l'argent de la Russie, qui ne rougit pas de prendre sous sa protection des traîtres pires que les nihilistes, puisqu'ils avaient trahi leur pays et fait prisonnier leur souverain légitime; la tournée du général Kaulbars, où l'odieux se mêle au ridicule; ce représentant d'une puissance étrangère haranguant la foule, échangeant des injures avec les assistants dans les meetings, poussant les officiers à la révolte, et enfin obligé de s'en retourner, après avoir constaté son impuissance; plus tard, le prince de Saxe-Cobourg élu malgré les protestations menaçantes de la Russie et l'opposition de commande de la Porte, et le nouveau régime sanctionné par le vote presque unanime de l'Assemblée nationale.

A plusieurs reprises, on avait cru qu'un conflit était inévitable. Le général Kaulbars avait annoncé que si les Bulgares ne se soumettaient pas à ses volontés, les Cosaques viendraient les mettre à la raison. Des canonnières russes croisaient devant Bourgas et Varna, et des troupes russes se massaient sur les bords de la mer Noire. Mais le comte Kálnoky à Vienne et le ministre Tisza à Pesth firent entendre, au sein de leur Parlement, un langage si net et si tranchant qu'on dut croire qu'il ne serait pas désavoué par l'Allemagne.

Au mois d'octobre 1886, M. Tisza s'exprima ainsi: «Lorsque j'ai eu pour la première fois, en 1868, l'occasion de me prononcer sur la question d'Orient, j'ai déclaré que s'il se produisait des changements dans cette région, nos intérêts exigeaient que les populations qui habitent ces pays devinssent des États indépendants. Je pense, comme notre ministre des affaires étrangères, que cette solution est encore aujourd'hui celle qui répond le mieux aux intérêts de notre monarchie et que celle-ci, repoussant toute idée d'agrandissement ou de conquête, doit employer tous ses efforts et toute son influence à favoriser le développement de ces États et à empêcher l'établissement, non admis par les traités, du protectorat ou de l'influence prépondérante d'une puissance étrangère dans la presqu'île des Balkans... Le gouvernement s'en tient à l'opinion déjà plusieurs fois exprimée par lui que, d'après les traités existants, aucune puissance n'est autorisée à prendre dans la péninsule des Balkans l'initiative d'une action armée isolée, non plus qu'à placer cette région sous son protectorat, et qu'en général toute modification dans la situation politique ou dans les conditions d'équilibre dans les pays balkaniques ne peut avoir lieu qu'en vertu d'un accord des puissances signataires du traité de Berlin.»

Le 13 novembre, au sein de la commission des affaires étrangères de la Délégation hongroise siégeant à Pesth, le comte Kálnoky parla d'une façon non moins nette, faisant de plus allusion aux alliances sur lesquelles il croyait pouvoir compter: «Tant que le traité de Berlin est en vigueur, dit-il, les intérêts de l'Autriche-Hongrie seront en sécurité, et si nous étions forcés d'intervenir pour faire respecter ce traité, nous pourrions compter sur la sympathie et sur le concours de toutes les puissances qui sont décidées à maintenir les traités européens. L'an dernier, j'ai dit que l'union de la Bulgarie et de la Roumélie n'était pas contraire à nos intérêts et que c'était la Turquie qui avait négligé de restaurer en Roumélie l'autorité qui lui était garantie par le traité de Berlin. Si cependant la Russie avait pris prétexte de cette union pour envoyer un commissaire en Bulgarie et pour y prendre en mains les rênes du gouvernement, et si elle avait pris des mesures pour occuper les ports ou le pays tout entier, nous aurions, quoi qu'il pût arriver, pris une décision. Mais le gouvernement crut qu'il était nécessaire d'abord de prévenir des actes semblables, et c'est dans ce sens que nous avons agi. Je pense qu'il est désirable que les discussions de nos Délégations montrent que personne dans notre monarchie ne veut la guerre. Tous nous désirons la paix, mais point cependant à tout prix.»

Ces paroles de MM. Kálnoky et Tisza signifiaient clairement qu'une intervention armée de la Russie en Bulgarie serait un *casus belli*. Elles répondaient au sentiment général de l'Autriche-Hongrie, car les deux présidents élus des Délégations, M. Smolka pour la Cisleithanie, et M. Tisza, le frère du ministre, pour la Transleithanie, avaient, à l'ouverture des séances, prononcé des discours encore plus fermes et même plus belliqueux. «Les peuples de la monarchie, et en première ligne les Hongrois, avait dit M. Tisza, pensent avec raison que les grands intérêts qu'a le pays en Orient ne sauraient, à aucun prix, être abandonnés et qu'il faudrait les sauvegarder, dût-on même pour cela affronter un conflit armé.» De son côté, M. Smolka, après avoir constaté que l'empereur François-Joseph a su maintenir la paix, avait posé la question de savoir si, en présence des graves événements extérieurs, cette même paix est assurée pour l'avenir, et il avait répondu en élevant des doutes à cet égard. «Fidèle à sa tradition, avait ajouté M. Smolka, la Délégation, cette fois encore, ne se refusera pas à reconnaître que maintenant, plus que jamais, il convient de tout mettre en œuvre pour que l'Autriche-Hongrie soit à même de prendre, dans le conseil des nations, la place qui impose le respect à laquelle elle a droit, de telle sorte qu'on sache bien que ses peuples loyaux sont fermement résolus à sauvegarder, quoi qu'il arrive, sa haute situation, à la défendre par tous les moyens, même par l'*ultima ratio*.»

Dans son discours du 13 novembre, le comte Kálnoky avait clairement fait entendre qu'en barrant le chemin à la Russie, il pouvait compter sur l'appui de l'Angleterre et de l'Italie. «Les vues identiques, avait-il dit, du gouvernement anglais, au sujet de l'importante question européenne engagée en ce moment, et son désir de maintenir la paix nous permettent d'espérer que l'Angleterre se joindrait aussi à nous, en cas de nécessité.»

Quant à l'Italie, il avait insisté sur les relations amicales existant entre ce pays et l'Autriche-Hongrie et il avait admis «toute l'importance des intérêts de l'Italie comme puissance méditerranéenne, qui ne pouvait voir sans s'émouvoir un changement dans la balance des pouvoirs en Orient. L'Italie, de son côté, comprenait qu'il était nécessaire de garantir les intérêts de l'Europe en Orient et elle comptait que l'entente politique actuelle se maintiendrait, au grand avantage de leurs intérêts respectifs».

Le comte Kálnoky n'hésitait pas à dire que, «si l'Autriche-Hongrie était obligée d'intervenir d'une façon décidée en Orient, son programme trouverait des adhérents et des appuis et serait soutenu par toutes les puissances.»

Il parlait «des intérêts communs qui unissaient l'Allemagne et l'Autriche et qui étaient la base de leur amitié, sans toutefois qu'aucun des deux États eût renoncé à son action indépendante au point de devoir soutenir en tout son allié. Mais en ce qui concernait la Bulgarie, il n'existait pas entre les deux cabinets la moindre divergence d'opinion, mais au contraire des sentiments les plus amicaux de confiance réciproque.»

La Russie, voyant se dresser devant elle une coalition de toutes les puissances, la France exceptée, crut prudent de ne pas envoyer en Bulgarie les Cosaques annoncés par le général Kaulbars. Elle avait donc fait une déplorable campagne; car, outre le désagrément d'une retraite tardive et maladroite, elle s'était aliéné les sympathies des populations qui lui devaient leur indépendance. Les leçons de l'histoire profitent peu, car la Russie avait précédemment commis la même faute en Serbie. Après avoir obtenu pour les Serbes, en 1820, une indépendance presque complète, elle entretint dans le pays une agitation permanente, afin de le forcer de se jeter dans ses bras. A force d'or, elle suscita une série de conspirations et de rébellions et elle força successivement Milosch, le prince Michel et Alexandre Kara-George à abdiquer et à se réfugier en Autriche. Fatigués de ces intrigues, les Serbes finirent par se soustraire complètement à l'influence de la Russie, et quoique récemment ce soit aux victoires russes que la Serbie doive ses derniers agrandissements, ce n'est pas à Saint-Pétersbourg que Belgrade demande ses inspirations.

La Russie veut-elle faire de la Bulgarie une province vassale, alors il faut y envoyer régner une de ses créatures, appuyée sur des régiments moscovites. Si le prince jouit d'une certaine indépendance et s'il n'est soutenu que par des troupes bulgares, il devra agir dans l'intérêt du pays, ou il sera renversé par ses sujets. S'il doit, au contraire, obéir aux instructions du czar, la pratique du régime constitutionnel sera impossible. Même avec le secours du coup d'État, le prince de Battenberg n'a pu continuer à gouverner en opposition avec les sentiments et les vœux du pays. Ce que veut la Russie ne peut être obtenu que par une occupation permanente.

En présence d'une semblable éventualité, quelle serait l'attitude des puissances?

La Turquie, par déférence pour la Russie, peut bien envoyer au prince Ferdinand la déclaration qu'il règne à Sophia contrairement au traité de Berlin; mais le sultan comprend qu'il ne peut tolérer les aigles russes en Roumélie sans avoir à se préparer à passer bientôt en Asie. L'Autriche et surtout la Hongrie ne souffriront jamais que la Bulgarie devienne une dépendance de la Russie. Les deux ministres dirigeants Kálnoky et Tisza ont déclaré avec une netteté presque menaçante qu'ils s'y opposeraient par les armes. On parle parfois d'un partage qui pourrait se faire entre les deux empires qui se disputent la péninsule balkanique, l'Autriche prenant la moitié occidentale avec Salonique et la Russie la moitié orientale avec Constantinople. Mais la position de l'Autriche ne serait pas tenable. Un des écrivains militaires russes les plus capables, le général Fadéeff, a dit que le chemin qui va de Moscou à Constantinople passe par Vienne. Rien n'est plus vrai. L'Autriche devra être réduite à l'impuissance avant qu'elle permette que la Russie occupe les rives du Bosphore.

Si l'Autriche intervenait pour empêcher l'entrée des Russes en Bulgarie, sur quels alliés pourrait-elle compter? Le traité d'alliance austro-italo-allemand, que M. de Bismarck a cru bon de publier récemment, n'oblige l'Allemagne et l'Italie à venir au secours de l'Autriche que si elle était attaquée par la Russie; et on ne peut soutenir qu'en occupant la Bulgarie, la Russie attaquerait l'Autriche. Dans son discours du 6 février dernier (1888), M. de Bismarck semble avoir fait entendre que, dans ce cas, l'Allemagne ne devrait pas secourir son alliée. «Y aurait-il, a dit le chancelier, des difficultés si la Russie voulait faire valoir ses droits en Bulgarie à main armée? Je n'en sais rien, et cela ne nous regarde pas. Nous n'allons ni appuyer ni conseiller l'action violente et je ne crois pas qu'on y soit disposé. Je suis même à peu près sûr que cette disposition n'existe pas.» En outre, contrairement à l'opinion exprimée par les ministres autrichiens et hongrois, le prince de Bismarck a reconnu à la Russie le droit de réclamer une influence prépondérante en Bulgarie, en raison des sacrifices qu'elle a faits pour affranchir ce pays; et à l'appui de cette appréciation, il soutient en ce moment (avril 1888) à Constantinople l'opposition de la diplomatie russe au maintien du prince Ferdinand à Sophia. Néanmoins, il n'est pas probable que l'Allemagne puisse ne pas venir en aide à l'Autriche, si cette puissance était amenée à s'opposer, par la force, à l'entrée d'un corps d'armée russe en Bulgarie. MM. Kálnoky et Tisza n'auraient point fait entendre en automne 1886, au sein des Délégations, un veto aussi net sans avoir consulté Berlin. M. de Bismarck, en expliquant la publication du traité d'alliance et dans sa lettre récente au comte Kálnoky, à propos de la mort de l'empereur Guillaume, a parlé avec insistance de la communauté d'intérêts qui est la base solide de l'entente des deux empires. Or, il ne peut ignorer que l'Autriche-Hongrie considère l'indépendance de la Bulgarie comme un intérêt vital pour elle. Si le traité d'alliance ne signifie pas que l'Autriche trouverait un appui, quand elle s'opposerait à une occupation russe de la Bulgarie, ce traité serait pour elle de nulle valeur, car il n'est pas à prévoir que la Russie aille envahir les provinces autrichiennes. Si le czar n'a pas mis à exécution les menaces qu'avait fait entendre le général Kaulbars, c'est apparemment parce qu'il sait que l'Autriche ne serait pas, en fin de compte, seule à lui tenir tête.

Comme l'a fait entendre M. Kálnoky, l'Autriche pourrait aussi compter sur l'Italie et même, en certaine mesure, sur l'Angleterre. Certes, le gouvernement anglais n'a signé avec les États de la triple alliance aucun traité et on peut ajouter, je pense, qu'il n'a même pris aucun engagement, parce que l'opinion publique et le Parlement ne veulent pas que l'Angleterre prenne à l'avance une position décidée dans les affaires du continent. Toutefois, plusieurs causes pourraient entraîner l'Angleterre dans le conflit. D'abord, tous les partis sont favorables à l'indépendance de la Bulgarie et opposés par conséquent à une intervention russe. M. Gladstone, sur ce point, approuve complètement l'attitude de lord Salisbury[2]. En second lieu, si les armées russes victorieuses s'avançaient dans la Péninsule, il est presque certain que la flotte anglaise entrerait dans la mer Noire pour les arrêter. Enfin, si un choc doit avoir lieu tôt ou tard entre la Russie et l'Angleterre, il vaut mieux pour elle combattre le colosse moscovite en Europe que dans les déserts de l'Asie centrale ou dans les gorges de l'Afghanistan.

[2]

Des députés bulgares s'étaient adressés à M. Gladstone pour le prier «d'élever encore une fois, en faveur de la Bulgarie, sa voix si puissante, qui a toujours été écoutée avec tant de respect et de sympathie par la grande nation russe, afin d'éloigner par ses conseils et sa médiation les graves dangers qui menaçaient leur pays et de sauver leur liberté et leur indépendance, dont la conquête avait reçu naguère son noble appui».

M. Gladstone leur répondit par la lettre suivante:

Hawarden Castle, 7 novembre 1886.

Messieurs,

J'ai eu l'honneur de recevoir votre appel, me demandant une déclaration publique relative aux affaires de la Bulgarie, et vous voulez bien rappeler ce que j'ai fait pour cette cause il y a maintenant dix ans. Mes opinions et mes désirs concernant les provinces émancipées ou autonomes de l'empire ottoman ont été toujours les mêmes. Je considère les libertés qu'elles ont obtenues du sultan comme devant être à leur usage et à leur profit et elles ne doivent être ni en tout ni en partie remises à nul autre. Ce fut un acte magnanime de la part du précédent empereur de Russie d'avoir obtenu pour la Bulgarie la liberté soumise à certaines obligations légitimes; mais si les Bulgares devaient être réduits en servitude, la noblesse de cet acte viendrait à disparaître. Je conserve l'espoir que le souverain actuel de la Russie sera fidèle aux traditions qui méritèrent a son regretté prédécesseur un juste tribut d'honneur et de gratitude. Je n'ai pas cru devoir élever ma voix en ce moment, parce que j'ai eu et ai encore la conviction qu'heureusement en Angleterre il n'y a nulle différence d'opinion à ce sujet, et je n'ai aucune raison de croire que ce sentiment du Royaume-Uni n'est pas fidèlement représenté dans les conseils de l'Europe par notre ministre actuel des affaires étrangères.

J'ai l'honneur d'être, Messieurs, votre très dévoué serviteur.

W.-E. Gladstone.

Les journaux radicaux anglais ont prétendu récemment que l'Angleterre pourrait voir sans crainte et même avec avantage pour son commerce les Russes occuper Constantinople. Cela serait vrai si l'Angleterre se résignait à perdre les Indes ou du moins le passage par le canal de Suez. Mais quel homme d'État anglais oserait préconiser semblable politique? Les Russes établis à Constantinople domineraient l'Asie Mineure et pourraient sans difficulté envoyer à Suez, par terre, une armée assez puissante pour rendre vaine toute résistance. Il s'ensuit que l'Angleterre a un intérêt non moindre que l'Autriche à ne point permettre que la Bulgarie tombe aux mains de la Russie.

N'oublions pas de parler de la Roumanie, qui a été récompensée de l'utile secours qu'elle avait apporté aux Russes par la perte d'une partie de son territoire. Elle voit clairement que si la Russie occupait la Bulgarie, elle serait entourée de toutes parts et perdrait bientôt son indépendance. Elle ne veut donc plus accorder le passage aux armées russes et c'est pour s'y opposer qu'elle fait en ce moment de Bucharest un immense camp retranché imprenable, sauf par un blocus très prolongé et presque impossible. Qu'il y ait ou non un traité, l'Autriche peut compter sur l'appui très précieux de la Roumanie, car l'intérêt national commande cette entente.

Pour faire face à presque toute l'Europe, la Russie aurait-elle le secours de la France? C'est probable, et l'armée française, si nombreuse, si brave, si bien équipée, suffirait presque pour rétablir l'équilibre. Mais quand et comment la France interviendrait-elle? Si, comme c'est probable, l'Allemagne observe, au début, une neutralité armée et bienveillante pour l'empire austro-hongrois, mais sans prendre part à la lutte, la France ira-t-elle déclarer la guerre à l'Autriche, qu'elle ne peut atteindre que par mer, alors que celle-ci défendrait l'indépendance des peuples affranchis des Balkans, cette cause qui devrait être chère aux Français, comme elle l'est aux Italiens! Il y aurait beaucoup d'hésitations et de temps perdu, et dans cet intervalle le sort de la campagne pourrait se décider.

Heureusement, au moment où j'écris ces lignes, le danger de cet épouvantable conflit que chacun redoute et croit toujours prochain semble s'éloigner. L'empereur de Russie n'est nullement belliqueux, dit-on; il désire sincèrement maintenir la paix. En outre, il doit savoir que si la guerre devait éclater, elle serait «poussée à fond» comme le voulait M. de Bismarck en 1866, pour le cas où l'Autriche n'aurait pas accepté ses conditions. On a même indiqué quelles seraient en cas de victoire complète les exigences de l'Allemagne et de l'Autriche: la Pologne reconstituée dans ses limites anciennes et reconnue indépendante, sous un archiduc autrichien; les provinces baltiques annexées à la Prusse, la Bessarabie, où habitent beaucoup de Roumains, cédée à la Roumanie; la Finlande restituée à la Suède et la Russie rejetée ainsi au delà du Dnieper et devenue presque une puissance asiatique. Mais c'est en parlant d'elle qu'on peut dire très justement qu'il ne faut pas vendre ni se partager la peau de l'ours avant de l'avoir abattu.

Sans s'arrêter à discuter ces prévisions lointaines et peut-être chimériques, on ne peut nier que l'avenir en Orient est incertain et menaçant. Que le prince de Cobourg se maintienne à Sophia ou qu'il en soit éloigné par l'abandon de ses sujets ou par une révolte militaire, la question reste entière[3]. La Russie ne veut pas que la Bulgarie échappe définitivement à son influence et l'Autriche ne veut pas que les Russes dominent sur les Balkans. Il n'est qu'une solution qui puisse écarter le danger de guerre, en donnant satisfaction à tous les intérêts: ce serait de réunir, dans une confédération à liens très lâches, et en respectant pleinement les autonomies nationales, la Roumanie, la Serbie, la Bulgarie, la Turquie d'Europe et même la Grèce. Les trois bases essentielles seraient: union douanière, tribunal suprême fédéral pour régler les différends, et secours réciproque en cas d'attaque. Je ne puis croire chimérique cette idée que j'ai développée dans le second volume de mon livre *La Péninsule des Balkans*, car elle a été préconisée depuis longtemps par M. Gladstone et récemment par M. Tisza, le premier ministre de Hongrie, par M. Ristitch, premier ministre de Serbie, et aussi par un éminent musulman hindou, le nawab sir Salar Jung, dans une excellente étude faite sur place de l'état actuel de l'empire ottoman. (*Nineteenth Century*, oct. 1887.)

Avril 1888.

[3]

Pour le côté diplomatique de la question, on consultera le travail si consciencieux de M. Rolin-Jæquemyns dans la *Revue de Droit international*, t. XIX (1887), no 2: *Documents relatifs à la question bulgare*.

EN DEÇA ET AU DELA DU DANUBE

CHAPITRE PREMIER

WURZBOURG SCHOPENHAUER——— LUDWIG NOIRÉ

Je publie ces notes de voyage telles qu'elles ont été écrites, au jour le jour. Pour en faire pardonner la forme très familière, j'invoquerai deux précédents: les *Notes sur l'Angleterre*, de Taine, qui sont un chef-d'œuvre, et les *Mémoires d'un touriste*, de Beyle, qui peignent, d'une façon si vraie et si amusante, la vie de province en France, après 1830. Je n'aurai certes ni la profondeur du premier, ni l'esprit du second; mais je m'efforcerai comme eux de rendre exactement ce que j'ai vu et entendu, sans reculer devant les détails précis qui, parfois, font mieux comprendre une situation que des appréciations générales.

Je pars pour visiter de nouveau les Jougo-Slaves du Danube et de la péninsule des Balkans. Je voudrais constater les changements que les quinze dernières années ont apportés à ce régime patriarcal de possession collective de la Zadruga et des communautés de famille (*Hauscommunionen*), qui m'avaient inspiré un enthousiasme archaïque et poétique, que MM. Leroy-Beaulieu et Maurice Block m'ont sévèrement reproché, mais qu'a partagé Stuart Mill et qu'a compris sir Henry Maine. Je verrai d'abord les Zadrugas de la Slavonie, aux environs de Djakovo, sous la conduite de l'évêque Strossmayer; puis je compte poursuivre mon enquête en Bosnie, en Serbie et en Bulgarie. Je tâcherai en même temps de me rendre compte de la situation politique et économique de ces pays, dont j'ai déjà parlé dans mon livre *La Prusse et l'Autriche depuis Sadowa*.

Le moment est opportun, et il faut le saisir sans tarder; car toutes ces populations se transforment rapidement. Sous l'influence des chemins de fer, de leurs constitutions nouvelles et des rapports plus intimes avec l'Europe occidentale, elles ne tarderont pas à abandonner leurs coutumes locales et leurs institutions primitives, pour adopter la législation et la manière de vivre que nous appelons la civilisation moderne. Elles renonceront à leurs costumes pittoresques et à leurs usages séculaires, pour s'habiller, penser, parlementariser, se quereller et se moraliser à la façon de Paris ou de Londres. Depuis mon voyage de 1867, tout est déjà bien changé, me dit-on.

Pour aller à Vienne, je descends le Rhin. Le *Vater Rhein* est aussi devenu méconnaissable: *quantum mutatus ab illo*; comme il est différent de ce que je l'ai vu, quand j'ai parcouru ses bords, la première fois, à pied et suivant pas à pas les étapes de Victor Hugo, dont le *Rhin* venait de paraître. Il ne reste presque plus rien de ces grands aspects de la nature qu'offrait le vieux fleuve, s'ouvrant de force un passage à travers la barrière des roches tourmentées et des soulèvements volcaniques. Le vigneron a établi ses cultures dans les moindres anfructuosités des schistes abrupts. Pour escalader les déclivités trop à pic, il a construit des terrasses en pierres sèches. Partout ces escaliers géants montent jusqu'au sommet des pics et des ravins, et ainsi les rangées uniformes des vignes prennent d'assaut

Le burg bâti sur un monceau de laves,

Le *Maus* et le *Katz*, le *Chat* et la *Souris*, ces sombres repaires des burgraves, maintenant enguirlandés de pampres verts, ont perdu leur aspect farouche. La Loreley fait «du petit vin blanc», et si la Sirène enivre encore les matelots, ce n'est plus avec les chants de sa harpe, mais avec le jus de la treille. Hugo ne composerait plus ici ses *Burgraves* et Heine n'y écrirait plus son *Lied*.

Ich weiss nicht, was soll es bedeulen, Dass ich so traurig bin; Ein Mârchen aus alten Zeiten, Das kommt mir nicht aus dem Sinn.

En dessous des rochers transformés en vignobles, l'ingénieur des ponts et chaussées a emprisonné les eaux du fleuve dans une digue continue de blocs basaltiques, dont les prismes exactement ajustés forment un mur noir avec des joints blancs; noir et blanc! le dieu à la barbe limoneuse porte les couleurs prussiennes! Aux endroits larges de la rivière, des épis s'avancent dans son lit pour approfondir la passe et pour conquérir des prairies, grâce au travail naturel et lent du colmatage. Le flot arrive ainsi dix heures plus tôt de Mannheim à Cologne, et les dangers de la navigation, célèbres dans les légendes, ont disparu. Sur l'*embankment* noir, d'énormes chiffres blancs indiquent, paraît-il, à quelle distance du bord se trouve la passe navigable. Des deux côtés, un chemin de fer et, sur le fleuve, un mouvement continuel de bateaux à vapeur de toute grandeur, de toute forme et à tout usage: steamers à trois ponts pour touristes, comme aux États-Unis; petits bateaux de plaisance, barges en fer venant de Rotterdam, remorqueurs à aubes et à hélice, toueurs sur chaîne flottante, dragueurs, etc.; une traînée continue de fumée noire, vomie par les centaines de cheminées des navires et des locomotives, assombrit le paysage. Les routes qui suivent les rives sont si admirablement entretenues, qu'on n'y voit pas trace d'ornière, et elles sont bordées d'arbres fruitiers et de prismes de basalte mi-partie noir et blanc; toujours les couleurs prussiennes; mais le but est de montrer aux voitures la route à suivre pendant les nuits obscures. Quand un chemin s'en détache à droite ou à gauche, les arbres des deux côtés de l'entrée sont aussi peints en blanc, afin qu'on évite d'accrocher. Nulle part, je n'ai vu un grand fleuve aussi parfaitement endigué, dompté, domestiqué, utilisé, plié à tous les services que réclame l'homme. Le libre Rhin d'Arminius et des burgraves est mieux discipliné et «astiqué» qu'un grenadier du Brandebourg. L'économiste et l'ingénieur admirent, mais le peintre et le poète gémissent. Buffon, dans un morceau que reproduisent tous les cours de littérature, entonne un hosanna en l'honneur de la nature cultivée, et n'a pas de mots assez forts pour exprimer l'horreur que lui inspire la nature sauvage, «brute», comme il l'appelle. Aujourd'hui, nous éprouvons un sentiment tout opposé. Nous cherchons au sommet des monts presque inaccessibles, dans la région des neiges éternelles et au centre des continents inexplorés, des lieux que n'a pas transformés la main de l'homme et où nous pouvons contempler la nature dans sa virginité inviolée. La civilisation nous étouffe. Nous en sommes excédés. Les livres, les revues, les journaux, les lettres à écrire et à lire, les courses en chemin de fer, la poste, le télégraphe et le téléphone dévorent les heures et hachent la vie: plus de solitude pour la réflexion féconde. En trouverai-je au moins parmi les pins des Karpathes ou sous les vieux chênes des Balkans? L'industrie est en train de gâter et de salir notre planète. Les produits chimiques empoisonnent les eaux; les scories des usines couvrent les campagnes; les carrières éventrent les flancs pittoresques des vallées; la fumée de la houille ternit la verdure des feuillages et l'azur du ciel; les déjections des grandes cités font, des rivières, des égouts d'où s'échappent les microbes du typhus. L'utile détruit le beau. Et il en est de même partout, parfois jusqu'à faire pleurer. Ne vient-on pas d'établir une fabrique de locomotives sur la ravissante île de Sainte-Hélène, près des jardins publics de Venise, et de convertir les ruines d'une église du Ve siècle en cubilots et en cheminées, dont l'opaque fumée, produite par l'infect charbon bitumineux, maculera bientôt de traînées de suie gluante et noire les marbres roses du palais des doges et les mosaïques de Saint-Marc, comme on le voit à Londres sur les façades de Saint-Paul, toutes zébrées de coulées poisseuses?

Il est vrai que le produit de cette activité industrielle se condense en revenus, qui enrichissent de nombreuses familles et qui accroissent les rangs de la bourgeoisie vivant du capital. Ici, aux bords du Rhin, il se cristallise en villas et en châteaux, dont les profils pseudo-grecs ou gothiques se dessinent parmi les massifs d'arbres exotiques, dans les situations les plus recherchées, aux environs de Bonn, de Godesberg, de Saint-Goar, de Bingen. Voici un gigantesque castel féodal, auprès duquel Stolzenfels, le séjour favori de l'impératrice Augusta, n'est qu'un pavillon de chasse. Ce colossal assemblage de tours, de galeries, de toits et de terrasses superposées aura coûté plus d'un million. Est-il sorti de la houille de la Rœr ou de l'acier Bessemer? Il est planté juste au-dessous de l'héroïque ruine du Drachenfels. Le Dragon, *Drache*, qui garde, dans l'antre du Nifelheim, le trésor des Nibelungen, ne se vengera-t-il pas de l'impertinent défi que lui jette la plutocratie moderne?

Ce que je vois en remontant le Rhin me fait réfléchir sur ce qui caractérise particulièrement l'administration prussienne. Les travaux qui ont eu pour résultat de «domestiquer» si merveilleusement le fleuve et d'en faire le type parfait de ce que Pascal appelle «un chemin qui marche», ont duré trente ou quarante ans, et ils ont été poursuivis systématiquement, continuellement, scientifiquement. Dans ses travaux publics, comme dans ses préparatifs militaires, la Prusse a su réunir deux qualités qui souvent s'excluent: l'esprit de suite et l'avidité, la passion des perfectionnements, poursuivis jusque dans les moindres détails. Ordinairement, l'esprit de suite, la tradition conduisent à la routine, laquelle rejette les innovations.

Avoir toujours en vue le même but, mais choisir et appliquer sans retard les moyens les meilleurs pour l'atteindre, cela donne une grande force et augmente beaucoup les chances de succès. J'ai déjà montré, ailleurs, en parlant du régime parlementaire, que le manque d'esprit de suite est une cause de faiblesse pour les démocraties. Il faut pourvoir à cette lacune là où elle se fait sentir, sous peine d'infériorité.

Voici encore quelques menus faits qui montrent que les Prussiens sont en même temps aussi amoureux des nouveautés utiles et des perfectionnements pratiques que les Américains. Sur le Rhin, aux passages d'eau, les anciens bacs sont remplacés par des mouches à vapeur qui constamment font le va-et-vient. Je remarque l'emploi, au chemin de fer, de brouettes en acier, plus légères et plus solides que celles qu'on voit autre part. Le système de chauffage est incomparablement mieux entendu qu'ailleurs: on chauffe les voitures du dehors, par des tuyaux qui circulent sous les bancs, et le voyageur règle la température en promenant une aiguille, sur un disque, du *Kalt* (froid) au *Warm* (chaud).—Au haut de la tour de l'hôtel de ville de Berlin, se trouvent rangées, par ordre, les hampes des drapeaux dont on la pavoise, les jours de fêtes. Tout autour de la dernière galerie, des anneaux de fer sont fixés extérieurement pour y planter ces hampes; chacune de celles-ci porte un numéro correspondant au numéro de l'anneau destiné à la recevoir. La rapidité et la régularité du service se trouvent ainsi assurées. L'ordre et la prévoyance mènent sûrement au but et ce sont des qualités que l'étude fait acquérir.

Je comptais aller voir, à Stuttgart, Albert Schäffle, ancien ministre des finances en Autriche, aujourd'hui adonné tout entier aux études sociales. Il a écrit des livres très connus, tels que *Capitalismus und Socialismus: Bau und Leben des socialen Körpers* (Construction et vie du corps social), qui le font ranger dans l'extrême gauche du socialisme de la chaire. Malheureusement, il est aux bains dans les montagnes de la Forêt Noire. Je m'en dédommage en m'arrêtant à Wurzbourg, pour rencontrer Ludwig Noiré. C'est un philosophe et un philologue qui a daigné s'occuper d'économie politique. La vue de l'impasse socialiste où la route de la démocratie conduit les sociétés modernes, amène beaucoup de philosophes à s'occuper de nos grossiers problèmes de la pâture à donner à la bête. Ainsi, en France, Jules Simon, Paul Janet, Taine, Renouvier; en Angleterre, Herbert Spencer, William Graham et jusqu'à l'esthéticien du Préraphaélisme, Ruskin.

J'estime qu'il faut rattacher l'économie politique à la philosophie, à la religion, à la morale surtout; mais comme je ne puis m'élever par moi-même dans ces hautes sphères de la pensée, je suis très heureux quand un philosophe veut bien m'avancer un bout de corde, pour me hisser un peu au-dessus de notre terre-à-terre habituel. Ludwig Noiré a publié un volume qui fait admirablement mon affaire, et dont j'espère pouvoir parler plus longuement bientôt. Il est intitulé *Das Werkzeug* (l'Outil). Il montre la profondeur de ce mot de Franklin: *Man is a tool-making animal* «L'homme est un animal fabriquant des outils.» Noiré rattache l'origine de l'outil aux origines de la raison et du langage.

Au début, si haut que l'on remonte, l'homme a dû agir sur la matière pour en tirer de quoi se nourrir. Cette action sur la nature, dans le but de satisfaire le besoin, c'est le travail. Les hommes vivant en famille et même en tribu, le travail s'est fait en commun. Celui qui accomplit un effort musculaire émet spontanément certains sons en rapport avec la nature de l'effort. Ces sons, répétés et entendus par tout le groupe, ont dû représenter l'acte dont ils étaient l'accompagnement spontané. Et ainsi le langage est né de l'activité en vue du besoin, et le verbe, représentant l'action, a précédé tous les autres mots parce qu'il caractérisait l'effet qui durait et donnait lieu à l'intuition commune.

L'effort pour se procurer l'utile développe le raisonnement et bientôt nécessite l'emploi de l'outil. Partout où l'on trouve trace de l'homme préhistorique l'outil de silex se rencontre. Ainsi la raison, le langage, le travail, l'outil, toutes ces manifestations de l'intelligence capable de progrès ont apparu et se sont développées en même temps. Noiré a exposé ceci dans un autre livre, *Ursprung der Sprache* (Origine du langage). Quand il a paru, Max Müller, dans la *Contemporary Review*, a déclaré que cette théorie, quoique trop exclusive, à son avis, était cependant très supérieure à celle de l'onomatopée et de l'interjection et qu'elle était, somme toute, la meilleure et la plus probable. Depuis lors, il semble l'avoir adoptée complètement dans son livre: *Origine et développement de la religion*. Je ne puis que m'incliner devant cette appréciation.

Noiré est un Kantien convaincu et un enthousiaste de Schopenhauer. Il veut former un comité pour élever une statue en l'honneur de l'Héraclite moderne. Il compte sur Renan, sur Max Müller, sur le fameux romaniste Ihering, sur Hillebrand, sur Brahms, et il désire que je donne aussi mon nom. «Il faut, dit-il, un comité international, car si l'écrivain est allemand, le philosophe appartient au monde entier.»

Je suis très flatté de la proposition; mais j'y fais deux objections. D'abord, un humble économiste n'a pas le droit de s'inscrire en si docte compagnie. En second lieu, disciple d'Huet, je suis un platonicien endurci, et je crains que Schopenhauer ne soit pas assez spiritualiste à la façon de l'école cartésienne. Je suis persuadé qu'il faut, comme base aux sciences sociales, ces deux notions aujourd'hui très démodées, paraît-il: l'idée de Dieu et celle de l'immortalité de l'âme. Celui qui ne voit en tout que la matière ne peut s'élever à la notion de «ce qui doit être», c'est-à-dire à un idéal de droit et de justice. Cet idéal ne se conçoit que dans le plan d'un ordre divin, qui s'impose moralement à l'homme. La science positive, telle qu'on la veut maintenant, «a pour objet, dit-on, non ce qui doit être, mais ce qui est. Elle se borne à chercher la formule du fait. Si elle parle de ce qui doit être, c'est dans le sens de pure futuration. Elle est étrangère à toute idée d'obligation ou de prescription impérative.» (*Revue philosophique*, octobre 1882.) Ceci est la mort du devoir. Je suis assez platement utilitaire pour croire que l'espoir de la vie future est indispensable comme mobile du bien à accomplir. Le matérialisme prépare l'affaiblissement du sens moral et, par conséquent, la décadence.

—«Oui, me répond Noiré, voilà le problème. Comment, à côté de l'absolue nécessitation de la nature ou de l'omnipotence divine, y a-t-il place pour la personnalité et pour la liberté humaine? C'est ce que personne, ni chrétien, ni naturaliste, n'a pu nous dire. De là sont venus, d'une part, la prédestination des calvinistes et le *de servo arbibrio* de Luther; de l'autre, le déterminisme et le matérialisme. Le premier mortel qui ait abordé cette question sans frayeur et qui y a trouvé une réponse satisfaisante, c'est Kant. Il a plongé dans l'abîme, et il en est sorti vainqueur des monstres des ténèbres, portant à la main la coupe d'or, où désormais l'humanité peut boire le divin breuvage, la vérité. Comme rien ne nous intéresse plus que la solution de ce problème, jamais notre reconnaissance n'égalera le service rendu par ce prodigieux effort de l'esprit humain. Kant nous a fourni la seule arme avec laquelle on peut combattre le matérialisme; il est temps de nous en servir, car cette détestable doctrine mine partout les fondements de la société humaine. Ce qui me fait révérer le nom de Schopenhauer, c'est qu'il a donné à la vérité révélée par Kant une expression plus vivante, plus pénétrante.»

«En France et en Belgique, vous ne connaissez pas bien Schopenhauer. Foucher de Careil en a parlé il y a longtemps déjà; Caro a écrit à son sujet des pages éloquentes; on a traduit ses œuvres; mais nul n'a vraiment pénétré au fond de sa pensée, parce que, pour comprendre un philosophe, il faut l'aimer, et l'aimer passionnément, jusqu'à la folie. «La folie de la croix», mot admirable!»

Pour Schopenhauer, tout sort de la volonté: «Qui dit volonté dit personnalité et liberté: nous voilà aux antipodes du déterminisme naturaliste. L'intelligence nous donne le phénomène, non la chose: *Spiritus in nobis qui viget, ille facit.* Ce qui se meut en nous et nous est le mieux, le plus intimement connu, c'est la volonté; c'est notre vraie essence; elle nous donne la clef de la «chose en soi», du mystère du monde, dont on interdisait à jamais l'accès à la raison humaine.»

La morale de Schopenhauer est exactement la même que celle du christianisme; morale d'abnégation, de résignation, d'ascétisme. Il nomme pitié ce que les chrétiens appellent charité. Combattre la volonté égoïste, fermer les yeux aux illusions du monde extérieur, chercher la paix de l'âme, en sacrifiant toutes poursuites qui nous plongent dans le sensible, dans le variable, voilà ce qu'il recommande, et n'est-ce pas là aussi le précepte évangélique? Faut-il le rejeter parce qu'il a été aussi prêché par Bouddha? «Les preuves «empiriques» de la vérité de mes doctrines, disait Schopenhauer, ce sont ces âmes chrétiennes, qui, renonçant à la richesse et embrassant la pauvreté volontaire, se vouent au service des indigents, des délaissés, au soin des blessures les plus affreuses et des maladies les plus répugnantes. Leur bonheur est dans l'abnégation, dans le dévouement, dans le détachement des choses grossières de cette terre, dans la croyance vivante en l'indestructibilité de leur être, dans l'espérance des félicités futures.» Le principal objet de la métaphysique de Kant est de fixer les bornes du cercle que peut embrasser notre raison. Pour lui, nous sommes comme des poissons dans un étang; ils peuvent pousser jusqu'à la berge et voir ce qui les emprisonne; mais l'au delà leur échappe. Pour l'homme cet au delà, c'est le «transcendant». Schopenhauer a été plus loin que Kant. Sans doute, dit-il, nous n'apercevons le monde que par le dehors, et comme phénomène; mais il y a une petite fente par laquelle nous pouvons pénétrer jusqu'au fond des choses et saisir leur réalité substantielle; c'est par notre propre «moi», qui se dévoile à nous comme volonté, et ainsi nous avons la clef qui nous ouvre le «transcendant».

«Vous vous dites, cher collègue, un platonicien incorrigible; mais ignorez-vous que Schopenhauer invoque sans cesse le «divin» Platon et l'incomparable, le prodigieux, *der erstaunliche,* Kant? Son grand mérite, c'est d'avoir défendu l'idéalisme contre toutes ces bêtes féroces que Dante rencontrait dans la forêt obscure, *nella selva oscura,* où il s'était égaré: le matérialisme, le sensualisme et leur digne progéniture, l'égoïsme et la bestialité. Une physique sans métaphysique est ce qu'il y a de plus plat, de plus faux et de plus dangereux.»

«Et cependant, aujourd'hui, cette vérité, proclamée par tous les grands esprits, fait rire. L'idée du devoir n'a de fondement que dans la métaphysique. Rien dans la nature n'en parle, et la physique, ici, devient muette. La nature est impitoyable. La force brutale y triomphe. Le mieux armé détruit et dévore celui qui l'est moins. Où est le droit, où est la justice? Le mot que les Français reprochent à notre chancelier et qu'il n'a jamais prononcé: «Le droit, c'est la force», les matérialistes en font la base de leur doctrine. La pitié de Schopenhauer, la charité du chrétien, la justice du philosophe et du juriste sont diamétralement opposées à l'instinct et aux voix de la nature, qui nous poussent à tout sacrifier pour assouvir les appétits de la bête. Lisez l'éloquente conclusion du livre de Lange, *Geschichte des Materialismus.* «Ni les tribunaux, dit-il, ni les prisons, ni les baïonnettes, ni la mitraille ne conjureront l'écroulement de l'édifice social qui se prépare. Pour échapper à la catastrophe il faut éliminer le matérialisme. C'est de la cervelle des savants, où il règne en maître, qu'il faut le chasser. Car c'est de là qu'il rayonne et qu'insensiblement il envahit tous les esprits. Il n'y a que la vraie philosophie qui puisse sauver le monde.»

—Mais, lui répliquai-je, la philosophie de Schopenhauer ne sera jamais comprise que par le très petit nombre. J'avoue bien humblement que je n'ai jamais osé aborder le texte allemand. Je n'ai lu que des fragments en traduction.

—«Vous avez eu tort, me répondit Noiré: le style de Schopenhauer est limpide et clair. Il est un de nos meilleurs écrivains. Il a exposé les problèmes les plus abstrus dans le meilleur langage. Nul n'a mieux justifié la vérité de ce que notre Jean-Paul disait de Platon, de Bacon et de Leibnitz. La pensée la plus profonde n'exclut pas plus une forme brillante qui la rende avec relief, qu'un cerveau de penseur, un beau front et un beau visage. Malheureusement, M. de Hartmann, par qui on croit arriver à Schopenhauer, a trop souvent obscurci les idées du maître par son jargon hégélien. Schopenhauer exécrait l'hégélianisme. En véritable iconoclaste, il en brisait les idoles à coups de massue. Il aimait les mots violents, les expressions assommoirs, «da divine grossièreté», *die göttliche Grobheit,* comme il disait. Cependant, il vantait l'élégance et les bonnes manières, et il a même traduit, chose étrange, un petit catéchisme sur la manière de se conduire dans le monde, *El oraculo manual,* du jésuite Baltasar Gracian, mort en 1658. Il y avait un temps, dit-il, où les trois grands sophistes de l'Allemagne, Fichte, Schelling et surtout Hegel, ce vendeur de non-sens, *der freche Unsinns Schmierer,* cet impertinent barbouilleur de papier, s'imaginaient paraître profonds en devenant obscurs. Ce charlatan éhonté se faisait adorer par la foule; il régnait dans les universités, où l'on s'étudiait à prendre des poses hégéliennes. L'hégélianisme était une religion, et des plus intolérantes. Qui n'était pas hégélien devenait suspect, même à l'État prussien. Tous ces messieurs faisaient la chasse à l'Absolu, et ils prétendaient le rapporter dans leur gibecière. Kant avait démontré que la raison humaine ne saisit que le relatif. —«Quelle erreur! s'écrièrent en chœur Hegel, Schelling, Jacobi, Schleiermacher et *tutti quanti.* L'Absolu! mais je le connais intimement; j'assiste à ses petits levers; il n'a pas de secrets pour moi.

Les différentes chaires devenaient le théâtre des révolutions de l'Absolu, qui remuaient toute l'Allemagne. Voulait-on rappeler à la raison tous ces illustres maniaques, on vous répondait: Comprenez-vous l'Absolu d'une façon adéquate? Non? Alors, taisez-vous. Vous n'êtes qu'un mauvais chrétien et, par conséquent, un sujet dangereux. Prenez garde à la forteresse. Le pauvre Beneke fut si effrayé de ces objurgations, qu'il alla se noyer. A la fin, les grands mystagogues se prirent aussi aux cheveux. Comme dernière injure, ils disaient à leur adversaire: Vous n'entendez rien à l'Absolu. D'un coup de l'Absolu, on vous tuait un homme sur place. Ces batailles faisaient penser au duel du rabbi et du moine à Tolède, dans le *Romancero* de Heine. Après qu'ils avaient longuement et hargneusement disputé, le roi dit à la reine: Qui des deux vous paraît avoir raison? Il me semble, répondit la reine, qu'ils exhalent une mauvaise odeur tous les deux. Cette nébulosité, qui rappelle la *nephelokokkygia*, la ville dans les nuages, des *Oiseaux* d'Aristophane, est passée en proverbe chez nos voisins les Français, qui aiment ce qui est clair, en quoi ils n'ont pas tort. Quand une chose leur paraît inintelligible, ils disent: C'est de la métaphysique allemande. Cousin s'est évertué à vous offrir toute cette matière indigeste, un peu clarifiée. Il y a perdu, non son latin, mais son allemand et son français.

«Je parie que vous n'avez jamais compris que l'Être pur est égal au Non-Être. Connaissez-vous le conte allemand de Grimm: *Les habits de l'empereur*? Un tailleur condamné à mort, pour obtenir sa grâce, promet de faire pour l'empereur un vêtement incomparable, si beau que rien n'en peut donner l'idée. Le tailleur, coud, coud sans relâche. Enfin, il annonce que le costume est prêt; seulement, il ajoute que seuls les gens d'esprit peuvent en apprécier les splendeurs. Les imbéciles ne l'apercevront même pas. Domestiques, camériers, officiers, chambellans, ministres, viennent l'un après l'autre pour l'admirer. Magnifique! s'écrient-ils à l'envi. Le jour du couronnement, l'empereur croit revêtir le costume; il passe en procession par les rues de la ville. Foule dans les rues; foule aux fenêtres. Pas un qui ne veuille avoir autant d'esprit que son voisin. Tous répètent: Splendide, on n'a jamais rien vu de pareil! Enfin, un petit enfant regarde et dit: Mais l'empereur est tout nu. On reconnaît alors qu'en effet le vêtement n'existait pas, et le tailleur est pendu. Schopenhauer est le petit enfant qui a révélé la misère, ou plutôt la non-existence de l'hégélianisme. Aussi ses écrits ont été passés sous silence pendant trente ans. La première édition de son chef-d'œuvre passa chez l'épicier et de là dans la cuve. Notre devoir, aujourd'hui, est de réparer tant d'injustice et de lui rendre l'honneur qui lui est dû.

Son pessimisme ne doit pas vous arrêter. «Le monde, dit-il, est rempli de mal et tout souffre ici-bas. La volonté de l'homme est perverse de nature.» N'est-ce pas là l'essence même du christianisme: *ingemuit omnis creatura*? D'après le maître, notre volonté naturelle est mauvaise et égoïste. Toutefois, par un effort sur elle-même, elle peut s'épurer et s'élever au-dessus de l'état de nature, pour entrer dans l'état de grâce dont parle l'Eglise, dans la sainteté δεύτερος πλοῦς*. C'est là la délivrance, la rédemption après laquelle soupirent les âmes pieuses. On y arrive par le détachement absolu, par le mépris et la condamnation du monde et de soi-même, *Spernere mundum, spernere se ipsum, spernere se sperni*[4].

[4]

> J'apprends que le comité pour élever une statue à Schopenhauer vient de se constituer. Voici les noms des personnes formant ce comité: Ernest Renan; Max Müller d'Oxford; le brahmane Rajá Rampál Sing; M. de Benigsen, l'ancien président du Reichstag allemand; Rudolf von Jhering, le célèbre romaniste de Göttingue; Gylden, l'astronome de Stockholm; F. Unger, ancien ministre à Vienne; Wilhelm Gentz, de Berlin; Otto Böbtlingk, de l'académie impériale de Russie; Karl Hillebrand, de Florence, mort depuis; Francis Bowen, professeur à Harvard-College aux États-Unis; prof. Rudolf Leuckart, de Leipzig; Hans von Wolzogen, de Baireuth; Johannes Brahms, le célèbre musicien; F.A. Gevært, le savant historien de la musique; le poète-artiste comte de Schack; J. Moret, ancien ministre à Madrid; Elpis Melena, la généreuse protectrice des droits des animaux; Ludwig Noiré, de Mayence, et Emile de Laveleye, de Liège.

Avant de quitter Würzbourg, je visite le palais, ancienne résidence des princes-évêques, et quelques églises. Ce palais, *die Residenz*, est énorme, et il le paraît davantage quand on songe qu'il était destiné à orner la petite capitale d'un simple évêché. Erigé entre 1720 et 1744, il est bâti sur le plan de celui de Versailles et il est presque aussi grand. L'escalier n'a son pareil nulle part. Avec le vestibule qui le précède, il occupe toute la largeur du palais et un tiers de sa longueur. Montant d'une volée, ses marches et ses paliers largement étalés, il est d'une magnificence impériale. Toute une foule de prélats en soutane à queue et de belles dames à traînes de satin s'y étageraient à l'aise. Des statues bucoliques ornent la rampe en pierre découpée. Il y a une enfilade de trois cent cinquante-deux salons, tous d'apparat; rien pour l'usage. Un certain nombre de ceux-ci ont été décorés et meublés du temps de l'empire français. Que ces peintures des plafonds et des murs en style pseudo-classique et ces meubles en acajou avec appliques de cuivre semblent mesquins, à côté des appartements achevés au commencement du dix-huitième siècle, où la chicorée triomphante étale toutes ses séductions! En ce genre, je n'ai rien vu dans toute l'Europe d'aussi parfait et d'aussi bien conservé. Les étoffes du temps pendent en rideaux et garnissent chaises, fauteuils et sophas. Chaque chambre a sa couleur dominante. En voici une toute en vert, à reflets métalliques, comme des ailes de scarabées du Brésil. La soie brochée des meubles est assortie. C'est d'un effet magique. Dans une autre, de magnifiques gobelins représentent le triomphe et la clémence d'Alexandre, d'après Lebrun. Une autre encore est toute en glaces, même les trumeaux des portes, mais sur ces miroirs, des guirlandes de fleurs, peintes à l'huile, tempèrent l'éclat de leurs reflets. Les grands poêles en faïence et en porcelaine de Saxe blanc et or sont de vraies merveilles d'invention et de goût.

L'art du forgeron n'a jamais produit rien de plus admirable que les immenses grilles de fer forgé qui ferment les jardins. Ces jardins, avec terrasses, fontaines, boulingrins et groupes rustiques, forment aussi un type complet de l'époque.

Cette résidence princière, presque toujours inhabitée depuis la suppression des souverainetés épiscopales, est demeurée intacte. Elle n'a subi les outrages ni des insurrections populaires, ni des changements de goût de la mode. Quels modèles achevés du temps de la Régence architectes et fabricants de meubles et d'étoffes de mobilier peuvent trouver ici!

Tout ceci soulève en mon esprit deux questions: Où donc ces souverains d'un État minuscule trouvaient-ils l'argent pour créer des splendeurs qu'eût enviées Louis XIV? Mon collègue, Georg Schanz, professeur d'économie politique à l'université de Würzbourg, me répond: Ces princes ecclésiastiques n'avaient presque pas de troupes à entretenir. Transformez en maçons, en menuisiers, en ébénistes, tous ces soldats qui peuplent nos casernes, et l'Allemagne pourra se couvrir de palais comme celui-ci.—Autre question: Comment ces évêques, disciples de Celui qui n'avait pas où reposer la tête, ont-ils pu consacrer à ces pompes, faites pour un Darius ou un Héliogabale, l'argent prélevé sur le nécessaire du pauvre? N'avaient-ils donc pas lu l'Évangile, condamnant Dives, et les commentaires des pères de l'Église, brûlants comme un fer rouge? La doctrine chrétienne de l'humilité et de la charité jusqu'à la pauvreté volontaire n'était-elle donc comprise que dans les couvents? Ils étaient aveuglés par le sophisme qui fait croire que le luxe de qui jouit est utile à qui travaille; erreur funeste, qui fait encore tant de mal aujourd'hui.

Au dix-huitième siècle, l'intérieur de la plupart des églises de Würzbourg a été gâté par ce style rococo, si bien à sa place dans les élégances d'un palais. Ce ne sont que festons, ce ne sont qu'astragales! Les voûtes gothiques disparaissent sous des guirlandes de fleurs, sous des nuages, des draperies, des anges suspendus, en plein relief, des entrelacs de chicorées, le tout en plâtre et couvert de dorures. Les autels sont souvent entièrement dorés. C'est une profusion de fausse richesse. Dans la ville, quelques façades de maison sont des types achevés de ce style Pompadour. Était-ce le rayonnement des magnificences de Versailles qui portait l'Allemagne à habiller ses monuments et ses demeures à la française, même après que l'astre était couché?

De mes fenêtres, qui s'ouvrent sur la place de la Résidence, je vois passer un bataillon qui se rend à l'exercice. Les gardes, à Berlin, ne marchent pas plus automatiquement. Les jambes, en mouvement, s'emboîtent exactement. Les bras gauches se meuvent tous parallèlement, comme mus par un même fil. Les fusils, sur l'épaule, sont tenus de la même façon, de sorte que le reflet des canons forme un cordon d'acier étincelant, parfaitement droit. Les files de soldats sont absolument rectilignes. Le tout se meut d'une seule pièce, comme sur un rail. C'est la perfection. Que d'efforts, que de soins pour arriver à un pareil résultat! Evidemment, les Bavarois ont tout fait pour égaler ou même dépasser les Prussiens. Ils ne veulent plus que les gens du Nord les appellent des buveurs de bière, lourds et mous. Cet automatisme, qui fait si bon effet à la parade, est-il aussi utile sur le champ de bataille, où l'on s'attaque aujourd'hui en ordre dispersé? Je n'ose décider, mais ce qui est certain, c'est que sous cette discipline rigoureuse et minutieuse, le soldat s'habitue à l'ordre et à l'obéissance, deux qualités essentielles, surtout en temps de démocratie. C'est quand la main de fer de l'État despotique fait place à l'autorité des lois et des magistrats que les hommes doivent apprendre à obéir. L'école et le service militaire ont mission de donner cette instruction aux citoyens des républiques. Plus la main du pouvoir se relâche, plus l'homme libre doit se plier spontanément à ce qu'exige le maintien de l'ordre. Sinon, on marche à l'anarchie, d'où renaît forcément le despotisme, car l'anarchie est intolérable.

Le soir, le son des fanfares éclate: c'est la retraite pour les troupes de la garnison. Cela est mélancolique comme un adieu au jour qui s'en va, et religieux comme un appel au repos de la nuit qui commence. Hélas! ces trompettes qui sonnent si harmonieusement le couvre-feu donneront un jour le signal des batailles et des égorgements! Les hommes sont restés aussi féroces que les fauves, et ils le sont sans motif, car ils ne dévorent plus ceux qu'ils tuent.

Je fais partie de trois ou quatre sociétés qui prêchent la paix et recommandent l'arbitrage. On ne nous écoute guère: on préfère se battre. J'admets que quand la sécurité ou l'existence d'un pays sont en jeu, il ne peut s'en remettre aux décisions d'un arbitre, quoique ses décisions seraient au moins aussi justes que celles de la force et du hasard. Mais il est des cas que j'appelle «des oreilles de Jenkins»[5] depuis que j'ai lu le *Frederick the Great* de Carlyle. Dans ces cas, qui n'ont d'autre importance que celle qu'y mettent l'amour-propre, l'entêtement, et, tranchons le mot, la stupidité des peuples, l'arbitrage pourrait éloigner plus d'un conflit.

[5]

Le 20 avril 1731, le navire anglais *Rebecca*, capitaine Jenkins, est visité par les gardes-côtes de la Havane, qui l'accusent d'avoir à bord de la contrebande de guerre. Ils n'en trouvent pas; mais ils maltraitent le capitaine. Ils le pendent d'abord à une vergue avec un mousse suspendu à ses pieds. La corde casse; alors, ils lui coupent une oreille, en lui disant: Apporte cela a ton roi. Revenu à Londres, Jenkins demande vengeance. Pope fait un vers sur son oreille. Mais l'Angleterre ne veut pas se brouiller en ce moment avec l'Espagne. Tout paraît oublié. Huit ans après, les vexations infligées par les Espagnols aux navires anglais font réapparaître l'oreille de Jenkins. Il l'avait conservée dans de l'ouate. Les matelots circulent dans Londres avec cette inscription sur leur chapeau: *Ear for Ear*, oreille pour oreille. Les commerçants et les armateurs prennent feu. William Pitt et le peuple veulent la guerre à l'Espagne; Walpole est forcé de la déclarer, le 3 novembre 1739. On en sait les conséquences. Le sang coule dans le monde entier, sur terre et sur mer. L'oreille de Jenkins est vengée. Si le peuple anglais avait eu l'esprit poétique, dit Carlyle, cette oreille serait devenue une constellation, comme la chevelure de Bérénice.

Mais si l'homme est toujours méchant pour l'homme, il est devenu plus doux pour les animaux. On s'efforce d'interdire de les faire souffrir inutilement. J'en note ici un exemple touchant. Je veux monter à la citadelle, d'où l'on a une vue très étendue sur toute la Franconie. Je traverse le pont sur le Main. Dans une rue dont les pignons bizarres et les enseignes criardes feraient la joie des peintres, j'aperçois une guérite en bois, sur laquelle est écrit en grands caractères: *Thierschutzverein* (Association protectrice des animaux). Un cheval y est remisé. Pourquoi? Pour être mis à la disposition des charretiers qui ont à gravir la rampe du pont sur le Main, et pour les empêcher ainsi de maltraiter leur attelage. Ceci est plus ingénieux et aussi plus efficace que de les mettre à l'amende.

Würzbourg n'est pas une ville d'industrie; on ne m'indique aucune raison pour que la population et la richesse y augmentent rapidement, et cependant, tout autour de la vieille ville, se sont élevés des quartiers avec des squares, de jolies promenades formant boulevard et de larges rues bordées de très belles maisons et de villas. Ici encore apparaît cet important phénomène économique de notre temps, qui frappe les yeux en tout pays: l'accroissement du nombre des familles aisées et leur enrichissement. Si cela continue, «des masses» ne seront plus composées de gens qui vivent du salaire, mais de gens qui vivent sur le profit, l'intérêt ou la rente. Une révolution deviendra impossible, car l'ordre établi aura plus de défenseurs que d'assaillants. Ces innombrables maisons confortables, ces édifices de toute espèce qui surgissent partout, avec les objets d'ameublement de toute sorte qui s'y accumulent, tout cet épanouissement du bien-être est le résultat de l'emploi de la machine. La machine augmente la production et épargne la main-d'œuvre. Mais la journée de ceux qui travaillent n'ayant guère diminué, le nombre de ceux qui ont pu cesser de travailler s'est accru.

Würzbourg a une vieille université, installée dans un très curieux bâtiment du XVIe siècle, au centre de la ville. Comme elle m'a fait récemment l'honneur de m'envoyer le diplôme de *doctor honoris causa*, je cherche à voir le recteur pour le remercier, mais je ne le rencontre pas. Sur les boulevards, on a construit des instituts spéciaux et isolés pour chaque science: pour la chimie, pour la physique, pour la physiologie. Ce que l'on a dépensé pour ces instituts dans les universités allemandes est inouï. Récemment, l'éminent professeur de chimie à Bonn, M. Kekulé, me faisait visiter le palais que l'on a édifié pour sa branche d'enseignement.

Ce monument, avec sa colonnade grecque, est plus grand que toute l'université ancienne. Les sous-sols, consacrés à la chimie industrielle, ressemblent à une vaste fabrique. Le logement du professeur est plus somptueux que ceux des premières autorités de la province. Le gouverneur, l'évêque, le général lui-même n'ont rien de pareil. Dans les salons et dans la salle de danse, on peut réunir toute la ville. L'Institut de chimie a coûté plus d'un million. On pense avec raison, en Allemagne, que tout professeur qui a des expériences à faire doit être logé dans les locaux où se trouvent les laboratoires et les auditoires. C'est ainsi seulement qu'il peut suivre des analyses exigeant une surveillance continue, poursuivie pendant la nuit même. L'anatomie comparée et la physiologie ont également leurs palais. Plusieurs professeurs de sciences naturelles m'ont dit qu'il y avait excès. Ils sont écrasés par l'étendue et les complications de leurs installations, surtout par les soins et les responsabilités qu'elles entraînent. N'importe, s'il y a exagération, c'est du bon côté. Le mot de Bacon: *Knowledge is power* devient chaque jour plus vrai. La science appliquée est la principale source de la richesse et, par conséquent, de la puissance. Donc, ô États! voulez-vous être puissants et riches? Encouragez les savants.

Je m'arrête en passant pour revoir Nüremberg, la Pompéi du moyen âge. Je ne parlerai point de ses églises, de ses maisons, de ses tours, de la chambre des tortures, ni même de son effroyable Vierge de fer, toute hérissée à l'intérieur de pointes de fer, qui, en se refermant, transperçait le supplicié et, en s'ouvrant de nouveau, laissait tomber le cadavre dans le torrent coulant à cent pieds au-dessous, dans les ténèbres. Rien de plus terrifiant, rien qui fasse mieux comprendre la cruauté raffinée de ces sombres époques. Mais je ne veux pas refaire Bædeker.

Sur la place, devant la cathédrale, je remarque un petit monument moderne, de style gothique, rappelant, pour la forme, la fameuse colonne romaine d'Igel, près de Trèves. Il est carré. Aux quatre faces, il y a de grandes niches fermées par des glaces. Dans ces niches, au lieu de statues de saints, on voit dans la première un thermomètre, dans la seconde un hygromètre, dans la troisième un baromètre, dans la quatrième les bulletins quotidiens et les cartes météorologiques de l'Observatoire. Les appareils sont énormes—un mètre et demi au moins—afin qu'on puisse en apercevoir facilement les indications. J'ai trouvé de ces bornes météorologiques dans plusieurs villes d'Allemagne et en Suisse, à Genève, dans les jardins du Rhône, à Vevey, près de l'embarcadère, à Neuchâtel, sur la promenade au bord du lac. Je prêche partout pour que toutes les villes en établissent. La dépense est minime: mille francs, si l'on se contente du nécessaire; deux à trois mille francs, si on veut du style. Cela amuse beaucoup la population, en l'instruisant. C'est une leçon de physique de tous les jours et pour tous. L'ouvrier, le campagnard apprennent ainsi, et bien mieux que par une leçon de l'école primaire, l'usage de ces instruments, qui sont très utiles pour l'agriculture et pour les précautions hygiéniques.

Je me dirige à pied, à minuit, vers la gare pour y prendre l'express de Vienne. Le vieux château profile sa masse noire sur le reste de la ville, dont les toits blanchissent sous la lueur argentée de la lune. C'est de là, me disais-je, que sont partis les Hohenzollern. Quel chemin ils ont fait depuis! Vers 1170, Conrad de Hohenzollern devient Burggraf de Nüremberg, et son descendant, Frédéric, premier électeur, quitte cette ville, en 1412, pour prendre possession du Brandebourg, que le magnifique et dépensier empereur Sigismond lui avait vendu pour 400,000 florins d'or hongrois. Il avait emprunté la moitié de cette somme à Frédéric, économe comme la fourmi, et lui avait même donné l'électorat en hypothèque. Ne pouvant rembourser ses emprunts et ayant à payer les frais d'un voyage en Espagne, il cède, sans nul regret, cette marche inhospitalière du Nord, «des sables du marquis de Brandebourg», dont se moquait Voltaire. Le glorieux empereur ne pouvait prévoir que de ce petit burgrave et de ces sables naîtrait quelqu'un qui ceindrait la couronne impériale. Economie, vertu mesquine des petites gens, mais qui de peu tire beaucoup: *Molti pocchi fanno un assai*. Beaucoup de petits riens font un grand tout. Vertu trop oubliée partout de ceux qui gouvernent, et qui pourtant est plus nécessaire encore aux Etats qu'aux citoyens.

Une courte nuit de juin est vite passée dans un sleeping-car. Au matin, me voici en Autriche; je m'en aperçois au délicieux café à la crème qui m'est servi dans un verre, à la gare de Linz, par une jeune fille très blonde, bras nus, avec une robe d'indienne rose clair. Il vaut presque celui qu'on boit au *Posthof*, à Carlsbad. Bientôt on voit le Danube du haut de la ligne, qui la côtoie à distance. Quoi qu'en dise la valse si connue: *Die blaue Donau*, il n'est pas bleu, mais d'un vert jaunâtre, comme le Rhin. Mais qu'il est plus pittoresque! Pas de vignobles, pas d'industrie, très peu de bateaux à vapeur; je n'en ai vu qu'un seul, remontant péniblement le courant rapide. Les collines qui le bordent sont couvertes de forêts ou de vertes prairies. Les saules trempent leurs branches dans l'eau. Les maisons de ferme, isolées, ont un air rustique et presque montagnard. Peu d'activité, peu de commerce. Le paysan est encore le principal facteur de la richesse. Par cette belle matinée, la douce paix de la vie bucolique me pénètre et me séduit. Oh! qu'il ferait bon vivre ici, près de ces bois de pins et de ces prairies, où paissent les vaches! mais de l'autre côté du fleuve, où le chemin de fer ne passe point.

De ce contraste entre le Rhin et le Danube, je vois diverses raisons. Le Rhin coule vers la Hollande et l'Angleterre, deux marchés depuis trois cents ans très riches et prêts à payer cher tout ce que le fleuve leur apporte. Le Danube coule vers la mer Noire, entourée de peuples pauvres, qui ne peuvent presque rien acheter. Les produits de la Hongrie, même le bétail vivant, sont transportés vers l'Occident, par chemin de fer, jusqu'à Londres. Par eau, le trajet est trop long. En second lieu, le Rhin dispose, à meilleur marché que partout ailleurs, de cette force illimitée empruntée au soleil et conservée dans les entrailles de la terre: le charbon, ce pain indispensable de l'industrie moderne. Enfin, le Rhin a été un centre de civilisation depuis la conquête romaine et dès les premiers temps du moyen âge, tandis que, hier encore, la partie du Danube la plus importante pour le trafic était aux mains des Turcs.

J'achète à la gare d'Amstetter la *Neue freie Presse* de Vienne, qui est, à mon avis, avec le *Pester Lloyd*, le journal en langue allemande le mieux composé et le plus agréable à lire. La *Kölnische Zeitung* est parfaitement informée, et l'*Allgemeine Zeitung* est toute une encyclopédie; mais c'est un effroyable pêle-mêle, sans ordre, où, par exemple, des paragraphes, *Frankreich* ou *Paris*, reviennent trois ou quatre fois, disséminés au hasard dans le corps d'une immense feuille compacte. J'aime autant lire trois fois le *Times* qu'une fois la *Kölnische*, malgré tout le respect qu'elle m'inspire.

J'ai à peine ouvert la *Freie Presse* que me voilà plongé dans la lutte des nationalités, comme je l'avais été seize ans auparavant. Seulement, elle ne sévit plus entre Magyars et Allemands. Le compromis dualiste de Deak a créé un *modus vivendi* qui continue à s'imposer. C'est entre Tchèques et Allemands, d'un côté, entre Magyars et Croates, de l'autre, que les hostilités sont ouvertes en ce moment. Le ministère Taaffe a décidé la dissolution de la Diète de la Bohême. De nouvelles élections vont avoir lieu. Les nationaux tchèques et les féodaux agissent de concert; les Allemands seront écrasés. Il leur restera à peine le tiers des voix au sein de la Diète. La *Freie Presse* en gémit profondément. Elle prévoit les plus grands désastres: sinon la fin du monde, tout au moins la dislocation de la monarchie. Cela lui vaut trois ou quatre saisies par mois, quoiqu'elle soit l'organe de la bourgeoisie autrichienne. Elle est libérale, mais très modérée, couleur des *Débats* et du *Temps*. Ces saisies aboutissent presque toujours à des jugements de non-lieu... après deux ou trois mois. On restitue alors les numéros à l'éditeur, qui n'a plus qu'à les jeter dans la cuve. Ces confiscations—en réalité, c'est cela,—opérées par mesure administrative et sans droit, puisqu'il y a acquittement, rappellent les mauvais temps de l'empire français. Appliquées à un journal qui défend les intérêts autrichiens, elles me stupéfient. Je me dis que mon ami Eugène Pelletan ne réclamerait plus, pour la France, «la liberté comme en Autriche»; mot fameux en son temps, qui lui valut trois mois de prison. C'est l'influence tchèque qui obtient, dit-on, ces saisies; preuve évidente de la violence des conflits de race. Les Viennois avec qui je voyage m'affirment cependant qu'ils sont moins âpres qu'il y a quinze ans. Alors, leur dis-je, j'ai parcouru tout l'empire sans rencontrer un Autrichien. Je suis, me répondait-on, Magyar, Croate, Valaque, Saxon, Tchèque, Tyrolien, Polonais, Ruthène, Dalmate; Autrichien, jamais! La patrie commune était ignorée, niée. La race était tout. Aujourd'hui, reprennent mes interlocuteurs, il n'en est plus de même. Vous trouverez d'excellents Autrichiens. En ce moment, ce sont encore les Magyars. Demain, ce seront les Tchèques.

Le lecteur voudra bien me permettre ici une digression sur cette question des nationalités. Je la rencontrerai partout; elle me pénétrera; je vivrai en elle. C'est la principale préoccupation des pays que je visiterai, des hommes avec qui je m'entretiendrai. En réalité, c'est le «facteur» qui décidera de l'avenir des populations du Danube et de la péninsule balcanique. Les Français ne peuvent pas bien comprendre toute la puissance du sentiment ethnique. Ils ont dépassé ce «moment». La France est pour eux la Patrie, et la Patrie est une divinité pour laquelle ils vivent et meurent, s'il le faut. Ce culte de la Patrie est une religion qui survit même en ceux qui n'en ont plus d'autre. La France, dans son unité, transfigurée, anthropomorphisée d'abord, puis apothéosée, s'est tellement emparée des âmes, qu'elle a refoulé et presque effacé le sentiment de la race, même chez le Provençal, à moitié Italien, chez le Breton bretonnant, complètement Celte, chez le Flamand du Nord, qui parle le néerlandais, et, chose plus étonnante, chez l'Alsacien, un Allemand et appartenant ainsi par ses origines à la grande race germanique. M. Thiers, qui comprenait tout, n'a jamais bien saisi la force de ces aspirations des races, qui refont, sous nos yeux, la carte de l'Europe sur la base des nationalités. Ces deux grands «réalistes», Cavour et Bismarck, s'en sont rendu compte et ils en ont tiré ce que l'on sait.

Un soir que Jules Simon m'avait conduit chez M. Thiers, rue Saint-Honoré, celui-ci me demanda ce qu'était, en Belgique, le mouvement flamand. Je m'efforçai de le lui expliquer. Il trouva cela puéril et arriéré. Il avait à la fois tort et raison. Il avait raison, car l'union véritable est celle des esprits, non celle du sang. Ici s'applique le mot admirable du Christ: «Ceux-là sont mes frères et mes sœurs qui font la volonté de mon père.» Les nationalités d'élection, qui, sans tenir compte de la diversité des langues et des races, reposent, comme en Suisse, sur l'identité des souvenirs historiques, de la civilisation et des libertés, sont d'un ordre supérieur. Elles sont l'image et le précurseur de la fusion finale, qui fera de tous les peuples une famille ou plutôt une fédération. Mais M. Thiers, idéaliste comme un vrai fils de la Révolution française, avait tort de méconnaître les faits actuels et les nécessités transitoires.

Le réveil des nationalités est la conséquence inévitable du développement de la démocratie, de la presse et de la culture littéraire. Un autocrate peut gouverner vingt peuples divers, sans s'inquiéter ni de leur langue, ni de leur race. Mais avec le règne des assemblées, tout change. La parole gouverne. Quelle langue parlera-t-on? Celle du peuple nécessairement. Voulez-vous instruire le peuple, vous ne pouvez le faire qu'en sa langue. Le jugez-vous, ce ne peut être en un idiome étranger. Vous prétendez le représenter et vous demandez son vote; il faut au moins qu'il vous comprenne. Et ainsi, peu à peu, parlement, tribunaux, écoles, enseignement à tous les degrés, sont acquis à la langue nationale. En Finlande, par exemple, la lutte est entre les Suédois, qui forment la classe aisée habitant les villes de la côte, et les Finnois, qui constituent la classe rurale. Visitant le pays avec le fils de l'éminent linguiste Castrèn, qui est mort en allant chercher jusqu'au fond de l'Asie les origines de la langue finnoise, je trouvai que celle-ci dominait même dans les faubourgs des grandes villes, comme Abo et Helsingfors. Les inscriptions officielles y sont bilingues. L'enseignement primaire se donne presque partout en finnois. A côté des gymnases suédois, il y en a de finnois. A l'université même, certains cours se font en finnois. Il y a jusqu'à un théâtre national où j'ai entendu chanter *Martha* en finnois. En Galicie, le polonais a complètement remplacé l'allemand. Mais les Ruthènes réclament à leur tour pour leur idiome. En Bohême, le tchèque triomphe définitivement et menace d'expulser l'allemand. A l'ouverture de la Diète, le gouverneur prononce un discours en tchèque et un autre en allemand. A Prague, à côté de l'université allemande, on a créé récemment une université tchèque. Les féodaux et le clergé favorisent ici le mouvement national. L'archevêque de Prague, le prince de Schwarzenberg, quoiqu'Allemand de race, ne nomme plus que des prêtres tchèques, même dans le nord de la Bohême, où l'allemand domine.

Certes, ce sont là des causes de divisions et de difficultés qui deviennent presque insurmontables dans les régions où deux races sont entremêlées. Parler l'idiome d'un petit groupe est un désavantage, car c'est une cause d'isolement. Mieux vaudrait, sans doute, qu'il n'y eût en Europe que trois ou quatre langues, ou plutôt encore, une seule. Mais en attendant que se réalise ce comble de l'unité, tout peuple affranchi et appelé à se gouverner revendiquera les droits de sa langue et tâchera de s'unir à ceux qui la parlent en même temps que lui, à moins qu'il n'ait trouvé pleine satisfaction dans une nationalité d'élection, de convenance et de tradition. Ce sont ces revendications en faveur de l'emploi de la langue nationale et les aspirations vers la formation d'États basés sur les groupes ethniques qui agitent en ce moment l'Autriche et la péninsule des Balkans.

CHAPITRE II.

VIENNE.—LES MINISTRES ET LE FÉDÉRALISME.

Aux approches de Vienne, le pays qu'on traverse devient ravissant. C'est une série de petites vallées, où coulent de clairs ruisseaux, bordés de vertes prairies, entre des collines couvertes de bois de sapins et de chênes. On se croirait en Styrie où dans la Haute-Bavière. Bientôt cependant apparaissent des résidences d'été, souvent en forme de châlets, ensevelies sous des rosiers grimpants «gloire de Dijon» et des elématites. Elles se rapprochent peu à peu, se groupent et, près des gares de banlieue, forment des hameaux de villas. Nulle capitale, sauf Stockholm, n'a de plus charmants environs. La nature subalpestre s'avance jusque près des faubourgs. Rien de plus délicieux que Baden, Mödling, Brühl, Vöslau et tous ces lieux de villégiature au midi de Vienne, sur la route du Sömering.

Arrivé à dix heures, je descends à l'hôtel Münsch, ancienne et bonne maison, très préférable, selon moi, à ces gigantesques et somptueux caravansérails du Ring, où l'on n'est qu'un numéro. On me remet une lettre de mon collègue de l'Université de Vienne et de l'Institut de droit international, le baron de Neumann: elle m'annonce que le ministre Taaffe me recevra à onze heures et le ministre des affaires étrangères, M. de Kálnoky, à trois heures.

Il est toujours bon de voir les ministres des pays qu'on visite. Cela ouvre des portes que l'on désire franchir et des archives que l'on a besoin de consulter, et, au besoin, vous tirerait de prison, si, par erreur, on vous y logeait.

Je m'habille en toute hâte; mais au moment où je monte en voiture, le portier m'arrête: Vous vous êtes coupé, monsieur, votre col est taché de sang; vous ne pouvez aller ainsi chez Son Excellence. Mais je suis en retard; et je pars en me disant qu'un ministre qui s'occupe en ce moment de cette tâche ingrate de satisfaire les Tchèques sans mécontenter les Allemands, ne verra pas ce qu'a aussitôt aperçu l'œil maternel de ce bon portier.

Le ministère de l'intérieur est un sombre palais, situé Judenplatz, dans une de ces rues étroites et obscures de l'ancien Vienne. Grands appartements, corrects et nus; mobilier solennel et simple, mais pur XVIIIe siècle. C'est la demeure d'une famille à qui il faut de l'ordre pour balancer ses comptes. Quelle différence avec les ministères de Paris, où le luxe s'étale en lambris ultra-dorés, en brocarts de Lyon, en plafonds peints, en immenses et splendides escaliers, comme, par exemple, aux Finances et aux Affaires étrangères! Je préfère la simplicité des bâtiments officiels de Vienne et de Berlin. L'État ne doit pas donner l'exemple et le ton de la prodigalité. Le comte Taaffe est en habit et cravate blanche: il se rend à une audience de l'Empereur. Néanmoins, il fait le meilleur accueil à la lettre d'introduction qu'une de ses cousines m'avait donnée pour lui, appuyée d'ailleurs par mon ami Neumann, qui a été le professeur de droit public de Son Excellence. De sa conversation, je retiens ce qui suit et j'y trouve l'explication de sa politique actuelle: Quel est le meilleur moyen d'engager plusieurs personnes à rester habiter la même maison? N'est-ce pas de les laisser libres de régler comme elles l'entendent leurs affaires de ménage. Obligez-les de vivre, de parler et de se divertir toutes de la même manière, elles se disputeront et ne chercheront qu'à se séparer. Pourquoi les Italiens du Tessin ne songent-ils pas à s'unir à l'Italie? Parce qu'ils se trouvent très heureux dans la Confédération suisse. Rappelez-vous la devise de l'Autriche: *Viribus unitis*. L'union véritable naîtra de la satisfaction générale. Le moyen de satisfaire tout le monde, c'est de ne sacrifier les droits de personne.

—«En effet, répliquai-je, faire sortir l'unité de la liberté et de l'autonomie, c'est la rendre indestructible.

Le comte Taaffe incline depuis longtemps vers les idées fédéralistes. Lors du ministère Taaffe-Potocki, il avait esquissé, en 1869, tout un plan de réformes qui avaient pour but d'accroître les attributions des autonomies provinciales[6], et dans des articles que j'ai publiés ici même en 1868-1869, j'ai essayé de montrer que c'est là la meilleure solution. Le comte Taaffe est encore jeune: il est né le 24 février 1833. Il descend d'une famille irlandaise et il est pair d'Irlande avec le titre de viscount Taaffe de Covren, baron of Ballymote. Mais ses ancêtres se sont expatriés et ont perdu leurs propriétés en Irlande, à cause de leur attachement aux Stuarts. Ils sont alors entrés au service des ducs de Lorraine, et l'un d'eux s'est distingué au siège de Vienne en 1683. Le comte Edouard, le ministre actuel, est né à Prague. Son père était président de la cour suprême de justice. Quant à lui, il a commencé sa carrière dans l'administration en Hongrie, sous le baron de Bach. Celui-ci, voyant ses aptitudes et son assiduité au travail, lui procura un avancement rapide. Taaffe devint successivement vice-gouverneur de Bohême, gouverneur de Salzbourg et enfin gouverneur de la Haute-Autriche. Appelé au ministère de l'intérieur en 1867, il signa le fameux acte du 21 décembre, qui constitue le dualisme actuel. Après la chute du ministère, il est nommé gouverneur du Tyrol, qu'il administre pendant sept ans, à la satisfaction générale. Revenu au pouvoir, il reprend le portefeuille de l'intérieur, auquel s'ajoute la présidence du conseil; et il recommence sa politique fédéraliste avec plus de succès qu'en 1869. A Vienne, on s'étonne et on s'afflige de toutes les concessions dont il comble les Tchèques. Il les fait, dit-on, pour obtenir leur votes en faveur de la revision de la loi de l'enseignement primaire dans le sens réactionnaire et clérical. On oublie qu'il a donné des gages aux idées fédéralistes depuis plus de seize ans. Ce qui peut étonner davantage, c'est la contradiction qui existe entre la politique du gouvernement autrichien à l'intérieur et à l'extérieur. A l'intérieur, on favorise manifestement le mouvement slave. Ainsi, en Galicie et en Bohême, on lui concède tout, sauf le rétablissement du royaume de saint Wenceslas, dont on prépare cependant les voies. A l'extérieur, au contraire, et notamment au delà du Danube, on lutte contre le mouvement slave, et on essaye de le comprimer, au risque d'augmenter, à un point inquiétant, la popularité et l'influence de la Russie. Cette contradiction s'explique ainsi: Le ministère commun de l'empire est entièrement indépendant du ministère de la Cisleithanie. Ce ministère commun, que préside le chancelier, n'est composé que de trois ministres: celui des affaires étrangères, celui des finances et celui de la guerre; il a seul le droit de s'occuper de l'extérieur, et les Hongrois y dominent.

[6]

> J'en ai donné le résumé dans mon livre *La Prusse et l'Autriche depuis Sadowa*, t. II, p. 265.

Le comte Taaffe a son principal domaine et sa résidence à Ellishan, en Bohême. Bailli de l'ordre de Malte, il a la Toison d'or, distinction très rare. Il est donc, de toute façon, un grand personnage. Il a épousé en 1860 la comtesse Irma de Csaky de Keresztszegh, qui lui a donné un fils et cinq filles. Il a ainsi un pied en Bohême et un autre en Hongrie. Nul ne conteste ses aptitudes de travailleur infatigable et d'administrateur habile; mais à Vienne, on lui reproche d'aimer trop l'aristocratie et le clergé. A Prague, on lui élèvera probablement une statue aussi haute que la cathédrale du Hradshin, s'il amène l'Empereur à s'y faire couronner.

A trois heures, je me rends chez M. de Kálnoky, au ministère des affaires étrangères, Ballplatz. Celui-ci au moins est bien situé, en pleine lumière, près de la résidence impériale et en vue du Ring. Grands salons solennels et froids. Fauteuils dorés, lambris blanc et or, tentures et rideaux de lampas rouge, parquet brillant comme une glace et sans tapis. Au mur, de grands portraits de la famille impériale. En attendant que l'huissier m'annonce, je pense à Metternich; c'est ici qu'il résidait; en 1812, c'est l'Autriche qui a décidé la chute de Napoléon. C'est elle encore qui tient en ses mains les destinées de l'Europe; suivant qu'elle se porte au nord, à l'est ou à l'ouest, la balance penche, et celui qui dirige la politique extérieure de l'Autriche est le ministre que je vais voir. Je m'attendais à me trouver en présence d'un personnage majestueux à cheveux blancs. Je suis agréablement surpris d'être reçu, de la manière la plus affable, par un homme qui semble ne pas avoir quarante ans, vêtu d'un costume de matin, en cheviot brune, avec une petite cravate bleu clair. Le visage ouvert, l'expression cordiale et l'œil pétillant d'esprit. Tous les Kálnoky en ont, prétend-on. Il a cette distinction sobre, fine, modeste et toute simple du lord anglais, et il parle le français comme un Parisien, ainsi que le font souvent les Autrichiens des hautes classes. Cela provient, j'imagine, de ce que, s'exprimant également bien en six ou sept langues, les accents particuliers de celles-ci se neutralisent. Les Anglais et les Allemands, même quand ils connaissent à fond le français, conservent d'ordinaire un accent étranger. M. de Kálnoky me demande quels sont mes plans de voyage. Quand il apprend que je compte suivre le tracé du chemin de fer qui reliera Belgrade, par Sophia, à Constantinople:

«C'est là, me dit-il, notre grande préoccupation pour le moment. En Occident, on nous prête des intentions de conquête. C'est absurde. Il nous serait difficile d'en faire qui contentassent les deux parties de l'empire, et nous avons d'ailleurs le plus grand intérêt au maintien de la paix. Mais il est pourtant des conquêtes que nous rêvons et auxquelles, en votre qualité d'économiste, vous applaudirez. Ce sont celles que peuvent faire notre industrie, notre commerce et notre civilisation. Mais pour qu'elles se réalisent, il faut des chemins de fer en Serbie, en Bulgarie, en Bosnie, en Macédoine, et surtout la jonction avec le réseau ottoman qui reliera définitivement l'Orient à l'Occident. Les ingénieurs sont à l'œuvre, et les diplomates aussi. Nous aboutirons bientôt, j'espère. Le jour où un Pulman-car vous conduira confortablement de Paris à Constantinople en trois jours, j'ose croire que vous ne nous en voudrez pas. C'est pour vous, Occidentaux, que nous travaillons.»

On dit que la parole a été donnée aux diplomates pour déguiser leur pensée. Je crois cependant que quand les hommes d'État autrichiens repoussent toute idée de conquête ou d'annexion en Orient, ils expriment les vraies intentions du gouvernement impérial. J'ai entendu tenir le même langage par le précédent chancelier, M. de Haymerlé, quand je l'ai vu à Rome, en 1879, et il m'a écrit dans le même sens peu de temps avant sa mort. Or, M. de Haymerlé connaissait l'Orient et la péninsule balkanique mieux que personne et il en parlait parfaitement toutes les langues. Il y avait résidé longtemps, d'abord comme drogman de l'ambassade d'Autriche, puis comme envoyé.

Toutefois, on ne peut se dissimuler qu'il est certaines éventualités qui forceraient l'Autriche à faire un pas en avant. Telles seraient, par exemple, une insurrection triomphante en Serbie ou des troubles graves en Macédoine, menaçant la sécurité du chemin de fer de Mitrovitza-Salonique. L'Autriche, occupant la Bosnie jusqu'à Novi-Bazar, ne permettra pas que la péninsule soit livrée à l'anarchie ou à la guerre civile. Quand on s'engage dans les affaires orientales, on va plus loin qu'on ne veut: voyez l'Angleterre en Égypte. C'est là le côté grave de la situation prédominante que l'Autriche a prise dans la péninsule balkanique.

Voici quelques détails sur le chancelier actuel: Le comte Gustave Kálnoky de Kôrospatak est d'origine hongroise, comme son nom l'indique, mais il est né en Moravie, à Lettowitz, le 29 décembre 1832, et c'est dans cette province que se trouvent la plupart de ses biens, parmi lesquels on me cite les terres de Prodlitz, d'Ottaslawitz et de Szabatta. Il a plusieurs frères et une sœur très belle, qui a épousé d'abord le comte Jean Waldstein, veuf d'une Zichy et âgé déjà de 62 ans, puis, devenue veuve à son tour, le duc de Sabran. La carrière du chancelier Kálnoky a été très extraordinaire. Il quitte l'armée en 1879, avec le grade de colonel-major, et entre dans la diplomatie. Il obtient le poste de Copenhague, où il semble appelé à jouer un rôle assez effacé. Mais peu de temps après, il est nommé à Saint-Pétersbourg, poste diplomatique le plus important de tous, et à la mort de Haymerlé, il est appelé au ministère des affaires étrangères. Ainsi, en trois ans, officier de cavalerie brillant et élégant, mais sans nulle influence politique, il devient le premier personnage de l'empire, l'arbitre de ses destinées et, par conséquent, de celles de l'Europe. D'où vient cet avancement inouï, qui fait penser à celui des grands-vizirs dans les *Mille et une Nuits*? On l'attribue généralement à l'amitié d'Audrassy. Mais voici, me dit-on, la vérité vraie, quoique non connue: M. de Kálnoky manie la plume mieux encore que la parole. Ses dépêches étaient des modèles achevés. L'Empereur, travailleur infatigable et consciencieux, s'occupe personnellement de la politique étrangère; il lit ces dépêches, en est très frappé et note Kálnoky comme devant être appelé aux plus hautes fonctions. A Saint-Pétersbourg, Kálnoky charme tout le monde par son esprit et son amabilité. Malgré toutes les défiances, il devient même *persona grata* à la cour. En l'appelant à la chancellerie, l'empereur d'Autriche l'a nommé général-major. On a cru d'abord que ses attaches avec la Russie l'entraîneraient à s'entendre avec elle, peut-être aussi avec la France, et à rompre l'alliance allemande. Mais Kálnoky ne peut oublier qu'il est Hongrois, l'ami d'Andrassy, et que la politique hongroise a pour pivot, depuis 1866, une entente intime avec Berlin. Les journaux allemands commencèrent à mettre en doute la fidélité de l'Autriche. L'opinion publique s'émut à Vienne, à Pest surtout. Mais bientôt Kálnoky mit fin à ces bruits par son voyage à Gastein, où l'empereur Guillaume le combla de marques d'affection et où, dans l'entrevue avec M. de Bismarck, tous les malentendus furent dissipés. La position de ce jeune ministre est aujourd'hui très forte. Il jouit de la confiance absolue de l'Empereur et aussi, semble-t-il, de celle de la nation, car dans la dernière session des délégations trans- et cisleithanes, tous les partis l'ont acclamé, même les Tchèques, qui dominent en ce moment dans la Cisleithanie. M. de Kálnoky est resté célibataire, ce qui, dit-on, désole les mères et inquiète les maris.

Je passe la soirée chez les Salm-Lichtenstein. J'avais rencontré l'Altgräfin à Florence et je suis heureux de faire la connaissance de son mari, qui est membre du Parlement et qui s'occupe ardemment de la question tchéco-allemande. Il appartient au parti libéral autrichien et il blâme vivement la politique Taaffe et l'alliance que les féodaux et, notamment, presque tous les membres de sa famille et celle de sa femme ont conclue avec le parti ultra-tchèque. «Leur but, dit-il, est d'obtenir pour la Bohême la même situation que celle de la Hongrie. L'Empereur irait à Prague ceindre la couronne de saint Wenceslas. La Bohême redeviendrait autonome. Elle serait régie par sa Diète, comme la Hongrie l'est par la sienne. L'empire, au lieu d'être dualiste, serait triunitaire. Sauf pour les affaires communes, il y aurait trois Etats indépendants, réunis seulement par la personne du souverain. C'est le régime du moyen âge; il était viable quand il existait partout; mais il ne l'est plus maintenant qu'autour de nous se sont constitués de grands Etats unitaires, comme la France, la Russie et l'Italie. J'admets la fédération pour un petit État neutre, comme la Suisse, ou pour un État isolé, embrassant tout un continent, comme les États-Unis, mais je la considère comme mortelle pour l'Autriche, qui, au centre de l'Europe, se trouve exposée à toutes les complications et aux convoitises de tous ses voisins.

«Mes bons amis les féodaux, soutenus à fond par le clergé, espèrent que dans la Bohême autonome et complètement soustraite à l'action des libéraux du Parlement central, ils seront les maîtres absolus et qu'ils pourront y rétablir l'ancien régime. Je pense qu'ils se trompent complètement. Quand les nationaux tchèques auront atteint leur but, ils se retourneront contre leurs alliés actuels. Ils sont, au fond, tous des démocrates de nuances diverses, depuis le le rose tendre jusqu'au rouge écarlate; mais tous se lèveront contre la domination de l'aristocratie et du clergé, et ils s'uniront alors aux Allemands de nos villes, qui sont presque tous libéraux. Ceux même qui habitent nos campagnes les suivront. L'aristocratie et le clergé seraient inévitablement vaincus. Au besoin, les Tchèques ultras en appelleraient aux souvenirs de Jean Huss et de Zisca. Voyez quelle chose étrange: la plupart de ces grandes familles qui se sont mises à la tête du mouvement national, en Bohême, sont allemandes d'origine ou ne parlent pas la langue dont elles veulent faire l'idiome officiel. Les Hapsbourg, notre capitale, notre civilisation, la force initiale et persistante qui a créé l'Autriche, tout cela n'est-il donc pas germanique? En Hongrie, l'allemand, la langue de notre Empereur, est proscrite; proscrite aussi en Galicie; proscrite en Croatie; proscrite aussi bientôt en Carinthie, en Carniole et en Bohême. La politique actuelle est périlleuse de toute façon. Elle blesse profondément l'élément allemand, qui représente les lumières, l'industrie, l'argent, toutes les puissances modernes. En Bohême, si elle triomphe, elle livrera l'aristocratie et le clergé aux entreprises de la démocratie tchèque et hussite.

—«Tout ce que vous dites, répondis-je, me paraît parfaitement déduit. Je ne puis objecter que ceci: Il s'établit parfois dans les choses humaines certains courants irrésistibles. On les reconnaît à cette marque que rien ne les arrête et que tout leur sert. Tel est le mouvement des nationalités. Considérez leur prodigieux réveil. On dirait la résurrection des morts. Ensevelies dans les ténèbres, elles se relèvent dans la lumière et dans la gloire. Qu'était, au dix-huitième siècle, la langue allemande, quand Frédéric se vantait de l'ignorer et se piquait d'écrire le français aussi bien que Voltaire? C'était toujours, sans doute, la langue de Luther, mais ce n'était pas celle des classes cultivées et élégantes. Transportons-nous par la pensée quarante ans en arrière: qu'était le hongrois? L'idiome méprisé des pasteurs de la Puzta. La langue de la bonne société et de l'administration était l'allemand, et dans la Diète, on parlait le latin. Le magyare, aujourd'hui, est la langue du Parlement, de la presse, du théâtre, de la science, des académies, de l'université, de la poésie, du roman. Désormais, langue officielle et exclusive, elle s'impose même, dit-on, à des populations d'une autre race, qui n'en veulent pas, comme en Croatie et en Transylvanie. Le tchèque est en train de se faire en Bohême la même place que le magyare en Hongrie. Même chose dans les provinces croates: naguère encore patois populaire, le croate a maintenant son université à Agram, ses poètes, ses philologues, sa presse, son théâtre. Le serbe, qui n'est autre que le croate écrit en lettres orientales, est devenu aussi, en Serbie, langue officielle, littéraire, parlementaire, scientifique, tout comme ses aînés l'allemand ou le français. Il en est de même pour le bulgare en Bulgarie et en Roumélie, pour le finnois en Finlande, pour le roumain en Roumanie, pour le polonais en Galicie et bientôt aussi probablement pour le flamand en Flandre. Comme toujours, le réveil littéraire précède les revendications politiques. Dans un gouvernement constitutionnel, le parti des nationalités finit par triompher, parce que, entre les autres partis, c'est à qui lui fera le plus de concessions et d'avantages pour obtenir l'appoint de ses votes: c'est même le cas en Irlande.

«Dites-moi, croyez-vous qu'un gouvernement quelconque puisse comprimer un mouvement aussi profond, aussi universel, ayant sa racine dans le cœur même des races longtemps asservies et se développant fatalement, avec les progrès de ce que l'on appelle la civilisation moderne? Que faire donc en présence de cette poussée irrésistible des races demandant leur place au soleil? Centraliser et comprimer, comme l'ont essayé Schmerling et Bach? Il est trop tard aujourd'hui. Il ne vous reste qu'à transiger avec les nationalités diverses, comme le veut M. de Taaffe, tout en protégeant les droits des minorités.

—«Mais, reprit l'Altgraf, en Bohême, nous, Allemands, nous sommes minorité, et messieurs les Tchèques nous écraseront sans pitié.»

Le lendemain, je vais voir M. de V., membre influent du Parlement et appartenant au parti conservateur. Il me paraît encore plus désolé que l'Altgraf Salm. «Moi, me dit-il, je suis un Autrichien de la vieille roche, un pur noir et jaune; ce que vous appelez un réactionnaire dans votre étrange langage libéral. Mon attachement à la famille impériale est absolu, parce que c'est le centre commun de toutes les parties de l'empire. Je suis attaché au comte Taaffe parce qu'il représente les partis conservateurs; mais je déplore sa politique fédéraliste, qui nous mène à la désintégration de l'Autriche. Oui, je pousse l'audace jusqu'à prétendre que Metternich n'était pas un âne bâté. Nos bons amis les Italiens lui reprochent d'avoir dit que l'Italie n'est qu'une expression géographique; mais de notre empire qu'il avait fait si puissant et, en somme, si heureux, il ne restera même plus cela, si on continue à le dépecer, chaque jour, en morceaux de plus en plus petits. Ce ne sera plus un État, ce sera un kaléidoscope, une collection de *dissolving views*. Vous, rappelez-vous ces vers du Dante:

Quivi sospiri, pianti ed alti guai Risonavan per l'ær senza stelle: Diverse lingue, orribile favelle, Parole di solore, accenti d'ira, Voci alte e fioche; e suon di man con elle?

Voilà le pandémonium qu'on nous prépare. Savez-vous jusqu'où l'on pousse la fureur de l'émiettement? En Bohême, les Allemands, pour échapper à la tyrannie des Tchèques, qu'ils redoutent dans l'avenir, demandent la séparation et l'autonomie des régions où leur langue domine. Jamais les Tchèques ne voudront qu'on morcelle le glorieux royaume de saint Wenceslas, et voilà une nouvelle cause de querelles! Ces luttes de races sont un retour à la barbarie. Vous êtes Belge et je suis Autrichien; ne pouvons-nous nous entendre pour gérer en commun une affaire ou une institution?»

—«Sans doute, lui dis-je, à un certain degré de culture, ce qui importe, c'est la conformité des sentiments, non la communauté du langage. Mais au début, la langue est l'instrument de la culture intellectuelle. La devise de l'une de nos sociétés flamandes dit cela énergiquement: *De taal is gansch het volk.* «La langue c'est tout le peuple.» A mon avis, la raison, la vertu sont la chose essentielle. Mais sans la langue, sans les lettres, le progrès de la civilisation est impossible.»

Je note un fait curieux, qui montre où en sont arrivées ces animosités des races. Les Tchèques de Vienne, et ils sont au nombre de trente mille, dit-on, demandent un subside pour y fonder une école où le tchèque serait la langue de l'enseignement. Au sein du conseil provincial, le recteur de l'université de Vienne appuie la requête. Les étudiants de l'université tchèque de Prague lui envoient une adresse de gratitude; mais en quelle langue? En tchèque? Non, le recteur ne le comprend pas; en allemand? jamais; c'est la langue des oppresseurs! En français, parce que c'est un idiome étranger, et partant, neutre. L'attitude très justifiable du recteur soulève une telle réprobation parmi ses collègues, qu'il doit se démettre du rectorat.

Je vais voir ensuite M. de Neuman, qui est l'une des colonnes de notre Institut de droit international. Il nous y apporte, outre la contribution de ses connaissances juridiques, la précieuse faculté de parler, avec le même esprit et le même brio, toutes les langues indo-européennes et d'avoir à sa disposition un trésor de citations piquantes empruntées à toutes les littératures. Dans les différentes villes où l'Institut siège, il répond aux autorités qui nous reçoivent dans la langue du pays, de façon à faire croire qu'il y est né. M. de Neuman me conduit à l'Université, dont il est une des illustrations. Elle est située près de la cathédrale. C'est un vieux bâtiment qu'on abandonnera bientôt pour le somptueux édifice qu'on construit sur le Ring. Je rencontre ici le professeur Lorenz von Stein, l'auteur du meilleur livre que l'on ait écrit sur le socialisme *Der Socialismus in Frankreich*, et d'ouvrages considérables de droit public et d'économie politique, qui jouissent de la plus grande autorité dans toute l'Allemagne. Je suis aussi heureux de saluer mon jeune collègue M. Schleinitz, qui vient de publier un ouvrage important sur le développement de la propriété. M. de Neuman me communique une lettre de M. de Kállay, ministre des finances de l'Empire, qui me recevra avant mon départ; mais je vais voir d'abord M. de Serres, directeur des chemins de fer autrichiens, qui doit me donner quelques indications concernant la jonction des chemins de fer hongrois et serbes avec le réseau ottoman; question de première importance pour l'avenir de l'Orient et que je m'étais promis d'étudier sur place.

La compagnie autrichienne est établie dans un palais de la place Schwarzenberg, qui est la plus belle partie du Ring. Escalier monumental en marbre blanc; bureaux immenses et confortables; salons de réception velours et or; quel contraste entre ces splendeurs du luxe moderne et la simplicité des locaux ministériels! C'est le symbole d'une profonde révolution économique: l'industrie primant la politique. M. de Serres étale une carte détaillée sur la table: «Voyez, me dit-il, voilà le chemin de fer direct de Pesth à Belgrade, qui passe le Danube à Peterwardein, puis la Save à Semlin. Il y a là deux grands ponts construits par la Société Fives-Lille. La section Belgrade-Nich sera inaugurée prochainement. A Nich, bifurcation: une ligne vers Sophia, une autre qui rejoindra celle de Salonique-Mitrovitza, déjà exploitée. Celle-ci suivra la haute Morava par Lescovatz et Vrania. Il n'y aura à franchir qu'un très court faîte de partage, pour atteindre Varosh, sur la voie ferrée qui aboutit à Salonique. Cet embranchement se terminera vite et il est de première importance: c'est le plus court chemin vers Athènes et même vers l'Égypte et l'extrême Orient. C'est par là qu'on pourra battre non seulement Marseille, mais Brindisi. Le rêve du consul autrichien von Hahn se trouvera réalisé.

«L'embranchement de Nich à Sophia et Constantinople offre dans sa première section de grandes difficultés. D'abord, pour arriver à Pirot, il faut passer par un effroyable défilé, le long de la Nichava. Nos ingénieurs n'ont rien vu de plus sauvage. Puis, pour s'élever de Pirot jusqu'au plateau de Sophia, en franchissant un prolongement des Balkans, on l'aura dur, car les terrains sont mauvais. Dans la plaine de Sophia, la construction peut se faire en courant, et de là à Sarambey, terminus des chemins ottomans, la ligne a été à moitié faite par les Turcs, il y a dix ans. Quinze à seize mois suffiraient pour l'achever. En résumé, nous irons en mai 1884, par rail, jusqu'à Nich, en traversant toute la Serbie. Ensuite, si l'on commence sans tarder, un an plus tard à Salonique et deux ans après à Constantinople.» Je remerciai M. de Serres de ces détails si précis.—«L'achèvement de ces lignes, lui dis-je, sera pour l'Orient un événement capital. Ce sera le signal de sa transformation économique, qui est autrement importante que toutes les combinaisons politiques et qui, d'ailleurs, hâtera l'accomplissement de celle qui est imposée par la nature des choses, je veux dire par le développement de la race dominante. Votre réseau et l'Autriche-Hongrie en profiteront d'abord, mais bientôt l'Europe entière prendra sa part des avantages résultant de la civilisation et de l'enrichissement de la péninsule balkanique.

Je me rends chez M. de Kállay. Je me félicite de le voir, car on me dit de tous côtés que c'est l'un des hommes d'État les plus distingués de l'empire. Il est du plus pur sang magyare: il descend d'un des compagnons d'Arpad, entré en Hongrie à la fin du IXe siècle. Famille de bons administrateurs, car ils ont su conserver leur fortune: précédent précieux pour un ministre des finances. Jeune encore, Kállay se montre avide de tout savoir. Il travaille comme un *privat-docent*, apprend les langues slaves et orientales, traduit en magyar la *Liberté*, de Stuart Mill, et ainsi devient membre de l'Académie hongroise. Ayant échoué comme député aux élections de 1866, il est nommé consul général à Belgrade, où il reste huit ans. Son temps n'y est pas perdu pour la science. Il réunit les matériaux d'une histoire de la Serbie. En 1874, il est nommé député à la Diète hongroise, et prend place sur les bancs du parti conservateur, qui est devenu la gauche modérée actuelle. Il fonde un journal, le *Kelet Népe* (le peuple de l'Orient), où il trace le programme du rôle que la Hongrie doit jouer dans l'Europe orientale. Arrive la guerre turco-russe (1876), suivie de l'occupation de la Bosnie. On se rappelle que les Magyars manifestèrent alors de la façon la plus bruyante, leur sympathie pour les Turcs, et l'opposition attaqua l'occupation avec la dernière violence.

Les Hongrois y étaient passionnément hostiles, parce qu'ils y voyaient un accroissement du nombre des Slaves. Le parti gouvernemental lui-même n'osait pas appuyer ouvertement la politique Andrassy, tant il la sentait impopulaire. Alors Kállay se lève au sein de la Chambre pour la défendre. Il montre à son parti qu'il est insensé de se prononcer en faveur des Turcs. Il prouve clairement que l'occupation de la Bosnie s'impose en raison des convenances géographiques et même au point de vue hongrois; car elle sépare, comme un coin, la Serbie du Montenegro et empêche ainsi la formation d'un grand État jougo-slave, qui exercerait une attraction irrésistible sur les Croates de même langue et de même race. Il expose, en même temps, son idée favorite et parle de la mission commerciale et civilisatrice de la Hongrie en Orient. Cette attitude d'un homme connaissant à fond la péninsule des Balkans et toutes les questions qui s'y rattachent, irrita vivement son parti, qui resta quelque temps encore turcophile; mais elle fit une impression profonde en Hongrie et modifia le courant de l'opinion.

Le comte Andrassy le désigna comme représentant de l'Autriche au sein de la commission bulgare. Revenu à Vienne, Kállay est nommé chef de section au ministère des affaires étrangères et il publie son histoire de la Serbie en hongrois; elle est traduite en allemand et en serbe, et à Belgrade même on reconnaît que c'est la meilleure qui existe. Il fait paraître aussi une brochure importante en allemand et en hongrois sur les aspirations de la Russie en Orient depuis trois siècles. Sous le chancelier Haymerlé, il devient secrétaire d'État et son autorité grandit rapidement. M. de Szlavy, ancien ministre hongrois très capable, mais connaissant peu les pays transdanubiens, était ministre des finances de l'Empire et, comme tel, administrateur suprême de la Bosnie. L'occupation donnait de tristes résultats. Grandes dépenses; les impôts rentraient mal; l'argent, disait-on, restait collé aux doigts des employés, comme au temps des Turcs. De là déficit et mécontentement des deux Parlements trans- et cisleithans. M. de Szlavy donne sa démission. L'Empereur tient énormément à la Bosnie, en quoi il n'a pas tort; c'est son idée, sa chose à lui. Sous son règne, le Lombard Vénitien a été perdu et l'empire diminué. La Bosnie fait compensation, et avec ce grand avantage qu'elle peut être assimilée à la Croatie, et ainsi soudée au reste de l'État, ce qui, pour les provinces italiennes, était à jamais impossible. L'Empereur chercha donc l'homme qu'il fallait pour remettre en bonne voie les affaires de Bosnie. M. de Kállay était indiqué. Il fut nommé en remplacement de Szlavy. Aussitôt, il se rend dans les provinces occupées, dont il parle toutes les langues. Il s'entretient directement avec tous, catholiques, orthodoxes et mahométans. Il rassure les propriétaires turcs, inspire patience aux paysans, réforme les abus, chasse les voleurs du temple; réduit les dépenses et, par suite, le déficit. Travail énorme: curer les étables d'Augias dans un vilayet ottoman.

Il a procédé avec infiniment de tact et de ménagement, mais aussi avec une fermeté impitoyable. Pour faire marcher une montre, il n'y a rien de tel que d'en bien connaître tous les rouages. Récemment, on l'avertit qu'un nuage se forme du côté du Monténégro. On craint une nouvelle insurrection. Il part aussitôt; mais pour ne pas éveiller de défiance, il emmène sa femme. Celle-ci est aussi intelligente que belle et aussi brave qu'intelligente: qualité de race. Comtesse Bethlen, elle descend du héros de la Transylvanie, Bethlen Gabor. Leur voyage à travers la Bosnie est une idylle. Mais, tout en se promenant d'ovation en ovation, il met le pied sur la mèche qui allait mettre le feu aux poudres. Depuis lors, tout va, dit-on, de mieux en mieux là-bas. C'est ce que je compte aller vérifier sur place. En tout cas, le déficit a disparu; aujourd'hui, l'Empereur est enchanté, et chacun m'affirme que si l'on peut conserver la

Bosnie, ce sera à M. de Kállay qu'on le devra et qu'un rôle prédominant lui est réservé dans la direction future de l'empire. Il rêve de grandes destinées pour la Hongrie, mais il n'est nullement «chauvin». Il est prudent, réfléchi et connaît les fondrières de la route. Ce n'est pas pour rien qu'il a couru les grands chemins de l'Orient. Je vais le trouver à ses bureaux, situés derrière l'hôtel Münsch, dans une petite rue et à un second étage. On y arrive par un escalier en bois, étroit et sombre. En le montant, je pensais aux magnificences du palais de la compagnie des chemins de fer, et j'aimais mieux ceci.

Je suis étonné de trouver M. de Kállay si jeune: il n'a que 43 ans. Le vieil empire était autrefois gouverné par des vieillards; il l'est aujourd'hui par des jeunes gens. C'est ce qui lui imprime cette allure vive et décidée. Les Hongrois tiennent les rênes et ils ont conservé dans leur sang l'ardeur des races primitives et la décision du cavalier. J'ai cru respirer partout en Autriche un air de renouveau. C'est comme une frondaison de printemps qui couronne un tronc séculaire. M. de Kállay me parle d'abord des Zadrugas, que je compte aller revoir et qu'il a lui-même beaucoup étudiées: «Depuis que vous avez publié votre livre sur la propriété primitive, me dit-il, très exact quand il a paru, de nombreux changements se sont faits. La famille patriarcale, assise sur son domaine collectif et inaliénable, disparaît rapidement. Je le regrette comme vous. Mais qu'y faire?» Il m'engage à pousser jusqu'en Bosnie. «On nous reproche, ajoute-t-il, de n'y avoir pas encore réglé la question agraire. Mais ce qui se passe en Irlande prouve combien les problèmes de ce genre sont difficiles à résoudre. En Bosnie, il se complique du conflit entre le droit musulman et nos législations occidentales. Il faut aller sur les lieux et étudier la situation de près, pour comprendre les embarras qui vous arrêtent à chaque pas. Ainsi, en vertu de la loi turque, l'État est propriétaire de toutes les forêts, et je tiens beaucoup à nos droits sur celles-ci, afin de pouvoir les préserver. Mais, d'autre part, les villageois revendiquent, d'après la coutume slave, un droit d'usage sur les forêts domaniales. S'ils n'y prenaient que le bois dont ils ont besoin, il n'y aurait point de mal, mais ils abattent les arbres sans nul ménagement; puis arrivent les chèvres, qui mangent les jeunes pousses et qui ainsi empêchent tout repeuplement. Ces maudites bêtes sont le fléau du pays. Partout où elles peuvent arriver, on ne trouve plus que des broussailles. Nous ferons une loi pour la conservation des massifs boisés, si essentiels dans une contrée aussi montagneuse; mais comment la faire respecter? Il faudrait une armée de gardes forestiers et des luttes partout et à tout moment. Ce qui manque à ce beau pays si favorisé par la nature, c'est une *gentry*, capable, comme celle de la Hongrie, de donner l'exemple du progrès agricole. Je ne vous citerai qu'un exemple. Dans ma jeunesse, on n'employait sur nos terres qu'une lourde charrue en bois, remontant à Triptolème. Après 1848, la corvée est abolie; la main-d'œuvre est renchérie; et nous devons cultiver nous-même. Alors nous avons fait venir les meilleures charrues de fer américaines, et maintenant elles sont en usage partout, même chez les paysans. En Bosnie, l'Autriche est appelée à remplir une grande mission, dont l'Europe entière profitera, plus que nous peut-être. Elle doit justifier l'occupation en civilisant le pays.

—«Quant à moi, répondis-je, j'ai toujours défendu, contre mes amis les libéraux anglais, la nécessité d'annexer la Bosnie et l'Herzégovine à la Dalmatie, et je l'ai démontrée à une époque où on n'en parlait guère[1]. Mais l'essentiel est de faire des chemins de fer et des routes reliant l'intérieur du pays aux ports de la côte. La ligne Serajevo-Mostar-Fort Opus est de première nécessité.—«Évidemment, reprend M. de Kállay: *ma i danari*, on ne peut tout faire en un jour. Nous venons de terminer la ligne Brod-Serajevo, ce qui vous permettra d'aller de Vienne au centre de la Bosnie par rail. Vous ne vous en plaindrez pas, j'imagine. C'est un des premiers bienfaits de l'occupation et ses résultats seront énormes.

[7]

«De toute nécessité, la côte dalmate doit être réunie à la Bosnie. Comme le disait un jour un guide monténégrin à Mme Muir Mackensie, la Dalmatie sans la Bosnie, c'est un visage sans tête, et la Bosnie sans la Dalmatie, c'est une tête sans visage. Faute de communications avec les districts qui s'étendent derrière eux, les ports dalmates, qui portent de si beaux noms, ne sont plus que des bourgs sans importance, complètement déchus de leur ancienne splendeur. Ainsi Raguse, jadis république indépendante, a 6,000 habitants, Zara 9,000, Sebeniko 6,000. Cattaro, situé au fond de la plus belle baie de l'Europe, où des bassins et des docks naturels se creusent de toutes parts, assez vastes pour recevoir la marine tout entière d'un puissant État, Cattaro est une bourgade qui a 2,078 habitants. Dans beaucoup de ces cités appauvries, des mendiants habitent les palais des anciens princes du commerce, et le lion de Saint-Marc ouvre encore ses ailes sur des bâtiments qui tombent en ruines. Cette côte, qui a le malheur de border une province turque, ne reprendra son antique prospérité que le jour où de bonnes routes relieront ses beaux ports au territoire fertile de l'intérieur, dont la plus détestable administration arrête l'essor.» (*La Prusse et l'Autriche depuis Sadowa*, t. II, ch. 6. 1869.)

Je parle à M. de Kállay d'un discours qu'il vient de prononcer au sein de l'Académie de Pest, dont il est membre. Il y développe son idée favorite, que la Hongrie a une grande mission à remplir. Orientale par l'origine des Magyars, occidentale par les idées et les institutions, elle doit servir, d'intermédiaire et de lien entre l'Orient et l'Occident. Cette thèse a provoqué, dans tous les journaux allemands et slaves, un débordement d'attaques contre l'orgueil magyare: «Ils s'imaginent, ces Hongrois, que leur pays est le centre de l'univers, le monde tout entier: *Ungarischer Globus*. Qu'ils retournent dans leurs steppes, ces Asiatiques, ces Tartares, ces cousins des Turcs!» Parmi toutes ces violences, je note un mot qu'on emprunte à un livre du comte Zay: il peint bien cet ardent patriotisme des Hongrois, qui est leur honneur et leur force, mais qui, développant en eux un esprit de domination, les fait détester par les autres races. Ce mot, le voici: «Le Magyar aime son pays et sa nationalité plus que l'humanité, plus que la liberté, plus que lui-même, plus que Dieu, plus que son salut éternel.» La haute intelligence de M. de Kállay le préserve de ces exagérations du chauvinisme.—«On ne m'a pas compris me dit-il, et on n'a pas voulu me comprendre. Dans une société littéraire et scientifique, je n'ai nullement voulu faire de la politique. J'ai constaté simplement un fait indéniable. Placé au point de jonction d'une foule de races diverses et précisément parce que nous parlons un idiome non indo-germanique, asiatique si l'on veut, nous sommes obligés de connaître toutes les langues de l'Europe occidentale et en même temps, par ces réminiscences mystérieuses du sang, l'Orient nous est plus facilement accessible et compréhensible. Je l'ai remarqué bien des fois: je saisis mieux le sens d'un écrit oriental quand je le fais passer par le hongrois que quand je le lis dans une traduction allemande ou anglaise.»

Je ne m'arrête que deux jours à Vienne. Mes visites faites, je parcours le Ring. Quel prodigieux changement depuis l'époque où, en 1846, du haut des vieux remparts qui avaient soutenu le fameux siège de 1683, je voyais se dérouler tout autour, entre la petite cité, resserrée dans ses murs, et ses grands faubourgs, une vaste esplanade poudreuse, où chaque soir les régiments hongrois, avec leurs pantalons bleus collants, venaient faire l'exercice! On a respecté le Volksgarten, où Strauss jouait ses valses, et le temple grec, qui abrite le groupe de Canova. Sur l'esplanade, on a tracé un boulevard deux fois large comme ceux de Paris, on a réservé l'espace nécessaire pour construire des monuments publics et le reste des terrains, vendus à des prix énormes, a permis à la ville et à l'État d'y élever toute une suite de constructions splendides, deux magnifiques théâtres, un hôtel de ville style gothique qui coûtera cinquante millions, un palais pour l'université, deux musées, un palais pour l'empereur et une chambre du Parlement pour le Reichstag. Le Ring est bordé, en outre, de palais d'archiducs, d'hôtels, genre du *Continental* à Paris, et de maisons particulières avec une élévation d'étages, un relief des moulures, une opulence de décoration qui en font autant de monuments. Je ne connais rien de comparable au Ring dans aucune capitale. Tout cela a dû coûter plus d'un milliard! D'où est venu l'argent dans cette Autriche qui marche, dit-on, à la banqueroute?

L'État et la ville ont fait une splendide opération, puisqu'ils ont pu couvrir presque entièrement leurs dépenses avec le produit de la vente des terrains de l'esplanade; mais ceux qui ont acheté ces terrains ont dû les payer, ainsi que les bâtisses si coûteuses qu'ils y ont élevées. Les centaines de millions que représentent les bâtiments publics et les maisons particulières sont donc sorties de l'épargne du pays. C'est la preuve manifeste que, malgré des guerres malheureuses, malgré la perte du Lombard Vénitien, malgré le *krach* de 1873, malgré les difficultés intérieures et le déficit persistant d'année en année, l'Autriche s'est considérablement enrichie. L'État est toujours gueux, mais la nation accumule du capital, et celui-ci vient s'épanouir dans les magnificences du Ring. Comme aux bords du Rhin, c'est toujours l'effet de la machine. L'homme, se procurant plus facilement de quoi se nourrir et se vêtir, peut consacrer plus de ses revenus et de son travail à se loger, lui, ses plaisirs, ses arts, ses gouvernants et ses institutions.

Quoique je ne sois pas venu étudier la situation économique actuelle de l'Autriche, l'impression que j'en reçois est très favorable. Sans me laisser éblouir par les splendeurs de Vienne, que je regrette plutôt, parce qu'elles sont un symptôme de centralisation sociale et de concentration de la richesse, je constate que l'agriculture et l'industrie ont fait de grands progrès. Quant à la situation extérieure, elle paraît excellente. L'Autriche est le pivot des combinaisons de la politique européenne. Certes, M. de Bismarck mène le jeu, haut la main; mais l'alliance autrichienne est son principal atout.

L'Autriche a besoin de l'appui de l'Allemagne; mais l'Allemagne a encore bien plus besoin de celui de l'Autriche, parce que l'empire des Hohenzollern, nouvellement constitué, a sur les flancs un ennemi certain à l'Occident et un ennemi possible à l'Orient. Adossé à l'Autriche, il est de force à faire face des deux côtés à la fois; il ne sera donc pas attaqué. Mais c'est à condition que l'Autriche lui reste fidèle.

A l'intérieur, l'Autriche dérive manifestement vers la forme fédérative. Mais loin d'y voir, comme les Autrichiens allemands, un mal et un danger, je suis persuadé que c'est un bien et pour l'empire lui-même et pour l'Europe.

Les nationalités en Hongrie, en Bohême, en Croatie, en Galicie ont pris tant de force et de vie qu'on ne peut plus désormais ni les anéantir, ni les fusionner. Impossible même de les comprimer, à moins de supprimer toute liberté, toute autonomie et de les écraser sous un joug de fer. Quand les nationalités étaient endormies dans un sommeil léthargique, comme la Belle-au-bois-dormant, sous Marie-Thérèse et sous Metternich, un gouvernement paternel et doux pouvait préparer insensiblement les voies à un régime plus unitaire. Aujourd'hui, rien de pareil n'est plus possible. Tout essai de centralisation rencontrerait des résistances furieuses, désespérées, et, pour les briser, il faudrait recourir à un despotisme si impitoyable que, par les haines qu'il susciterait, il mettrait en péril l'existence même de l'empire. Ainsi la liberté mène nécessairement au fédéralisme. Il faut donc y applaudir.

C'est d'ailleurs, théoriquement, le meilleur des régimes. Nous le rencontrons, au début, parmi les peuples libres, en Grèce et en Germanie, par exemple, et aujourd'hui chez les nations les plus libres et les plus démocratiques, aux États-Unis et en Suisse. Cette forme de gouvernement permet de constituer un État immense, et même indéfiniment extensible, par l'union des forces, *viribus unitis*, ainsi que le dit la devise de l'Autriche, sans sacrifier l'originalité spéciale, la vie propre, la spontanéité locale des provinces qui composent la nation. Aujourd'hui déjà, les esprits les plus clairvoyants en Espagne surtout, en Italie et même en France, demandent qu'une grande partie des attributions du pouvoir central soit restituée aux provinces. Que de grands et nobles exemples ont donné au monde les Provinces-Unies des Pays-Bas! Quel développement commercial! Quelle condition heureuse des citoyens! Dans l'histoire, quel rôle considérable et hors de toute proportion avec l'étendue du territoire ou le chiffre de la population! Quel contraste affligeant entre l'Espagne, fédérale avant Charles V, Philippe II, et l'Espagne centralisée du XVe et du XVIIe siècle! Pour se défendre, l'Autriche fédéralisée ne perdra rien de sa puissance, tant que l'armée restera unifiée sous le commandement du chef de l'État. Mais le gouvernement sera moins prompt à se lancer dans une politique d'agression, parce qu'il devra tenir compte des tendances des différentes nationalités qui apporteront dans l'appréciation des questions extérieures des vues différentes et parfois opposées. Les progrès du fédéralisme en Autriche auront ainsi pour résultat d'accroître les garanties de la paix.

Le régime monétaire en Autriche ne s'est guère amélioré. Partout l'instrument des échanges est composé de billets dépréciés d'environ 20 p. c., avec des coupures ridiculement minimes, même pour la monnaie d'appoint. J'aurais voulu m'entretenir de cette importante question avec le savant professeur de géologie de l'université de Vienne, M. Suciss, qui a écrit un livre très remarquable sur l'avenir de l'or: *Die Zukunft des Goldes*. A mon grand regret, j'apprends qu'il est absent. J'expose à un financier autrichien qu'il dépend de son pays de mettre un terme à la contraction monétaire qui partout amène la baisse des prix et contribue ainsi à rendre plus intense la crise économique, tout en ramenant au pair l'agent de la circulation en Autriche, qui est l'argent. Que faudrait-il pour restituer à ce métal sa valeur ancienne, soit 60 7/8 pence l'once anglaise ou 200 francs le kilogramme à 9/10 de fin? Il suffirait que les hôtels des monnaies des États-Unis, de la France et de l'Allemagne accordent la frappe libre aux deux métaux précieux avec le rapport légal de 1 à 15-1/2. L'Amérique, la France, l'Espagne, l'Italie, la Hollande sont prêtes à signer une convention monétaire sur ces bases, si l'Allemagne consent à y adhérer. Tout donc dépend des résolutions du chancelier de l'Empire allemand. Si l'Autriche peut entraîner dans cette voie M. de Bismarck au moyen de quelques concessions douanières et en entrant elle-même dans l'union bimétallique, elle en retirerait des avantages incalculables. En s'approvisionnant d'argent, elle pourrait facilement substituer une circulation métallique à sa circulation fiduciaire dépréciée. Elle n'aurait plus alors à payer la prime considérable et croissante sur l'or, qu'elle doit subir pour l'intérêt des emprunts stipulés en or. Avec l'argent, ramené à son prix ancien, elle se procurerait l'or sans perte aucune. Elle aurait accompli ainsi, sans bourse délier, la reconstitution de sa circulation, que l'Italie n'a obtenue qu'à grands frais.

Je pars à 7 h. 15 du soir pour Essek sur la Drave, par la Südbahn; mais je me leste d'abord, à l'hôtel Münsch, d'un bon dîner à la viennoise que je recommande à ceux qui ont des goûts simples: Potage aux écrevisses de Laybach, *garnirtes Rindfleisch mit Sauce*, c'est-à-dire du bœuf bouilli, mais exquis, incomparablement supérieur à ce que l'on mange ailleurs sous ce nom,— garni de légumes variés, avec une sauce blanche, crème vinaigrée au raifort; *gebackenes Huhn*, poulet frit comme des beignets; tourte de pâte brisée avec fraises fraîches des montagnes; le tout arrosé de bière de Vienne et d'une demi *Villanyer Auslese*.

En partant, j'admire les dispositions de la gare de la Südbahn. Tout y est simple, mais ample et commode. C'est une grande facilité d'y trouver, comme partout de l'autre côté du Rhin, un restaurant où l'on entre librement sans billet. Dans la voiture où je prends place, la moitié des voyageurs sont des officiers qui retournent dans leurs garnisons; on s'aperçoit que l'Autriche est toujours un État militaire. Ils offrent un échantillon curieux des différentes races de l'empire: il s'y trouve un Allemand de Vienne, un Tyrolien de Meran, un Hongrois, un Polonais de la Galicie et un Tchèque. Je l'apprends par leur conversation, car ils se le disent en allemand, qui est l'idiome commun. L'officier tchèque se rend à Sarajevo. Il me raconte qu'on envoie de préférence en Bosnie des employés et des officiers parlant un dialecte slave qui leur permet de se faire comprendre des habitants. J'espérais obtenir quelques détails sur mon voyage, mais il est de la catégorie des voyageurs *no, no*, comme les appelle Töpffer, c'est-à-dire des non communicatifs et des bourrus.

A Neustadt, le train quitte la ligne du Sömering, pour s'engager sur celle qui se dirige vers Agram et vers la Save. Nous passons au sud du grand lac Balaton. J'en avais autrefois visité la partie nord pendant un séjour que je fis au château de Palota, chez le comte Waldstein, président de l'Académie des beaux-arts de Pesth et descendant du grand Wallenstein. Il est mort depuis. Je me réveille aux environs de Kanisza. L'aspect du paysage me fait comprendre que je suis en Hongrie. Dans de vastes prairies, parsemées de vieux chênes et qui ont l'air d'un beau parc négligé, se promène un troupeau de deux à trois cents chevaux. Des gardiens à cheval les surveillent. Des acacias bordent les champs et les routes. Les habitations rurales ne sont plus dispersées au milieu des terres cultivées, comme entre Linz et Vienne. Elles forment un «aggloméré». Ce village est constitué d'après ce que les économistes allemands appellent le *Dorf-system*. Les toits sont en chaume, au lieu d'être en tuiles plates ou en écailles de bois. Les maisons ont leur pignon antérieur vers la rue et la façade avec la porte vers la cour. Cette façade est précédée d'une vérandah que soutiennent des colonnettes en bois. Derrière la demeure viennent les dépendances et, au fond de la cour, les étables. Un grillage en bois ou parfois une haie de branches mortes sépare l'enclos du grand chemin, qui est extrêmement large. Des poules, des canards, des oies, des porcs et des veaux vaguent dans cette cour. J'en conclus que le cultivateur hongrois peut encore mettre la poule au pot et qu'il n'en est pas réduit à une nourriture exclusivement végétale, comme la plupart des paysans italiens et flamands. La terre, divisée en très longues bandes de 30 à 40 mètres de largeur, est emblavée en seigle, en froment et en pommes de terre. Pas de mauvaises herbes dans les récoltes; tout a été bien sarclé. Pour le pays, c'est de la petite culture, exécutée par le cultivateur propriétaire.

Voici un tableau de Rosa Bonheur. Six charrues, attelées chacune de quatre bœufs blanc rosé, avec d'énormes cornes, comme ceux de la campagne romaine, retournent une belle terre luisante, qui fume au soleil du matin. Les laboureurs portent une toque noire en feutre, à bords retroussés, une chemise blanche prise dans un pantalon flottant, à si larges plis qu'on dirait un jupon, et de grandes bottes. L'homme qui les surveille a mis au-dessus de ce costume une houppelande brune, brodée de soutaches rouge et noir et doublée de peau de mouton. Voilà de la grande culture. Elle est bien conduite ou la terre est excellente, car les froments sont magnifiques, bien droits, serrés, plus hauts que la ceinture et avec des feuilles d'un vert intense. Les seigles sont si forts qu'ils ont versé. Près des maisons, je vois la grange à maïs, particulière à tout l'Orient danubien. On dirait un colossal panier en lattes tressées à claire-voie. Cela est long de quatre à six mètres, suivant l'importance de l'exploitation, large de deux, couvert d'un toit de chaume et supporté par quatre ou six pieux à un mètre de terre. Les épis de maïs y sont accumulés, à l'abri des mulots et des porcs, et ils y sèchent parfaitement, parce que le vent passe librement à travers les interstices du clayonnage. La siccité complète du maïs prévient la *pellagra*, qui est occasionnée, croit-on, dans le Lombard-Vénitien, par la farine du maïs humide. Cette maladie est inconnue ici.

Après Kanisza, nous longeons la Drave, qui est déjà un grand fleuve. Il est vrai qu'il vient de loin; car il a ses sources dans le pays des Dolomites et dans les glaciers du Grossglockner, le plus haut sommet du Tyrol, que j'ai visité autrefois en allant à Gastein. Depuis Franzenstein, dans le Tyrol, point de jonction avec la ligne du Brenner, jusqu'à son confluent avec le Danube, près d'Essek, une ligne ferrée non interrompue suit son cours. L'aspect de ses bords montre que la Drave est encore à l'état de nature. Elle déplace son lit; elle forme des îles; d'un côté, elle ronge la berge argileuse, coupée à pic; de l'autre, elle dépose des relais et des bancs. Rien n'a été fait pour améliorer la navigation. Les saules qui croissent sur ses rives sont le seul obstacle qui s'oppose à ses déplacements. Quelle différence avec le Rhin, si parfaitement canalisé! Il est vrai qu'ici la population est trop peu dense pour exécuter les travaux d'art et pour en profiter.

A Zakany, un pont est jeté sur le fleuve, mais c'est pour livrer passage à l'embranchement qui, d'ici, se dirige sur Agram; partout ailleurs, on traverse en ponton. A Barcs, la gare est encombrée d'immenses tas de douves superposées. Elles viennent des forêts de la Croatie, et beaucoup vont à Marseille, par la voie de Fiume et de Trieste. L'exploitation des bois est une des richesses de ces pays-ci; mais on la gaspille effroyablement. Entre Agram et Sissek, on passe par une superbe forêt. J'y ai vu, le long de la voie ferrée, de gros chênes abandonnés à la pourriture, parce que les fibres un peu tordues ne permettaient, pas de fendre l'arbre de façon à le débiter, en douves. Comme matériaux de construction, ils ne valaient pas le transport. N'est-ce pas étrange, quand on songe combien le chêne est devenu rare et cher dans notre Occident? Presque tous ceux qui ont acheté des forêts en Hongrie et en Moravie, se sont laissé entraîner par la beauté des arbres. Ils ont mal calculé les frais d'abatage et de transport, qui s'élèvent très haut quand on opère en grand, et ils ont perdu de l'argent. Lors de mon précédent voyage en Hongrie, le comte Waldstein me faisait parcourir une forêt magnifique qui lui appartenait. J'admirais des chênes d'une prodigieuse venue qui chez nous auraient valu trois à quatre cents francs.——«Mais ceci représente une fortune princière, m'écriai-je.——«Voulez-vous accepter ma forêt, me dit-il, je vous en fais hommage.——Quelle plaisanterie!

——Nullement, vous me rendrez service. Voilà cinq ans que je n'ai rien pu vendre et j'ai à payer les impôts, qui, vous le savez, ne sont pas légers chez nous.»

Un des voyageurs de mon compartiment m'apprend qu'un de mes compatriotes, M. Charles Lamarche, exploite de grandes forêts en Croatie. Je lui souhaite bonne chance, mais dans l'intérêt du pays, il vaudrait mieux conserver ces bois jusqu'au moment où la population accrue pourra les employer sur place. La dévastation des massifs de sapins que j'ai vu se poursuivre avec fureur en Suède et en Norvège n'est pas moins lamentable. L'homme, aiguillonné par la fièvre de l'industrie, dévore sa planète par les deux bouts: destruction des forêts, destruction du charbon. Je pense à l'effrayant poème de Byron: *Darkness*. La terre est plongée dans les ténèbres. Les peuples, pour se réchauffer, ont tout brûlé, même la charpente de leurs demeures. Deux êtres humains survivent seuls; ils aperçoivent un brasier près de s'éteindre; ils s'approchent, ils se reconnaissent; ce sont deux ennemis mortels; ils se battent et s'égorgent. Ainsi finit une race exécrable. Le fait est que si les hommes continuent à pulluler et à détruire en même temps les sources naturelles de la richesse, nous en reviendrons au régime alimentaire de nos ancêtres préhistoriques, au cannibalisme.

Après Barcs, nous quittons la Drave, que nous retrouverons à Essek. La voie ferrée doit franchir une crête avant de descendre dans la plaine de Fünfkirchen. Cette crête est formée de collines sablonneuses, où poussent de maigres bouleaux. On y a fait des plantations de pins sylvestres qui viennent mal. Le sol est très maigre; par moments il n'offre plus que des dunes de sable mouvant. La végétation est celle de nos landes, sauf qu'il y manque la bruyère que j'ai rencontrée partout, dans des terrains semblables, depuis le Portugal jusqu'en Danemark. Cette absence de la bruyère est remarquable dans le paysage de l'Europe sud-orientale. Je ne l'ai vue nulle part dans les terrains vagues, où elle aurait abondé ailleurs.

Après Szigetvar, la ligne ferrée descend en plaine. Plus loin, apparaît Fünfkirchen (cinq églises), en hongrois Pecs. La plupart des localités ont ici, comme en Transylvanie, trois noms: l'un allemand, l'autre slave, le troisième hongrois, lequel est le nom officiel. Ceci donne aussi lieu à des querelles entre les races. Le chemin de fer est exploité par les Hongrois. Il s'ensuit que dans les gares les inscriptions sont en magyare. Mais quand on arrive sur un territoire où les Slaves sont en majorité, ils réclament l'emploi de leur langue. Parfois, les indications et les noms sont dans les deux idiomes; mais si alors le hongrois est placé au-dessus, c'est une usurpation, une preuve nouvelle de l'esprit dominateur et tyrannique des Magyars! Le mieux serait d'employer les trois langues en mettant les mots sur la même ligne. Seulement l'allemand est proscrit ici: c'est l'ennemi des deux autres races. Cette question des inscriptions, qui nous paraît futile, échauffe tellement la bile des populations de ces régions-ci, qu'elle provoque des troubles et des insurrections, comme on l'a vu récemment à Agram, à propos des écussons hongrois placés sur les monuments publics. Il a fallu les enlever. Il est vrai qu'une allumette tombant à terre s'éteint aussitôt, qui, dans une poudrière, produit une explosion. L'hostilité des races est la matière explosible.

Fünfkirchen est une jolie ville dans une situation charmante. Au XVe siècle sous la dynastie angevine, elle a été un centre de culture littéraire et artistique. Les clochers de ses églises, qui lui ont valu son nom, *Cinq Églises*, se détachent sur de gracieuses collines couvertes de vignobles et de maisons blanches. Au second plan s'élèvent des montagnes bien boisées. Les routes sont agréablement plantées de peupliers, de tilleuls et d'acacias. De bonnes habitations, très bien entretenues, sont éparpillées au milieu de cultures fort soignées. Beaucoup de champs sont emblavés en maïs, qui sort de terre. A Villany, arrêt: collines calcaires assez nues, mais où poussent des vignes donnant un vin excellent et renommé. D'ici part un embranchement du chemin de fer vers Mohacs, sur le Danube. Mohacs! nom lugubre; le Waterloo de la Hongrie. C'est à Mohacs que les Turcs brisèrent définitivement la résistance héroïque des Magyars. Deux archevèques, cinq évêques, cinq cents magnats et trente mille combattants périrent. Le 29 août 1526 est un anniversaire de deuil pour tout bon patriote hongrois. Car la civilisation nationale, si remarquable déjà sous les princes angevins (1301 à 1380) et sous Mathias (1457 à 1490), disparut sous le régime abrutissant des Turcs. Malheureuse destinée de tous ces pays Cis- et Transdanubiens! Au moyen âge, ils marchaient presque du même pas que nous. Ils avaient une culture intellectuelle, un art, une architecture. Les Ottomans les subjuguent: les voilà replongés dans la barbarie pour trois ou quatre siècles. Aujourd'hui qu'ils sont affranchis, il faut qu'ils remontent au niveau qu'ils avaient atteint déjà avant l'ère moderne. Entre cette date de 1526 et celle du siège de Vienne 1683, les Turcs se maintinrent à l'apogée de leur puissance. Puis vient la chute rapide, ininterrompue jusqu'à nos jours. Les vainqueurs de Mohacs, qui, il y a seulement deux siècles, ont failli prendre Vienne et inonder l'Autriche et la Pologne, sont acculés aujourd'hui dans Constantinople.

Près d'Essek, la voie se rapproche de la Drave, qu'elle franchit sur un grand pont de fer. La rivière, arrivée ici près de son confluent avec le Danube, a tout l'aspect du bas Mississipi. Entre les deux grands cours d'eau s'étend une vaste plaine, à moitié noyée, coupée de marais et de «bayous». Dans les crues, cela forme une mer. En ce moment, l'herbe y est d'un vert intense, relevé par les fleurettes roses du *flos cuculi* et par les grands pétales jaunes des iris. Les maisons blanches d'Essek et les murs jaunes de sa forteresse s'enlèvent sur le ciel d'un bleu cru. De grands troupeaux de cochons et de chevaux errent en liberté dans ces pâturages, qui se perdent, à l'horizon lointain, dans la brume bleuâtre, que le soleil de juin pompe des eaux partout épandues. C'est à Essek que je dois trouver la voiture de l'évêque Strossmayer, qui me conduira à Djakovo.

CHAPITRE III.

L'ÉVÊQUE STROSSMAYER.

Ainsi que je l'ai dit, l'un des buts de mon voyage est d'étudier à nouveau ces formes curieuses de propriété primitive, les communautés de famille ou *zadrugas*, qui se sont conservées parmi les Slaves méridionaux, et que j'ai décrites en détail dans mon livre sur la *Propriété primitive*. Je les avais visitées avec soin il y a quinze ans; mais on m'a dit qu'elles disparaissent rapidement et qu'il faut se hâter si l'on veut voir encore en vie cette constitution si intéressante de la famille antique, qui était universelle autrefois et qui, même en France, a duré jusqu'au XVIIIe siècle. L'illustre évêque de Djakovo, Mgr Strossmayer, a bien voulu m'engager à venir visiter les zadrugas de son domaine, et je me rends à son aimable invitation.

I

En descendant du train, je vois s'avancer vers moi un jeune prêtre, suivi d'un superbe hussard, à moustache retroussée, pantalon collant brun, couvert de soutache rouge et noir, et dolman à brandebourgs de mêmes couleurs. L'abbé est l'un des secrétaires de l'évêque Strossmayer, dont il m'apporte une lettre de bienvenue. «Donnez-moi votre bulletin, me dit-il, mon pandour soignera vos bagages.—Mais, lui répondis-je, je n'ai d'autre bagage que cette petite valise et ce sac de nuit que je porte à la main. C'est le vrai moyen de n'en jamais être séparé. Vous devez m'approuver de suivre à la lettre la devise du philosophe: *Omnia mecum porto.*»—Sur un signe de l'abbé, le pandour s'approche respectueusement, me baise la main, suivant la coutume du pays, et prend mes effets. Je rapporte ce menu détail, parce qu'il me rappelle un mot de M. de Lesseps. Il y a trois ans, M. de Lesseps était venu à Liège nous parler du canal de Panama. J'étais délégué pour le recevoir à la gare. Deux jours avant, il avait parlé à Gand. Dans l'intervalle, il avait couru à Londres et il en revenait de son pied léger. Il descend de voiture, portant une valise et un gros paletot, quoiqu'on fût en juillet. «Veuillez monter en voiture, lui dis-je; j'aurai soin de vos bagages.—Mais je n'en ai jamais plus que je n'en puis porter moi-même, répond-il. L'an dernier, votre roi, que j'aime et que je vénère, m'invite à loger au palais de Bruxelles. Il envoie à ma rencontre un officier d'ordonnance, une voiture de la cour et un fourgon. Après m'avoir salué, l'aide de camp m'indique la voiture de service pour mes gens et mes bagages. Je lui dis: «Mes gens, je n'en ai pas, et quant à mes bagages, les voilà. Je les porte à la main.» L'officier parut surpris, mais le roi m'aurait compris.» Domestiques et grosses malles sont des *impedimenta*. Moins une armée en traîne à sa suite, mieux elle fait la guerre. Il en est de même du voyageur.

Ce prêtre accompagné de ses pandours, c'est bien l'image de la Hongrie d'autrefois, où magnats et évêques entretenaient une véritable armée de serviteurs, qui les gardaient en temps de paix, et qui, en temps de guerre, montaient à cheval avec leurs maîtres; c'étaient là ces fameux hussards qui ont sauvé la couronne de Marie-Thérèse: *Moriamur pro rege nostro*, et qui, en 1848, auraient détrôné ses descendants sans l'intervention de la Russie. A la sortie de la gare, une légère Victoria découverte nous attend. L'attelage est de toute beauté: quatre chevaux gris pommelé, de la race de Lipitça, c'est-à-dire de ce haras impérial situé près de Trieste, en plein Karst, dans cette région étrange, toute couverte de grandes pierres calcaires qui, éparpillées au hasard, ressemblent aux ruines d'un édifice cyclopéen. De sang arabe, mais avec adjonction de sang anglais pour leur donner de la taille, les chevaux s'y fortifient les poumons à respirer un air sec, qui devient très âpre quand souffle la bora, et les jarrets à gravir les rochers et les pentes. On les recherche pour les officiers de cavalerie. Nos quatre jeunes étalons sont ravissants; la croupe droite, la queue bien détachée, les jambes sèches et très fines, le paturon haut et flexible, la tête petite, avec de grands yeux pleins de feu. Ils sont doux comme des agneaux et complètement immobiles. Mais dès qu'ils voient qu'on se prépare à partir, leurs naseaux s'ouvrent, leur sang s'agite, ils piaffent, ils bondissent en avant, et le pandour les contient avec peine, reproduisant exactement le groupe des chevaux de Castor et de Pollux sur la place du Quirinal. Nous partons, et les nobles bêtes s'élancent, joyeuses de faire emploi de leur force et de leur jeunesse. «Je crains, dis-je à l'abbé, que la traite ne soit un peu longue.»—Nullement, me répond-il, d'Essek à Djakovo il y a environ 36 de vos kilomètres, il nous faudra deux heures et demie.» L'allure des chevaux hongrois m'a toujours frappé. Chez nous un bon cheval part plein d'ardeur; mais, au bout de 10 à 12 kilomètres, il se met volontiers au pas pour reprendre haleine, et les cochers, au besoin, l'y contraignent. Ici, l'allure naturelle du cheval attelé est le trot; il ne lui semble pas qu'il puisse aller au pas; quand il y est forcé, parce que le chemin est trop mauvais, il se sent humilié, il rechigne et parfois ne veut plus avancer. Même les maigres haridelles des paysans pauvres trottent toujours. L'une des causes m'en paraît être l'habitude, qui est générale dans les pays danubiens, de laisser courir le jeune poulain derrière la mère, dès que celle-ci est de nouveau attelée. Précisément en sortant d'Essek, où ç'a été jour de marché, la route est couverte de voitures retournant dans les villages voisins, et beaucoup d'entre elles sont accompagnées de poulains qui trottent allègrement à la suite, en faisant des bonds de chevreaux. Ils prennent ainsi les poumons et l'allure de leurs parents. L'hérédité confirme l'aptitude.

La charrette des paysans de toute la région sud orientale de l'Europe est la même, depuis la Leitha jusqu'à la mer Noire, et je l'ai retrouvée jusqu'au milieu de la Russie. Elle apparaît déjà dans les bas-reliefs antiques. Rien de plus simple et de mieux en rapport avec les conditions du pays. Deux larges planches forment le fond de la caisse. Elle est garnie de chaque côté d'une sorte d'échelle, qui est retenue en place par des pièces de bois coudées, fixées sur les essieux à l'extérieur des longs moyeux des roues, de façon à empêcher absolument que celles-ci s'échappent. Pas de bancs: on s'assied sur des bottes de foin ou de fourrage vert, dont une partie est destinée à l'attelage. Tout est en bois. En Hongrie, l'essieu est en fer, mais dans certaines parties de la Russie et des Balkans, il est également en bois. Les roues sont hautes et fines, et la charrette pèse si peu qu'un enfant la met en mouvement et qu'un homme la porte sur son dos. Pour ramener les récoltes, on en a parfois qui sont un peu plus grandes et plus solides; toutefois, le type n'est pas modifié.

La route sur laquelle nous roulons est très large. Quoique le milieu soit macadamisé, les paysans et même notre cocher préfèrent rouler sur les accotements; c'est qu'ici, l'été, l'argile, tassée et durcie par les pieds des chevaux, devient comme de l'asphalte. Le pays que nous traversons est plat et parfaitement cultivé. Les froments sont les plus beaux que l'on puisse voir; ils ont des feuilles larges comme des roseaux. Ce qui n'est pas emblavé en céréales, blé ou avoine, est occupé par des maïs ou par la jachère; pas de fermes éparpillées dans les campagnes. Les maisons des cultivateurs sont groupées dans les villages. C'est le *Dorf-system*, comme disent les économistes allemands. Ce groupement a deux causes: d'abord la nécessité de se réunir pour se défendre; en second lieu, l'usage ancien de répartir périodiquement le territoire collectif de la commune entre ses habitants. Si, dans certains pays, comme en Angleterre, en Hollande, en Belgique, dans le nord de la France, les bâtiments d'exploitation sont placés au milieu des champs qui en dépendent, c'est que la propriété privée et la sécurité y existent depuis longtemps.

L'élégant attelage qui nous entraîne rapidement me rappelle un mot que l'on m'a conté précédemment à Pest et qui peint la Hongrie d'autrefois. Un évêque passait le Danube sur le pont de bateaux qui conduit à Bude, royalement étendu dans un beau carrosse attelé de six chevaux. C'était un comte Batthiany. Un député libéral lui crie: «Monseigneur, vous semblez oublier que vos prédécesseurs les apôtres et Jésus votre maître allaient pieds nus.—Vous avez raison, réplique le comte, comme évêque j'irais certainement à pied; mais comme magnat hongrois, six chevaux est le moins que je puisse atteler, et malheureusement l'évêque ne peut fausser compagnie au magnat.»

J'imagine que Mgr Strossmayer donnerait une meilleure raison. Il dirait qu'il exploite en régie les terres du domaine épiscopal; qu'il y a établi un haras dont il vend les produits; qu'il contribue ainsi à améliorer la race chevaline et qu'il augmente la richesse du pays, ce qui est de tous points conforme aux prescriptions économiques les plus élémentaires. Élevant beaucoup de chevaux, il faut bien qu'on, les promène et qu'on les dresse. Je ne m'en plains pas, car c'est plaisir de voir trotter ces charmantes bêtes, toujours gaies, heureuses de courir d'une allure de plus en plus relevée, à mesure qu'elles approchent de leur écurie.

Nous nous arrêtons quelques moments au village de Siroko-Polje, où l'abbé désire voir sa mère. Nous entrons chez elle. Veuve d'un simple cultivateur, elle occupe une maison de paysan un peu mieux soignée que les autres. A la différence des villages hongrois, les maisons présentent du côté de la route, non leur pignon, mais la face antérieure dans le sens de la longueur. La façade, avec la vérandah sur colonnettes de bois, regarde la cour, où erre la collection habituelle des divers volatiles. Toutes les habitations du village sont, comme celles-ci, plafonnées et récemment blanchies à la chaux, de sorte qu'on ne peut voir si elles sont construites en briques d'argile séchée ou en torchis. Elles sont toujours posées sur un soubassement en pierres. La chambre où la veuve nous reçoit est le salon et en même temps la chambre à coucher des hôtes étrangers. Sur les murs soigneusement blanchis, des gravures enluminées représentent des saints et des épisodes bibliques. Aux fenêtres des rideaux de mousseline; deux grands lits avec force matelas, recouverts d'une grosse courtepointe d'ouate capitonnée en indienne à ramages rouge et noir; sur la table un tapis de lin brodé de dessins en laine de couleurs très vives; un grand sopha et quelques chaises en bois, voilà le mobilier. La veuve ne porte plus le costume pittoresque du pays, mais une jaquette et un jupon en cotonnade violette, comme les femmes de la campagne dans la France du Nord. Elle ne parle que le croate et pas l'allemand. Je l'interroge, par l'entremise de son fils, sur les zadrugas.

«Dans ma jeunesse, dit-elle, la plupart des familles restaient unies et cultivaient en commun le domaine patrimonial. On se soutenait, on s'entr'aidait. L'un des fils était-il appelé à l'armée, les autres travaillaient pour lui, et comme il savait que la place à la table commune l'attendait toujours, il y revenait le plus tôt possible. Aujourd'hui, quand la zadruga est détruite et que nos jeunes gens partent, ils restent dans les grands villes. Le foyer, avec ses veillées en commun, avec ses chansons et ses fêtes, ne les rappelle plus. Les petits ménages, qui vivent seuls, ne peuvent pas résister à une maladie, à une mauvaise année, maintenant surtout que les impôts sont si lourds. Arrive un accident, ils s'endettent et les voilà dans la misère. Ce sont les jeunes femmes et le luxe qui sont la perte de nos vieilles et sages institutions. Elles veulent avoir des bijoux, des étoffes, des souliers qui sont apportés par les colporteurs; pour en acheter, il leur faut de l'argent; elles se fâchent si le mari, travaillant pour la communauté, fait plus que les autres. S'il gardait tout pour lui, nous serions plus riches, pense-t-elle. De là des comptes, des reproches, des querelles. La vie de famille devient un enfer; on se sépare. Il faut alors pour chacun un feu, une marmite, une cour, un gardien pour les animaux. Puis, les soirs d'hiver, c'est l'isolement. Le mari s'ennuie et commence à aller au cabaret. La femme, laissée seule, se dérange aussi parfois. Et puis, monsieur, si vous saviez quelles saletés les marchands nous vendent si cher! De laids bijoux en verre de couleur et en cuivre doré, qui ne valent pas deux kreutzers, tandis que les colliers de pièces d'or et d'argent, que nous portions autrefois, conservaient leur valeur et nous allaient beaucoup mieux. A force d'épargner, les jeunes filles de mon temps, avec le produit de leurs broderies et des tapis qu'elles faisaient, arrivaient à se former une belle dot en sequins et en thalers de Marie-Thérèse, qu'elles portaient sur la tête, au cou, à la ceinture et qui reluisaient au soleil, de sorte que les maris ne manquaient pas à celles qui étaient adroites, laborieuses et économes. Au lieu de nos bonnes et solides chemises en grosse toile inusable, si jolies à voir, avec leurs broderies de laine bleue, rouge et noire, on nous apporte maintenant des chemises de coton, fines, glacées, brillantes comme de la soie, mais qui sont en trous et en loques après deux lavages. Vous connaissez notre chaussure nationale, l'opanka: un solide morceau de cuir de buffle, bien épais, rattaché au pied par des courroies de cuir lacées; nous la faisons nous-mêmes; cela tient au pied et dure longtemps. Nos jeunesses commencent à porter des bottines de Vienne; on sort, il pleut, notre terre alors devient tenace comme du mortier; les bottines y restent ou sont perdues. Au-dessus de nos chemises, le dimanche ou l'hiver, nous portons une veste en grosse laine ou en peau de mouton, toison en dedans, que nous ornons de dessins faits de petits morceaux de cuir de couleurs très voyantes, piqués à l'aiguille, avec des fils d'argent ou d'or. Rien ne me paraît plus beau, et cela passe d'une génération à l'autre. Aujourd'hui, celles qui veulent faire les fières et imiter les Autrichiennes portent du coton, de la soie ou du velours, des articles de pacotille, que le soleil déteint, que la pluie défraîchit et que le moindre usage troue aux coudes et dans le dos. Tout cela paraît bon marché, car, pour faire un de nos vêtements, il fallait travailler des mois et des mois. Mais je prétends que cela coûte très cher, car l'argent sort de nos poches et les objets, à peine achetés, sont déjà usés. Et puis nos soirées d'hiver, qu'en fera-t-on à l'avenir? Se tourner les pouces et cracher dans le foyer! Et nos anciennes chansons, qu'on chantait dans les veillées en travaillant toutes ensemble, autour d'un grand feu, elles seront oubliées; déjà les enfants, qui en apprennent d'autres à l'école, les trouvent bêtes et n'en veulent plus. Les savants comme vous, monsieur, disent que tout va de mieux en mieux. Moi, je ne suis qu'une ignorante; seulement je vois ce que je vois. Il y a maintenant dans nos villages des pauvres, des ivrognes et de mauvaises femmes, ce qu'on ne connaissait pas jadis. Nous payons deux fois plus d'impôts qu'autrefois, et cependant nos vaches ne donnent toujours qu'un veau et la tige de maïs qu'un ou deux épis. M'est avis que tout va de mal en pis.

—Mais, lui dis-je, vous-même, vous portez le costume étranger que vous blâmez avec tant de raison.

—C'est vrai, monsieur, mais quand on a la joie et l'honneur d'avoir un fils prêtre, il faut bien renoncer à s'habiller comme une paysanne.» Après que nous eûmes pris une rasade d'un petit vin rose et douceâtre, que l'aimable vieille femme récoltait dans sa vigne et qu'elle nous offrit de bon cœur, nous remontâmes en voiture, et je dis à l'abbé: «Votre mère a raison. Les costumes et les usages locaux adaptés aux conditions particulières des diverses populations avaient beaucoup de bon. Je regrette leur disparition, non seulement comme artiste, mais comme économiste. On les abandonne pour prendre ceux de l'Occident, parce que ceux-ci représentent la civilisation et le comme il faut. C'est le motif qui a porté votre mère à quitter son costume national. Ce que l'on nomme le progrès est une puissante locomotive qui, dans sa marche irrésistible, broie tous les usages anciens, et qui est en train de faire de l'humanité une masse uniforme, dont toutes les unités seront semblables les unes aux autres, de Paris à Calcutta et de Londres à Honolulu. Avec le costume national et traditionnel, rien ne se perd; tandis que les changements continuels du goût ruinent les industriels, mettent sans cesse au rebut une foule de marchandises et surexcitent les recherches luxueuses et les dépenses. Un économiste renommé, J.-B. Say, a dit parfaitement: «La rapidité successive des modes appauvrit un État de ce qu'il consomme et de ce qu'il ne consomme pas.»—Mgr Strossmayer, répond l'abbé, fait tout ce qu'il peut pour soutenir nos industries domestiques. Certainement il vous parlera de ce qu'il a tenté pour cela.»

Entre Siroko-Polje et Djakovo, nous franchissons une très légère montée: c'est le faîte de partage presque imperceptible de la Sirmie, entre la Drave, au nord, et la Save, au sud. Sur un certain espace, les belles cultures de froment sont remplacées par un terrain boisé. Seulement, il ne reste que des broussailles. Les gros arbres jonchent le sol, et on les débite en douves, hélas! La fertilité du sol se révèle par l'abondance de l'herbe qui pousse entre les souches. Un troupeau de bœufs et de chevaux y paît.

La route s'engage bientôt entre deux rangées de magnifiques peupliers d'Italie, hauts comme des flèches de cathédrale. A droite, un bois de grands arbres entouré de hautes palissades: c'est le parc aux daims. Nous approchons de la résidence épiscopale. Nous voici à Djakovo (en hongrois, la terminaison *vo* devient *var*). Chez nous, ce serait un gros village. Ici, c'est un bourg, un lieu de marché, *Marktflecken*, comme disent les Allemands. Il y a environ quatre mille habitants, tous Croates, y compris quelques centaines d'israélites, qui sont les richards de l'endroit.——«Ce sont eux, me dit l'abbé, qui font tout le commerce, celui des marchandises au détail, et aussi celui de l'achat en gros des denrées agricoles, du bois, de la laine, des animaux domestiques, de tout enfin, jusqu'aux volailles et aux œufs. Le crédit et l'argent sont entre leurs mains. Ils font la petite et la grosse banque. Ces maisons, solidement construites, que vous voyez dans la rue principale que nous traversons, ces boutiques d'épiceries, d'étoffes, de quincaillerie, de modes, la plupart de ces boucheries, notre unique hôtel, tout cela est occupé par eux. Sur seize boutiques que nous avons à Djakovo, deux seulement appartiennent à des chrétiens. Il faut bien l'avouer, les juifs sont plus actifs que nous. Et aussi, ils ne pensent qu'à gagner de l'argent.—Mais, lui répondis-je, les chrétiens, chez nous, ne cherchent pas à en perdre, et j'imagine qu'il en est de même en Croatie.»

Nous entrons dans la cour du palais de l'évêque. Je ne puis me défendre d'une vive émotion en revoyant ce noble vieillard,—le grand apôtre des Jougo-Slaves.—Il me serre affectueusement dans ses bras et me dit: «Ami et frère, soyez le bienvenu. Vous êtes ici parmi des amis et des frères.»—Il me conduit dans ma chambre et m'engage à me reposer, jusqu'au souper, des fatigues de ma nuit passée en chemin de fer. La chambre que j'occupe est très grande, et les meubles, tables, sophas, commodes en noyer style de Vienne, sont très grands aussi. Par la fenêtre ouverte, je vois un parc tout rempli d'arbres magnifiques: chênes, hêtres, épicéas. Un grand acacia tout couvert de ses grappes blanches remplit l'atmosphère d'un parfum pénétrant. Devant une vaste serre sont rangées toute espèce de plantes exotiques, auxquelles les jardiniers donnent l'arrosage du soir. Rien ne me rappelle que je suis au fond de la Slavonie. Je profite de ces deux heures de repos, les premières depuis mon départ, pour résumer tout ce que j'ai appris concernant mon illustre hôte.

La première fois que je suis venu en Croatie, son nom m'était inconnu. Je trouvais son portrait partout, aux vitrines des libraires d'Agram et de Carlstadt, dans toutes les auberges, dans la demeure des paysans, et jusque dans les petits villages des confins militaires. Quand on me raconta tout ce qu'il faisait pour favoriser le développement de l'instruction, de la littérature et des arts, parmi les Jougo-Slaves, j'en fus émerveillé. Inconnu, sans lettre d'introduction, je n'osai aller le voir; mais, depuis lors, l'un de mes vœux les plus ardents était de le rencontrer. J'eus cette bonne fortune, non en Croatie, mais à Rome. En décembre 1878, il était venu entretenir le pape du règlement des affaires ecclésiastiques de la Bosnie. M. Minghetti m'invita à déjeuner avec lui. Quand je lui fus présenté, Strossmayer me dit: «J'ai lu ce que vous avez écrit sur mon pays, dans la *Revue des Deux Mondes*. Vous êtes un ami des Slaves; vous êtes donc le mien. Venez me voir à Djakovo; nous causerons.» L'impression que me fit cet homme extraordinaire fut profonde. Je reproduis quelques détails de cette entrevue, parce que le programme de Strossmayer est celui des patriotes éclairés de son pays. Il m'apparut comme un saint du moyen âge, peint par fra Angelico, dans les cellules de Saint-Marc à Florence. Sa figure est fine, maigre, ascétique; des cheveux cendrés et relevés entourent sa tête d'une auréole. Ses yeux gris sont clairs, lumineux, inspirés. Une flamme en jaillit, vive et douce, reflet d'une grande intelligence et d'un grand cœur. Sa parole est abondante, colorée, pleine d'images; mais, quoiqu'il parle également bien, outre les langues slaves, le français, l'allemand, l'italien et le latin, aucun de ces idiomes ne lui fournit de termes assez expressifs pour rendre complètement sa pensée, et ainsi il les emploie tour à tour. Il emprunte à chacun d'eux le mot, l'épithète dont il a besoin, ou bien il accumule les synonymes que tous lui fournissent. C'est quand il arrive enfin au latin, que la phrase se déroule avec une ampleur et une puissance sans pareille. Il dit nettement ce qu'il pense, sans réticences, sans réserves diplomatiques, avec l'abandon d'un enfant et la profondeur de vues du génie. Absolument dévoué à sa patrie, ne désirant rien pour lui-même, il ne craint personne ici-bas. Comme il ne poursuit que ce qu'il croit bien, juste et vrai, il n'a rien à cacher.

Pendant ce séjour à Rome, il était tout occupé de l'avenir de la Bosnie.— «Vous avez eu raison, me dit-il, de soutenir, contrairement à l'avis de vos amis les libéraux anglais, que l'annexion des provinces bosniaques est une nécessité; mais le point de savoir si c'est un avantage pour l'Autriche dépendra de la politique qu'on y suivra. Si Vienne ou plutôt Pest entend gouverner les nouvelles provinces par des Hongrois ou des Allemands et à leur profit, les Autrichiens finiront par être plus détestés que les Turcs. Ce sont des populations exclusivement slaves; il faut entretenir et élever leur esprit national. Les journaux magyares et allemands disent que je suis l'ami de la Russie, l'ennemi de l'Autriche, c'est une calomnie. Pour notre chère vieille Autriche, je donnerais ma vie à l'instant. C'est dans son sein que nous devons, nous Slaves occidentaux, vivre, grandir, arriver à l'accomplissement de nos destinées. On a voulu autrefois nous germaniser. Aujourd'hui on rêve de nous magyariser; cela n'est pas moins impossible! A une race nombreuse, assise sur un grand territoire contigu, où il y a place pour trente, pour quarante millions d'hommes, à un peuple qui a une histoire, des souvenirs dont il est fier, on ne peut enlever sa langue, sa nationalité. Ceux qui le tenteraient ou qui voudraient entraver notre légitime développement, ceux-là seuls travailleraient au profit de la Russie. Les Hongrois sont une race héroïque. Ils ont l'esprit politique. Pour reconquérir leur autonomie, ils ont déployé une constance admirable; maintenant ils gouvernent en réalité l'empire; mais leur hostilité contre les Slaves et leur chauvinisme magyare les aveuglent parfois complètement. Ils doivent s'appuyer franchement sur nous, sinon ils seront noyés dans l'océan panslave.»

Je lui rappelai que, lors de mon premier séjour à Agram, j'avais trouvé les patriotes croates, revenant de la fameuse exposition ethnographique de Moscou, tout enflammés, et ne cachant nullement leurs sympaties pour la Russie.—«C'est vrai, reprit l'évêque, à cette époque le compromis Deak, qui nous abandonnait complètement à la merci des Hongrois, avait surexcité au plus haut degré les appréhensions des Croates. Mais, depuis lors, cet engouement en faveur de la Russie a disparu. Seulement il se reproduira, chaque fois que l'Autriche-Hongrie, soit aux bords de la Save et de la Bosna, soit au delà du Danube, voudra s'opposer au légitime développement des races slaves. Si on pousse celles-ci à bout, il est inévitable qu'elles diront unanimement: «Plutôt Russes que Magyares!» Ecoutez, mon ami, il y a en Europe deux grandes questions: la question des nationalités et la question sociale. Il faut relever les populations arriérées et les classes déshéritées. Le christianisme apporte la solution, car il nous ordonne de venir en aide aux humbles et aux pauvres. Nous sommes tous frères. Mais il faut que la fraternité cesse d'être un mot et devienne un fait.»

Après que Strossmayer nous eut quittés, Minghetti me dit: «J'ai eu l'occasion de voir de près tous les hommes éminents de notre temps. Il y en a deux qui m'ont donné l'impression qu'ils étaient d'une autre espèce que nous, ce sont Bismarck et Strossmayer.» Voici quelques détails sur ce grand évêque, qui a tant fait pour l'avenir des Jougo-Slaves. Chose étrange, on m'a affirmé que sa biographie n'est pas encore écrite, sauf peut-être en croate.

Joseph-George Strossmayer est né, le 4 février 1815, à Essek, d'une famille peu aisée, qui était venue de Linz vers 1700. Celle-ci était donc allemande, comme son nom l'indique; mais elle s'était croatisée au point de ne plus parler que le croate. On a fait un grief aux Jougo-Slaves d'avoir eu besoin d'un Allemand pour patronner leur mouvement national. Il en est souvent ainsi. Le plus éclatant représentant du magyarisme, Kossuth, est de sang slave; Rieger, le principal promoteur du mouvement tchèque, est d'origine allemande; Conscience, le plus éminent initiateur du mouvement flamand, est né d'un père français. Strossmayer fit ses études humanitaires au gymnase d'Essek, de la façon la plus brillante, et ses études théologiques, d'abord au séminaire de Djakovo, puis à l'université de Pest, où il passa ses examens avec un éclat tout à fait exceptionnel. Dans l'épreuve sur la dogmatique, il déploya tant de savoir et une telle force de dialectique, que le président du jury d'interrogation dit à ses collègues: *Aut primus hereticus sæculi, aut prima columna catholicæ ecclesiæ.* Il n'a pas dépendu de Pie IX et du concile du Vatican que ce ne fût la première partie de la prophétie qui se réalisât. En 1837, il est nommé vicaire à Peterwardein. Trois ans après, il est placé à l'école supérieure de théologie, l'Augustineum de Vienne, où il obtient la dignité de docteur, aux applaudissements des examinateurs «qui ne trouvent point de mots pour exprimer leur admiration». Après avoir rempli pendant peu de temps les fonctions de professeur au lycée épiscopal de son pays natal, il est appelé, en 1847, à diriger l'Augustineum, et il est nommé en même temps prédicateur de la cour. C'était une très haute position pour son âge: il avait à peine trente ans. Depuis plusieurs années, il suivait avec la plus ardente sympathie le réveil de la nationalité croate. C'est pendant son séjour à Vienne qu'il commença à écrire pour défendre cette cause à laquelle il avait dès lors voué sa vie. En 1849, l'évêque de Djakovo, Kukovitch, se retira; l'empereur appela

Strossmayer pour le remplacer. La cour impériale était alors encore tout entière à sa reconnaissance envers les Croates, qui avaient versé pour elle des flots de sang sur les champs de bataille de l'Italie et de la Hongrie. Les deux défenseurs les plus influents des droits de la Croatie, le baron Metellus Ozegovitch et le ban Jellachitch avaient vivement appuyé Strossmayer, dont ils connaissaient le dévouement à leur commune patrie. Détail assez curieux, sept ans auparavant, le jeune prêtre avait annoncé à son évêque, dans un écrit qui est encore conservé à Djakovo, qu'il lui succéderait.

Les dix premières années de son épiscopat s'écoulèrent sous le ministère Bach. Un grand effort se fit alors pour unifier l'empire et pour en germaniser les différentes races. Strossmayer comprit admirablement, et c'est là ce qui fait sa gloire, que, pour rendre vaine toute tentative pareille, il faut éveiller et fortifier le sentiment national par la culture intellectuelle, par le développement de la littérature et par un retour aux sources historiques de la nation. La devise qu'il avait choisie et qui est, non en latin, suivant l'usage, mais en croate, résume l'œuvre de sa vie: «*Sve za vjeru i domovinu*. Tout pour la foi et pour la patrie.» Sa vie entière a été consacrée à la traduire en actes utiles à son pays. Tout d'abord, il donne des sommes importantes pour fonder des bourses, afin de permettre aux jeunes gens pauvres de faire des études humanitaires; il dote ainsi presque tous les gymnases croates, et entre autres ceux d'Essek, de Varasdin, de Fiume, de Vinkovce, de Seny, de Gospitch, et plus tard l'université d'Agram; à Djakovo même, ses largesses en faveur de l'instruction sont incessantes et considérables. Il y crée un gymnase, une école supérieure de filles, une école normale de filles, un séminaire pour les Bosniaques, et tout cela est entretenu à ses frais. Plus tard, il y organise une école normale d'instituteurs, et cela seul lui coûte 200,000 francs de premier établissement. Il ne ménage rien pour contribuer au développement des différentes littératures jougo-slaves. Il patronne et de toute façon les créateurs de la langue serbe officielle Vuk Karadzitch et Danichitch, puis les deux frères Miladinovci, qui, accueillis dans sa demeure, y travaillent à leur édition des chansons populaires bulgares, un des premiers livres parus en cette langue, et qui préparait le réveil de cette jeune nationalité. Dans son séminaire épiscopal, il fonde et dote une chaire pour l'étude des anciennes langues slaves. En même temps, il commence à former cette vaste bibliothèque qu'il compte laisser aux différentes écoles de Djakovo et le musée de tableaux qu'il destine à Agram. Enthousiaste de l'art, il va en Italie pour en admirer les merveilles et en rapporter quelques spécimens, chaque fois que sa santé exige quelque repos. Toutes les institutions, toutes les publications, tous les hommes de lettres qui se sont occupés de la Croatie ont reçu de lui un généreux appui.

Quoique toujours prêt à défendre les droits de son pays, ce grand patriote n'est entré dans l'arène politique que pour obéir à un devoir qu'on lui imposait. Après la chute du ministère Bach, quand s'ouvrit à Vienne l'ère constitutionnelle, Strossmayer fut appelé par l'empereur dans le «Reichstag renforcé», avec le baron Wranicanji. Ils y réclamèrent, en toutes circonstances, avec la plus grande énergie, l'autonomie complète de la Croatie. J'ai toujours pensé qu'on aurait pu alors établir en Autriche un régime rationnel et durable, reposant sur l'indépendance historique des différents états, mais avec un parlement central pour les affaires communes, comme en Suisse et aux États-Unis. On laissa passer le moment opportun, et après Sadowa, il fallut subir l'*Ausgleich* et le dualisme imposé par la Hongrie. L'empire fut coupé en deux et la Croatie livrée à Pest. Lorsque s'engagèrent les négociations pour régler les rapports entre la Hongrie et la Croatie, on crut nécessaire d'écarter Strossmayer, qui ne voulait à aucun prix sacrifier l'autonomie de son pays, fondée sur les traditions de l'histoire. Il passa le temps de son exil à Paris, où il se livra à une étude spéciale des grands écrivains français. Depuis son retour à Djakovo, pendant les quinze dernières années, il s'est abstenu scrupuleusement de toute action politique; il ne veut même pas siéger à la diète de la Croatie, pour qu'on ne puisse pas l'accuser d'apporter l'appui de ses sympathies à l'agitation et à l'opposition qui fermentent dans le pays. On sait à Vienne et à Pest qu'il déplore le mode actuel d'union entre la Croatie et la Hongrie. On dit que sa manière de voir est celle du «parti des indépendants» (*neodvisne stranke*), dont les principaux chefs sont des hommes très estimés dans leur pays et même dans toute l'Autriche, le président de l'Académie, Racki et le comte Vojnoritch; mais l'évêque de Djakovo reste à l'écart. Il croit assurer l'avenir de sa nation surtout en y suscitant la vie intellectuelle et scientifique. Ce qui est l'œuvre de l'esprit est inattaquable et survit. Dans ce domaine, la force est impuissante. «En marchant dans cette voie, a-t-il dit quelque part, rien, non, rien au monde ne pourra nous empêcher d'accomplir la mission à laquelle la Providence semble nous appeler parmi nos frères de sang de la péninsule balkanique.»

Dès 1860, Strossmayer avait démontré la nécessité de fonder à Agram une académie des sciences et des arts, et il avait ouvert la souscription publique par un don de 200,000 francs, qu'il augmenta encore notablement. Depuis lors, le pays tout entier répondit à son appel: plus de 800,000 francs furent réunis, et le 28 juillet 1867, fut inauguré le nouvel établissement dont la Croatie est justement fière. Le grand évêque y prononça un discours resté célèbre, où il vante, en termes d'une magnifique éloquence, le génie de Bossuet et de Pascal. L'Académie a publié soixante-sept volumes de ses annales, intitulées *Rad*, «Travail», et spécialement consacrées à l'histoire de la Croatie, et elle a commencé la publication d'un grand dictionnaire de la langue croate, sur le modèle de ceux de Grimm et de Littré.

Au mois d'avril 1867, au sein de la diète d'Agram, Strossmayer avait démontré la nécessité pour la Croatie d'avoir une université, et, à cet effet, il mit 150,000 francs à la disposition de son pays. Au mois de septembre 1866, le jour où l'on célébrait le trois centième anniversaire du Léonidas croate, le ban Nikolas Zrinyski, il prononça un discours qui, répandu partout, souleva un enthousiasme indescriptible en faveur d'une œuvre essentiellement scientifique. La souscription monta bientôt à un demi-million, et l'université fut inaugurée le 19 octobre 1874. Les fêtes furent, pour le noble initiateur de tant d'œuvres utiles, plus qu'un triomphe; ce fut une apothéose, et jamais il n'y en eut de plus méritée. Le ban ou gouverneur général, qui présida à la cérémonie, était Ivan Maruvanitch, le meilleur poète épique de la Croatie. Les délégués des autres universités, et surtout ceux des sociétés littéraires ou politiques des Slaves autrichiens et même transdanubiens, étaient accourus en grand nombre à Agram. La ville était pavoisée, une foule énorme remplissait les rues. Un cri unanime se fit entendre: «Saluons le grand évêque! Vive le père de la patrie!» Dans nos pays, où les centres d'instruction abondent, nous avons peine à comprendre combien est importante la création d'une université; mais pour toutes les populations jougo-slaves, si longtemps comprimées, c'était une solennelle affirmation de l'idée nationale et pour l'avenir une garantie de leur développement spirituel. C'est ainsi qu'au XVIe siècle, la Réforme s'est empressée de fonder des universités en Allemagne, en Hollande, en Écosse. Tandis qu'elle luttait encore pour son existence à Gand, les protestants flamands, le cou, pour ainsi dire, sous la hache de l'Espagne, profitèrent de quelques mois de liberté pour créer des cours universitaires, ainsi que vient de le montrer un de nos professeurs d'histoire, M. Paul Fredericq. L'enseignement supérieur est le foyer d'où rayonne l'activité intellectuelle des peuples.

En religion, Strossmayer est un chrétien selon l'évangile, adversaire de l'intolérance, ami de la liberté, des lumières, du progrès sous toutes ses formes, entièrement dévoué à son peuple et surtout aux malheureux. On n'a pas oublié avec quelle énergie et quelle éloquence il a combattu le nouveau dogme, l'infaillibilité du pape. Dans les dernières années, il s'est efforcé d'amener une réconciliation entre le rite oriental et le rite occidental. Il a consacré à développer ses vues à ce sujet ses deux derniers mandements de carême (1881 et 1882). C'est certainement sous son inspiration que le Vatican a récemment exalté les deux grands apôtres des Slaves, les saints Cyrille et Méthode, que l'Église orientale vénère tout particulièrement. On admire réunies en lui les vertus d'un saint et les goûts d'un artiste. Tout sentiment personnel est extirpé: ni égoïsme ni ambition. Sa vie est un dévouement de chaque jour; pas une de ses pensées qui ne soit tournée vers le bien de ses semblables et l'avenir de son pays. Qui a jamais fait plus que lui pour le réveil d'une nationalité, et avec autant de perspicacité et d'efficacité? Parmi les nobles figures qui, en ce siècle, font honneur à l'humanité, je n'en connais pas qui lui soient supérieures. La Croatie peut être fière de lui avoir donné le jour.

Mgr Strossmayer vient me prendre pour le souper. Nous traversons une immense galerie remplie d'un bout à l'autre de caisses à tableaux. J'en demande l'explication à l'évêque. «Vous savez, dit-il, que nous avons fondé un musée à Agram. Depuis que j'ai eu un peu d'argent disponible, j'ai acheté, chaque fois que j'allais en Italie, quelques tableaux que je destinais à ce musée, qui est un des rêves de ma vie. Ce rêve va prendre corps. Mais voyez la misère et la contradiction des choses humaines, ceci devient pour moi la cause d'un vrai chagrin, puéril peut-être, mais réel, je dois l'avouer. Donner mes revenus ne me coûte rien. La fortune de l'évêché est le patrimoine des pauvres, je l'administre et je l'emploie le mieux que je peux; je ne me prive de rien, car de besoins personnels je n'en ai guère; mais mes tableaux, mes chers tableaux, il m'est dur de m'en séparer. Je les connais tous, je me rappelle où je les ai achetés, je les aime; mes regards s'y reposent volontiers, car j'ai beaucoup, et trop sans doute, les goûts de l'artiste, et maintenant ils partent, ils doivent partir. A Agram, nos jeunes élèves de l'Académie les attendent pour les copier et pour s'en inspirer. Ils en ont besoin. Sans l'efflorescence des beaux-arts, une nationalité est incomplète. Nous avons une université, nous aurons la science; il nous faut aussi l'architecture, la peinture et la sculpture. Je suis vieux; je n'ai plus longtemps à vivre; je croyais les garder jusqu'à ma mort, mais c'est une pensée égoïste dont je me repens. L'an prochain, si vous allez à Agram, vous les y verrez. Voici précisément venir M. Krsujavi, professeur d'esthétique et d'histoire de l'art à l'université d'Agram. Il est aussi directeur de notre musée et d'une école d'art industriel que nous venons de fonder. Il est venu chez moi pour emballer avec soin toutes ces toiles qui désormais sont confiées à sa garde.»

Nous regardons les tableaux qui sont encore à leur place. Il y en a deux cent quatre-vingt-quatre, dont plusieurs excellents, du Titien, des Carrache, de Guido Reni, de Sasso Ferrato, de Paul Véronèse, de fra Angelico, de Ghirlandajo, de fra Bartolommeo, de Dürer, d'Andréa Schiavone, «le Slave», qui était Croate et s'appelait Murilitch, de Carpaccio, ou plutôt de Karpatch, un autre slave. On estime qu'ils valent un demi-million. Quelques toiles modernes, peintes par des artistes croates, représentent des sujets de l'histoire nationale. Les meilleurs se trouvent dans la chambre à coucher et dans le bureau de travail de l'évêque.

Après avoir traversé une enfilade de beaux et grands salons de réception, solennels comme ceux des ministères de Vienne, parquet très brillant, tentures de soie et, tout autour, une rangée de chaises et de fauteuils dans le style de l'empire français, nous prenons place à la table du souper, dans la salle à manger. C'est une grande chambre avec des murs blanchis à la chaux, auxquels sont pendues quelques bonnes gravures représentant des sujets de piété. Les convives de l'évêque sont, outre le professeur Krsujavi, sept ou huit jeunes prêtres attachés à l'évêché ou au séminaire. Nous sommes servis par les pandours à grandes moustaches, en uniforme de hussard. Après que l'évêque a dit le *Benedicite*, l'un des prêtres lit en latin, avant chaque repas, un chapitre de l'évangile et un autre de l'*Imitation*. La conversation s'engage. Elle est toujours intéressante, grâce à la verve, à l'esprit, à l'érudition de Mgr Strossmayer. Je parle des industries locales des paysans. Je rappelle que j'ai vu précédemment à Sissek, un dimanche, au sortir de la messe, les paysannes vêtues de chemises brodées en laine de couleurs vives, qui étaient des merveilles: «Nous faisons tous nos efforts, répond l'évêque, pour maintenir ce goût traditionnel. A cet effet, nous avons établi à Agram un petit musée, où nous collectionnons des types de tous les objets d'ameublement et de vêtement confectionnés dans nos campagnes. Nous tâchons ensuite de répandre les meilleurs modèles. Ce sera une des branches de l'enseignement dans notre académie des beaux-arts. M. Krsujavi s'en occupe spécialement et il prépare des publications à ce sujet». «Ce qui est extraordinaire, dit M. Krsujavi, c'est que ces broderies, où se révèle toujours une entente parfaite de l'harmonie et du contraste des couleurs, et qui sont parfois de vrais chefs-d'œuvre d'ornementation, sont faites d'instinct, sans dessin, sans modèle. C'est une sorte de talent inné chez nos paysannes: il se forme peut-être par la vue de ce qu'elles ont sous les yeux, mais elles ne copient pas cependant. Il en est de même pour la confection des tapis. Cela vient-il des Turcs, qui eux-mêmes n'ont fait que reproduire, en tons plus voyants, les dessins de l'art persan? J'en doute; car les décorations slaves sont plus sobres de couleur et les dispositions sont plus géométriques, plus sévères, moins «fleuries». Cela rappelle le goût de la Grèce antique et on les retrouve chez tous nos Slaves du Midi et jusqu'en Russie. «N'oublions pas, reprit l'évêque, que cette contrée où nous sommes et où ne survit plus en fait d'arts que celui qui nous fournit le pain et le vin, je veux dire l'agriculture, la Slavonie, a été, à deux reprises différentes, le siège d'une haute et brillante culture littéraire et artistique. Dans l'antiquité, Sirmium était une grande ville où florissait dans toute sa gloire la civilisation romaine. Nos fouilles mettent au jour, à chaque instant, des restes de cette époque. Puis, au moyen âge, seconde période de splendeur: une véritable renaissance, comme vous allez vous en convaincre à l'instant. Plus tard sont venus les Turcs. Ils ont tout brûlé, tout anéanti, et, sans le christianisme, ils nous auraient ramenés aux temps de la barbarie primitive.»

L'évêque fait apporter des vases sacrés en or et en argent. Ils proviennent de la Bosnie, qu'il visitait au temps où il en était encore le vicaire apostolique. Il y a des crosses, des croix, des calices qui datent du Xe au XIVe siècle et qui sont admirables. Voici un calice en émail cloisonné, style byzantin; un autre avec des ciselures et des gravures pur roman; un troisième fait penser aux décorations normandes de l'Italie méridionale; un quatrième est en filigrane sur fond d'or plat, comme certains bijoux étrusques. La Bosnie, avant l'invasion turque, n'était pas le pays sauvage qu'elle est devenue depuis. En communication constante et facile, par la côte de la Dalmatie, avec la Grèce et Constantinople d'une part, avec l'Italie d'autre part, ses artistes se maintenaient au niveau des productions de l'art dans ces deux centres de civilisation.—«Aujourd'hui encore, reprend l'évêque, il y a à Sarajewo des orfèvres qui n'ont jamais appris à dessiner, mais qui font des chefs-d'œuvre. Ainsi, voyez cette croix épiscopale en argent et ivoire: Agram a fourni le dessin, mais quelle perfection dans l'exécution! Ne croyez pas que je sois collectionneur. Sans doute, j'en ai l'instinct comme un autre; mais avec mes faibles moyens, je poursuis un grand but: rattacher le présent au passé, à ce glorieux passé de notre race, dont je vous parlais tantôt; réveiller, entretenir, développer la part d'originalité que Dieu a départie aux Jougo-Slaves, briser la croûte épaisse d'ignorance sous laquelle notre génie national s'est trouvé étouffé pendant tant de siècles d'oppression, et faire en sorte que la domination turque ne soit plus qu'un intermède, une sorte de cauchemar que l'aurore de notre résurrection aura définitivement dissipé.»

Le lendemain matin, un gai soleil de juin me réveille de bonne heure. J'ouvre ma fenêtre. Les oiseaux chantent dans les arbres du parc et l'odeur enivrante des acacias me transporte parmi les orangers de Sorrente. Les parfums réveillent des souvenirs précis, non moins que les sons. A huit heures, le domestique m'apporte le déjeuner à la viennoise. Excellent café, crème et petits pains de farine de Pest, la meilleure du monde. Je parcours seul le palais épiscopal. C'est un très grand bâtiment à un étage, qui date, dans sa forme actuelle, du milieu du dernier siècle. Il forme les deux côtés d'une grande cour centrale carrée, dont le côté du fond est fermé par des dépendances et un vieux mur, et le quatrième par l'église. Le premier étage seul est occupé par les appartements de maître; le rez-de-chaussée l'est par les cuisines, buanderies, magasins, état domestique, etc., suivant la coutume des pays méridionaux. Le plan est très simple: c'est celui des cloîtres. Donnant sur la cour, se prolonge une galerie, où s'ouvrent toutes les chambres, qui se succèdent en enfilade, comme les cellules d'un couvent.

L'évêque vient me prendre pour visiter sa cathédrale, qui est une des choses où il a pris le plus de plaisir, parce qu'il y donnait satisfaction aux rêves et aux sentiments du chrétien, du patriote et de l'artiste. Il s'en est occupé pendant seize années. Cette église lui a coûté plus de 3 millions de francs. Elle est assez grande pour une population cinq à six fois plus considérable que celle du Djakovo actuel, mais son fondateur espère qu'elle durera assez pour ne pas pouvoir contenir les fidèles du Djakovo de l'avenir. Elle est bâtie en briques de premier choix, d'un grain très fin et d'un rouge vif, comme celles de l'époque romaine. Les encadrements des fenêtres et les moulures sont en pierre calcaire apportée d'Illyrie. Les marbres de l'intérieur viennent de la Dalmatie. On devine ce qu'a dû coûter le transport, qui, depuis le Danube ou la Save, a dû se faire par chariot. Le style de l'édifice est italo-lombard très pur. Tout l'intérieur est polychrome et peint à fresque par les Seitz père et fils. Les sujets sont empruntés à l'histoire sainte et à celle de l'évangélisation des pays slaves. Christianisme et nationalité, c'est la préoccupation constante de Strossmayer. Le maître-autel est surtout très bien conçu. Il est en forme de sarcophage. Au-dessus s'élève, comme dans les basiliques de Rome, une sorte de baldaquin, soutenu par quatre colonnes monolithes d'un beau marbre de l'Adriatique, avec des bases et des chapiteaux en bronze. Tout est d'un goût sévère: ni oripeaux, ni statues habillées comme des poupées, ni vierges miraculeuses. On est au XIIe siècle, bien avant que les jésuites aient matérialisé et paganisé le culte catholique.

L'évêque me conduit dans la crypte. Des niches ont été réservées dans l'épaisseur du mur; il y a transporté les restes de trois de ses prédécesseurs. Sur la pierre, rien qu'une croix et un nom; une quatrième dalle n'a pas d'inscription: «C'est là ma place, me dit-il; ici seulement je trouverai du repos. J'ai encore beaucoup à faire; mais il y a trente-trois ans que je suis évêque, et l'homme, comme l'humanité, ne peut jamais espérer d'achever son œuvre.» Les paroles de Strossmayer me rappellent la sublime devise d'un autre grand patriote, l'ami du Taciturne, l'un des fondateurs de la république des Provinces-Unies, Marnix de Sainte-Aldegonde: *Repos ailleurs*. En sortant, je remarque un vieux mur crénelé envahi par le lierre. C'est tout ce qui reste de l'ancien château fort, brûlé et rasé par les Turcs. Quand on trouve ainsi à chaque pas les traces des dévastations commises par les bandes musulmanes, on comprend la haine qui subsiste au cœur des populations slaves.

Au dîner, qui a eu lieu au milieu du jour, on parle du mouvement national en Dalmatie. «J'ai reçu la nouvelle, dit l'évêque, qu'aux élections récentes des villes dalmates, les candidats slaves l'ont emporté sur les Italiens. Il devait en être ainsi; le mouvement des nationalités est partout irrésistible, parce qu'il est favorisé par la diffusion de l'instruction. Naguère les Italiens dominaient à Zara, à Spalato, à Sebenico, à Raguse. Ils représentaient la bourgeoisie, mais le fond de la population est complètement slave. Tant qu'elle a été ignorante et comprimée, elle n'avait rien à dire; mais dès qu'elle a eu quelque culture intellectuelle, elle a revendiqué le pouvoir politique, qui de droit lui revenait. Elle l'obtient aujourd'hui. Et dire que souvent, par crainte du progrès du slavisme, on favorisait les Italiens, dont une partie au moins est acquise à l'irrédentisme! Le ministère actuel revient de cette erreur et pour toujours, il faut l'espérer. Remarquez bien que d'ici jusqu'aux bouches de Cattaro, et de la côte dalmate jusqu'au Timok et à Pirot, c'est-à-dire jusqu'aux confins de la Bulgarie, la même langue est parlée par les Serbes, les Croates, les Dalmates, les Bosniaques, les Monténégrins, et même par les Slaves de Trieste et de la Carniole. Les Italiens de la côte dalmate sont pour la plupart les descendants de familles slaves italianisées sous la domination de Venise, mais en tout cas, la gloire de la cité des doges et de sa noble civilisation rejaillit sur eux. Nous les respectons, nous les aimons; on ne proscrira pas la langue italienne; mais il faut bien que la langue nationale, la langue de la majorité de la population l'emporte.»

Les convives citent à l'envie des faits pour démontrer les éminentes qualités de la race illyrienne: l'un vante la bravoure de ses soldats, l'autre l'énergie de ses femmes. Mais, dit-on, chez les Monténégrins toutes ces vertus sont portées à l'extrême, parce que, seuls, ils ont su conserver toujours leur liberté et se préserver du contact corrupteur d'un maître. L'un des jeunes prêtres, qui a résidé et voyagé le long de la côte dalmate, affirme qu'au Monténégro on n'admet pas qu'une femme puisse faillir; aussi toute faute est punie d'une façon terrible. La femme mariée qui s'en rend coupable était autrefois lapidée, ou bien le mari lui coupait le nez. La jeune fille qui se laisse séduire est impitoyablement chassée; aussi d'ordinaire elle se suicide, et ses frères ne manquent pas de tuer le séducteur, ce qui donne lieu à des vendettas et à des guerres de famille qui durent des années. M. von Stein-Nordheim, de Weimar, raconte que, pendant la dernière guerre, un Turc nommé Mehmed-pacha s'était emparé, dans une razzia, d'une jeune Monténégrine, la belle Joke. Elle le supplie de ne pas donner aux soldats le spectacle de sa honte. On était dans la montagne. Ils s'écartent; la jeune fille voit que le sentier longe un précipice, elle se laisse tomber à terre, vaincue par l'émotion. Mehmed la saisit dans ses bras. Elle lui rend son étreinte, elle s'attache à lui, puis tout à coup se renverse et entraîne son vainqueur au delà d'un rocher à pic, et tous deux tombent dans l'abîme, où l'on retrouva leurs cadavres mutilés. L'action héroïque de Joke fait l'objet d'un chant populaire tout récent. Autre fait du temps de la guerre de 1879. Tous les hommes d'un village de la frontière étaient partis pour rejoindre le gros de l'armée. Les Turcs arrivent et pénètrent dans le village. Les femmes se réfugient dans une vieille tour et s'y défendent comme des amazones; mais elles n'ont que quelques vieux fusils. La tour va être prise d'assaut. «Il faut nous faire sauter,» dit Yela Marunow. On met en tas tous les barils de poudre; les femmes et les enfants se réunissent en groupe pour les cacher; on ouvre la porte, plus de cinq cents Turcs entrent et se précipitent. Yela met le feu, et tous meurent foudroyés et ensevelis sous les ruines. Au Monténégro, quand une fille est née, la mère lui dit: «Je ne te souhaite pas la beauté, mais la bravoure; l'héroïsme seul fait aimer des hommes.» Voici une strophe d'un *lied* que chantent les jeunes filles: «Grandis, mon bien-aimé; et quand tu seras devenu grand et fort, et que tu viendras demander ma main à mon père, apporte-moi alors, comme don du matin, des têtes de Turcs fichées sur ton yatagan.»

Un convive prétend que les Croates ne sont pas moins braves que les Monténégrins. Ils l'ont bien prouvé, dit-il, sous Marie-Thérèse, dans les guerres contre Napoléon, et sur les champs de bataille italiens en 1848, 1859 et 1866. Ce sont eux qui, sous le ban Jellachitch, ont sauvé l'Autriche, après la révolution de mars; sans leur résistance, les Hongrois prenaient Vienne avant même que les Russes eussent songé à intervenir. L'Anglais Paton, qui a écrit l'un des meilleurs ouvrages qui aient été faits sur ces contrées, raconte que, se trouvant à Carlstadt en Croatie, le gouverneur, le baron Baumgarten, lui raconta la mort héroïque du baron de Trenck. Pour récompenser François de Trenck qui, avec ses Croates, avait vaillamment combattu au siège de Vienne, l'empereur lui avait donné d'immenses domaines en Croatie. Son descendant, le baron Frederick de Trenck, se ruine en procès, se fait mettre en prison par le roi Frédéric II, s'échappe, écrit ses fameux Mémoires qui, comme dit Grimm, font une sensation prodigieuse, et vient enfin se fixer à Paris; pour s'abreuver de première main à la source de la philosophie. Pendant la Terreur, il est arrêté et accusé d'être l'espion des tyrans parce qu'il suit les réunions des clubs. Il se défend en montrant la trace des fers du roi de Prusse et les lettres de Franklin. Mais il parle avec respect de la grande impératrice Marie-Thérèse. Fouquier-Tinville l'interrompt: «Prenez garde, dit-il, ne faites pas l'éloge d'une tête couronnée dans le sanctuaire de la justice.» Trenck relève fièrement la tête: «Je répète: Après la mort de mon illustre souveraine Marie-Thérèse, je suis venu à Paris pour m'occuper d'œuvres utiles à l'humanité.» C'en était trop. Il est condamné et exécuté le soir même. La bravoure un peu sauvage des Pandours était proverbiale au XVIIIe siècle. Au commencement de la Terreur, l'impératrice Catherine écrit: «Six mille Croates suffiraient pour en finir de la révolution. Que les princes rentrent dans le pays, ils y feront ce qu'ils voudront.» Je cite ces faits pour montrer comment le souvenir des exploits guerriers de leur race entretient parmi les Croates un patriotisme ardent, exigeant et ombrageux.

L'après-midi, nous visitons la ferme qui dépend directement de la résidence épiscopale, *die Oekonomie*, comme on l'appelle en allemand. Le mot est juste. Comme le montrent *les Économiques* de Xénophon, les Grecs entendaient principalement par ce mot l'administration d'un fonds rural. L'intendant, qui est aussi un prêtre, me donne quelques détails: «Les terres de l'évêché, dit-il, mesurent encore 27,000 jochs de 57 ares 55 centiares, dont 19,000 en bois, 200 en vignes et le reste en culture. Les contributions sont énormes: elles montent à 32,000 florins[8]. Autrefois, ce domaine était beaucoup plus étendu; mais, après 1848, lors de l'émancipation des paysans à qui on a attribué, en propriété, une partie du sol qu'ils cultivaient comme tenanciers à corvée, l'évêque a donné l'ordre de faire le partage de la façon la plus avantageuse pour les cultivateurs. En réalité, les conditions de culture sont peu favorables ici. La main-d'œuvre est chère, nous payons un journalier 1 florin 1/2, et le prix de nos produits est peu élevé, car il est grevé de frais de transport énormes jusqu'aux marchés consommateurs. Chez vous, c'est l'opposé. La terre, chère chez vous, est à bas prix ici. Nous vendons nos chevaux de la race de Lipitça environ 1,000 florins; un bel étalon vaut 1,400 à 1,500 florins, une bonne vache 100 florins, un porc de trois mois 9 florins. La terre se loue 6 à 7 florins le joch. Mais le domaine épiscopal est presque complètement exploité en régie. Les paysans, ayant tous des terres et peu de capitaux, ne sont guère disposés à louer. Il faudrait concéder nos fermes aux juifs, qui ne nous donneraient pas ce que nous obtenons par le faire-valoir direct.»— L'évêque intervient: «Ne disons pas de mal des juifs, ce sont eux qui achètent tous mes produits et à de bons prix. J'ai voulu vendre aux marchands chrétiens; je recevais le tiers ou le quart en moins. Comme j'emploie mon revenu à des œuvres utiles, je ne puis faire à celles-ci un tort aussi considérable pour obéir à un préjugé. J'ai construit un moulin à vapeur pour moudre mon grain sans être à la merci des meuniers israélites, mais je dois avouer que ces messieurs s'y entendent mieux que nous.»—On m'a dit, depuis, que le revenu de l'évêché de Djakovo s'élève, bon an mal an, à 150,000 florins. A nos yeux, c'est beaucoup, mais c'est peu en comparaison des revenus de l'évêque d'Agram qui montent à 250,000 florins ou de ceux de l'évêque de Gran primat de Hongrie, qui dépassent 500,000 florins.

[8]

> Le florin autrichien argent vaut au pair 2 fr. 50 c.; mais, avec le cours forcé du papier-monnaie, sa valeur varie chaque jour entre 2 fr. 10 c. et 2 fr. 15 c.

Les bâtiments de la ferme ont des murs très épais, de façon à pouvoir résister aux incursions des Turcs, qui occupaient naguère encore l'autre bord de la Save à dix lieues d'ici. L'évêque me montre sa vacherie, «sa suisserie,» *Schweizerei*, comme il l'appelle. C'est une innovation. Il a fait venir des vaches de race suisse, qui, bien nourries à l'étable, donnent beaucoup de lait et de beurre. Je me permets de dire que c'est de ce côté que devraient se tourner ici les efforts de l'agronome: «Le prix du froment baisse, celui du beurre et de la viande reste toujours très élevé. Votre terre se couvre spontanément d'une herbe très nourrissante. Vous pourriez facilement, grâce aux chemins de fer, expédier sur nos marchés occidentaux le produit de vos étables. Vous avez des légions de porcs dans vos forêts. Imitez les Américains; améliorez la race, engraissez avec du maïs qui vient ici comme nulle part ailleurs, et envoyez-nous des jambons et du lard. On ne les repoussera pas sous prétexte de trichines.»

Nous allons visiter, à deux lieues de Djakovo, le grand parc aux daims. Deux victorias, attelées chacune de quatre chevaux gris, nous y conduisent. Je me trouve avec l'évêque. Il me fait admirer sa belle allée de peupliers d'Italie: «J'aime cet arbre, dit-il, non seulement parce qu'il me rappelle un pays qui m'est cher, mais parce qu'il est, à mes yeux, un indice de civilisation. Quiconque le plante est mû par un sentiment esthétique. Apprécier le beau dans la nature, puis dans l'art, est un grand élément de culture.»—Nous causons de la question politico-religieuse. Sachant combien ce sujet est délicat et peut-être pénible pour lui, je ne fais que l'effleurer. Je lui demande comment il lui avait été donné au concile de parler le latin de façon à émerveiller la haute et docte assemblée et à mériter l'éloge qu'elle lui accorda d'être le *primus orator christianitatis.* «Je l'ai parlé avec facilité, me répond-il, et rien de plus. Autrefois j'ai enseigné en latin, comme professeur de théologie. Pour éviter les rivalités des langues nationales, le latin était notre langue officielle jusqu'en 1848. En me rendant au concile, j'ai relu mon Cicéron, et ainsi les expressions latines, pour exprimer ma pensée, se présentaient à mon esprit, avec une abondance dont j'ai été moi-même très surpris. Le fait est que le latin est encore la langue où je dis le plus clairement ce que je veux dire.»

Strossmayer a fini récemment par accepter le nouveau dogme de l'infaillibilité papale, qu'il avait combattu à Rome avec tant d'éloquence; mais il parle avec une égale bienveillance de Dupanloup qui s'est soumis, et de Döllinger qui résiste encore.—«Quand un homme, dit-il, obéit à sa conscience et au devoir, en sacrifiant ses intérêts temporels et en manifestant ainsi la supériorité de la nature humaine, nous ne pouvons que nous incliner. Il appartient à Dieu seul de prononcer le jugement final.»—Il exprime aussi la plus vive sympathie pour lord Acton, qui a fait avec lui la campagne anti-infaillibiliste. «Il était avec nous à Rome, dit-il. J'ai vu de près les angoisses de cette noble âme, au moment où les décisions du concile étaient en balance. Nul peut-être ne connaît plus à fond l'histoire ecclésiastique; c'est un père de l'Église.»—J'avais rencontré lord Acton à Menton, en janvier 1879, et j'avais été, en effet, confondu de sa prodigieuse érudition et de son aptitude à tout lire. Ainsi, quoiqu'il ne s'occupât qu'en passant d'économie politique, je trouvai sur sa table, lus et annotés, les principaux ouvrages publiés sur cette matière en français, en anglais, en allemand et en italien. Lord Acton est certes le plus instruit et le plus éminent des catholiques libéraux anglais, mais sa position m'a paru singulièrement difficile et même douloureuse.

Je ne voulus pas demander à l'évêque ce qu'il pensait du pouvoir temporel, mais il m'a semblé qu'il ne le regardait nullement comme indispensable à la mission spirituelle de son Église. «Les ennemis de la papauté, dit-il, ont voulu lui porter un coup mortel en lui enlevant ses États. Ils se sont trompés. Plus l'homme est dégagé des intérêts matériels, plus il est libre et puissant. On a dit que le pape espère qu'une guerre étrangère lui rendra son royaume. N'en croyez rien: n'est-il pas le successeur de celui qui a dit: Mon royaume n'est pas de ce monde. Il ne peut vouloir ni de Rome, ni du monde entier, s'il doit l'acheter au prix du sang.»

Nous arrivons au parc aux daims. C'est une partie de la forêt antique, soustraite à la hache des défricheurs et des marchands de bois; elle est entourée de hautes palissades pour la défendre des loups, qui sont encore très nombreux dans cette contrée. Les grands chênes y réunissent en dôme leurs ramures puissantes, semblables à des arceaux de cathédrale. Dans les clairières vertes passent les daims, qui vont boire à la source cachée sous les grandes feuilles des tussilages. L'homme respecte ce sanctuaire, où la nature apparaît dans sa majesté et dans sa grâce primitives. Tandis que nous y errons à l'aventure, à l'ombre des grands arbres, l'évêque me dit: «L'homme que je désire le plus rencontrer, c'est Gladstone. Nous avons à plusieurs reprises échangé des lettres. Il souhaite le succès de l'œuvre que je poursuis ici, mais je n'ai jamais eu le temps d'aller jusqu'en Angleterre. Ce que j'admire et vénère en Gladstone, c'est que, dans toute sa politique, il est guidé par l'amour de l'humanité et de la justice, par le respect du droit, même chez les faibles. Quand il a bravé l'opinion de l'Angleterre, toujours favorable aux Turcs, pour défendre, avec la plus entraînante éloquence, la cause de nos pauvres frères de Bulgarie, nous l'avons béni du fond du cœur. Cette politique est celle que dicte le christianisme. Gladstone est un vrai chrétien. Oh! si tous les ministres l'étaient, quel radieux avenir de paix et d'harmonie s'ouvrirait pour notre malheureuse espèce!»

Je confirme ce que dit Strossmayer, en rappelant un discours que j'ai entendu prononcer par M. Gladstone en 1870. C'était au banquet annuel du *Cobden Club*, à Greenwich. Invité étranger, j'étais assis à côté de M. Gladstone, qui présidait. La guerre entre la France et l'Allemagne venait d'être déclarée. Il me dit que cette affreuse nouvelle l'avait privé du sommeil et qu'elle lui avait fait le même effet que si la mort était suspendue sur la tête de sa fille. Quand il se leva pour porter le toast de rigueur, sa voix était solennelle, profondément triste et comme trempée de larmes contenues. Il parla de cet horrible drame qui allait se dérouler devant l'Europe consternée, de cette lutte fratricide entre les deux peuples qui représentaient à un si haut degré la civilisation; des cruelles déceptions qu'éprouvaient les amis de Cobden, qui pensaient, avec lui, que les facilités du commerce, faisant sentir la solidarité des peuples, empêcheraient la guerre. Ses paroles émues, que le sentiment religieux emportait dans les plus hautes régions, rappelaient celles de Bossuet et de Massillon. C'était l'éloquence de la chaire dans sa forme la plus pure, mais appliquée aux affaires et aux intérêts des sociétés humaines. L'émotion des auditeurs était si vive, qu'elle se traduisit non par des applaudissements, mais par ce silence qui accueille l'adieu aux morts prononcé au bord d'une tombe. Tout en partageant ce sentiment, qui nous mettait à tous une larme à la paupière, je pensais à ce mot terrible du «cœur léger», prononcé quelques jours auparavant à la tribune française. Sans doute, la langue avait trahi la pensée; mais si le ministre français avait éprouvé, en quelque mesure, l'amère tristesse qui accablait l'homme d'État anglais, jamais cette méprise n'aurait eu lieu.

«Pour moi aussi, reprend l'évêque, la guerre de 1870 a été un objet de cruelles angoisses. Quand j'ai vu qu'elle continuait après Sedan, quand j'ai entrevu la source de conflits futurs que les conditions de la paix préparaient à l'Europe, j'ai oublié la réserve que m'imposait ma position; je ne me suis souvenu que de Jésus, qui nous fait un devoir de tout tenter pour arrêter l'effusion du sang. J'allai trouver l'ambassadeur de Russie, que je connaissais, et je lui dis: «Tout dépend du Tsar. Il lui suffit d'un mot pour mettre fin à la lutte et pour obtenir une paix qui ne soit pas à l'avenir une cause certaine de guerres nouvelles. Je voudrais pouvoir me jeter aux genoux de votre empereur, qui est un homme de bien et un ami de l'humanité». L'ambassadeur me répondit: «Nous regrettons, comme tout homme sensible, la continuation de cette guerre, mais c'est trop exiger de la Russie que de lui demander de se brouiller avec l'Allemagne pour se priver de l'avantage de trouver, le cas échéant, un allié certain et dévoué dans la France». Si je me permets de reproduire ce mot, c'est parce que cette manière de voir de la Russie n'est pas un secret. Je l'ai exposée dans la *Revue des Deux Mondes*, en rendant compte d'un écrit très remarquable du général Fadéef[2], qui est mort récemment à Odessa.

[2]

Voyez, dans la *Revue des Deux Mondes* du 15 novembre 1871, *la Politique nouvelle de la Russie*.

Au souper, on s'entretient de l'origine du mouvement national en Croatie et en Serbie, et spécialement du littérateur patriote Danitchitch. «N'est-il pas honorable, dit l'évêque, que le réveil littéraire a ici, comme partout, précédé le réveil politique? En réalité, tout sort de l'esprit. Au début, nous autres, Serbo-Croates, nous n'avions plus même de langue: rien que des patois méprisés, ignorés. Les souvenirs de notre ancienne civilisation et de l'empire de Douchan étaient effacés; ce qui survivait, c'étaient les chants héroïques et les *lieder* nationaux dans la mémoire du peuple. Il a fallu d'abord reconstituer notre langue, comme Luther l'a fait pour l'Allemagne. C'est là le grand mérite de Danitchitch. Il est mort récemment, le 4 novembre 1882. Les Croates et les Serbes se sont unis pour le pleurer. A Belgrade, où son corps avait été amené d'Agram, on lui a fait des funérailles magnifiques aux frais de l'État. Le roi Milan a assisté à la cérémonie des obsèques. La bière était ensevelie sous les couronnes envoyées par toutes nos associations et par toutes nos villes. Sur l'une d'elles on lisait: *Nada* (Espérance). Ç'a été une imposante manifestation de la puissance du sentiment national. Djouro Danitchitch était né en 1825, parmi les Serbes autrichiens, à Neusatz, dans le Banat, en Hongrie. Son vrai nom était Popovitch, ce qui signifie fils de pope, car cette terminaison *itch*, qui caractérise presque tous les noms propres serbes et croates, signifie «fils de», ou «de petit», comme *son* dans Jackson, Philipson, Johnson en anglais et dans les autres langues germaniques. Le nom littéraire qu'il avait adopté vient de *Danitcha* (Aurore). Il s'appela «fils de l'Aurore» pour marquer qu'il se dévouerait entièrement au réveil de sa nationalité. A l'âge de vingt ans, il rencontra à Vienne Vuk Karadzitch, qui s'occupait de reconstituer notre langue nationale. Il s'associa à ces travaux, et c'est dans cette voie qu'il nous a rendu des services inappréciables. Ce qu'il a accompli est prodigieux; c'était un travailleur sans pareil; il s'est tué à la peine, mais son œuvre a été accomplie: la langue serbo-croate est créée. En 1849, il fut nommé à la chaire de philologie slave, à l'académie de Belgrade, et, en 1866, je suis parvenu à le faire nommer à l'académie d'Agram, où il s'occupait à achever son grand *Dictionnaire de la langue slave*, quand la mort est venue lui apporter le repos qu'il n'avait jamais goûté. Voici un incident de sa vie peu connu: Ayant déplu à un des ministres serbes, il fut relégué dans une place subalterne au télégraphe. Il l'accepta sans se plaindre et continua ses admirables travaux. Je fis dire au prince Michel, qui avait confiance en moi, que Danitchitch ferait honneur aux premières académies du monde et qu'il était digne d'occuper les plus hautes fonctions, mais qu'il fallait surtout lui procurer des loisirs. Peu de temps après, il fut nommé membre correspondant de l'académie de Saint-Pétersbourg. Il avait appris le serbe à la comtesse Hunyady, la femme du prince Michel de Serbie».

J'ajoute ici quelques autres détails relatifs au grand philologue jougo-slave. Ils m'ont été communiqués par M. Vavasseur, attaché au ministère des affaires étrangères à Belgrade. Au moyen âge, les Serbes parlaient le vieux slave, qui n'était guère écrit que dans les livres liturgiques. Au XVIIIe siècle, quand on commença à imprimer le serbe chez les Serbes de Hongrie, cette langue n'était autre que le slovène avec une certaine addition de mots étrangers. C'est à Danitchitch que revient surtout l'honneur d'avoir reconstitué la langue officielle de la Serbie telle qu'elle se parle, s'écrit, s'imprime et s'enseigne aujourd'hui depuis qu'elle a été officiellement adoptée par le ministre Tzernobaratz en 1868. Il en a déterminé et épuré le vocabulaire et fixé les règles grammaticales dans des livres devenus classiques: *la Langue et l'Alphabet serbes* (1849); *la Syntaxe serbe* (1858); *la Formation des mots* (1878), et enfin dans son grand *Dictionnaire*. Il a beaucoup fait aussi pour répandre la connaissance des anciennes traditions nationales. A cet effet, il a publié à Agram, en croate, de 1866 à 1875, *les Proverbes et les Chants de Mavro Vetranitch-Savcitch*, et *la Vie des rois et archevêques serbes*. (Belgrade et Agram, 1866.) Comme Luther, il a voulu que la langue nouvellement constituée servît de véhicule au culte national, et il publia *les Récits de l'Ancien et du Nouveau Testament* et *les Psaumes*. L'évêque de Schabatz, en les lisant pour la première fois, trouva cette traduction si supérieure à l'ancienne qu'il ne voulut plus se servir du vieux psautier. Le service rendu par Danitchitch est énorme, car il a donné à la nationalité serbe cette base indispensable: une langue littéraire. Professeur de philologie slave tour à tour à Agram et à Belgrade, il a été le trait d'union entré la Serbie et la Croatie, car il était également populaire dans les deux pays.

Je n'ai entendu émettre au sujet de la fixation de la langue serbe que les deux regrets suivants: D'abord, il est fâcheux que l'on y ait conservé les anciens caractères orientaux au lieu de les remplacer par l'alphabet latin, comme l'ont fait les Croates. Dans l'intérêt de la fédération future des Jougo-Slaves, il faut supprimer autant que possible tout ce qui les divise, surtout ce qui, en même temps, les éloigne de l'Occident. En second lieu, il est regrettable aussi que l'on ait accentué les différences qui distinguent le serbo-croate du slovène, dont le centre d'action est à Laybach et qui est la langue littéraire de la Carniole et des districts slaves environnants. Le slovène est, d'après Miklositch, l'une des principales autorités en cette matière, le plus ancien dialecte jougo-slave. Il était parlé, aux premiers siècles du moyen âge, par toutes les tribus slaves, depuis les Alpes du Tyrol jusqu'aux abords de Constantinople, depuis l'Adriatique jusqu'à la mer Noire. Vers le milieu du siècle, les Croato-Serbes, descendant des Karpathes, et les Bulgares, de race finnoise, s'établissant encore plus à l'est, le modifièrent, chaque groupe à sa façon. Toutefois, dit-on, l'antique idiome, le slovène, et le croate sont si rapprochés qu'il n'eût pas été impossible de les fusionner en une langue identique. Slovènes et Croates se comprennent parfaitement; mieux encore que les Suédois et les Norvégiens.

Le dimanche matin, Mgr Strossmayer vient me prendre pour assister à la messe dans sa cathédrale. L'évêque n'officie pas. L'épître et l'évangile sont plus en langue vulgaire, me semble-t-il. Les chants liturgiques, accompagnés par les sons d'un orgue excellent, sont bien conduits. L'assistance présente un aspect très particulier: elle occupe à peine un quart de la nef centrale, tant l'étendue de la cathédrale est hors de proportion avec le nombre actuel des habitants. Je ne vois que des paysans en costume de fête, les hommes debout avec leurs dolmans bruns soutachés, les femmes avec leurs belles chemises brodées, assises à terre sur des tapis, qu'elles apportent avec elles, à l'imitation des Turcs dans les mosquées. Tous suivent l'office avec la plus attentive componction; mais aucun n'a de livre de prières. Pas un costume bourgeois ne vient faire tache dans cette assemblée, où tous, laïques et ecclésiastiques, portent les vêtements traditionnels d'il y a mille ans. Personne de la classe «bourgeoise», parce que celle-ci, étant juive, a été, la veille, à la synagogue. L'impression est complète. Absolument rien ne rappelle l'Europe occidentale.

Au sortir de l'église, l'évêque me conduit visiter l'école supérieure pour filles et l'hôpital, qu'il a également fondés. Les classes, au nombre de huit, sont grandes, bien aérées, garnies de cartes et de gravures pour l'enseignement. On y apprend aussi les ouvrages de main dans le genre de ceux qu'exécutent les paysannes. On y forme des institutrices pour les écoles primaires. A l'hôpital, il n'y a que cinq personnes, trois vieilles femmes très âgées, mais nullement indisposées, un vieillard de cent quatre ans, très fier de lire encore sans lunettes, et un Tzigane qui souffre d'une bronchite. Les familles patriarcales de la campagne gardent leurs malades. Grâce aux zadrugas, personne n'est isolé et abandonné. L'évêque se rend auprès de la supérieure des sœurs de charité qui desservent l'hôpital.—«Elle est de la Suisse française, me dit-il, vous pourrez causer avec elle; mais elle est en grand danger. Elle doit aller à Vienne pour subir une grave opération; j'ai obtenu qu'elle soit faite par le fameux professeur Billroth. Nous la transporterons par le Danube, mais je crains même qu'elle ne puisse plus partir.»—Et, en effet, ses pommettes rouges, enflammées par la fièvre, ses yeux cerclés de noir, son visage émacié, ne laissent point de doute sur la gravité de la maladie. «Croyez-vous, monseigneur, dit la supérieure, que je puisse revenir de Vienne?—Je l'espère, ma fille, répond l'évêque de sa voix grave et douce, mais vous savez comme moi que notre vraie patrie n'est pas ici-bas. Que nous restions quelques jours de plus ou de moins sur cette terre importe peu, car qu'est-ce que nos années auprès de l'éternité qui nous attend? C'est après la mort que commence la véritable vie... C'est au delà qu'il faut fixer nos yeux et placer notre espérance; alors, nous serons toujours prêts à partir quand Dieu nous appellera.» Cet appel à la foi réconforta la malade; elle reprit courage, ses yeux brillèrent d'un éclat plus vif: «Que la volonté de Dieu se fasse! répondit elle; je me remets en ses mains!...»—Décidément, le christianisme apporte aux malades et aux mourants des consolations que ne peut offrir l'agnostime. Qu'aurait dit ici le positiviste? Il aurait parlé de résignation sans doute. Mais cela est inutile à dire, car à l'inévitable on se résigne toujours d'une façon ou d'une autre. Seulement, la résignation de l'agnostique est sombre et morne; celle du chrétien est confiante, joyeuse même, puisque les perspectives d'une félicité parfaite s'ouvrent devant lui.

Mgr Strossmayer me montre l'emplacement où il bâtira le gymnase et la bibliothèque. Au gymnase, les jeunes gens apprendront les langues anciennes et les sciences, études préparatoires à l'université et au séminaire. A la bibliothèque, il placera l'immense collection de livres qu'il réunit depuis quarante ans, et ainsi les professeurs trouveront ce qu'il leur faut pour leurs études et leurs recherches. Toutes les institutions publiques que réclament les besoins et les progrès de l'humanité sont ici fondées et entretenues par l'évêque, au lieu de l'être par la municipalité. Il veut aussi rebâtir l'école communale, et il y consacrera une centaine de mille francs. Du grand revenu des terres épiscopales, rien n'est gaspillé en objets de luxe ou en jouissances personnelles. Supposez ce domaine aux mains d'un grand seigneur laïque: quelle différence! Le produit net du sol, au lieu de créer, sur place, un centre de civilisation, serait dépensé à Pest ou à Vienne, en plaisirs mondains, en dîners, en bals, en équipages, en riches toilettes, peut-être au jeu ou en distractions plus condamnables encore.

Au dîner du milieu du jour assistent les dix chanoines que j'avais vus le matin à la cathédrale. Ce sont des prêtres âgés, dont l'évêque paye la pension. Tous parlent parfaitement l'allemand, mais peu le français. La conversation est animée, gaie et instructive. On boit des vins du pays, qui sont parfumés et agréables, et au dessert on verse le vin de France. Je note quelques faits intéressants. On cite les Bulgares comme des travailleurs hors ligne et d'une sobriété vraiment inouïe. Aux environs d'Essek, ils louent un joch de terre 50 florins, ce qui est le triple de sa valeur locative ordinaire, et ils trouvent moyen, en y cultivant des légumes, d'y gagner encore 200 florins, dont ils rapportent la plus grande partie à leur famille, restée en Bulgarie. Ils font la même chose autour de toutes les grandes villes du Danube, jusqu'à Agram et jusqu'à Pest. Sans eux, les marchés ne seraient pas fournis de légumes; les gens du pays ne songent pas à en produire. L'un des prêtres, qui est Dalmate, affirme que dans son pays les ministères autrichiens ont longtemps voulu étouffer la nationalité slave. Dans l'Istrie, qui est complètement slave, on avait un évêque dalmate-italien, qui ne savait pas un mot de l'idiome national. Aux cures vacantes il nommait des prêtres italiens qui n'étaient pas compris des fidèles. Ceux-ci devaient se confesser par interprète. Nul pays n'est plus exclusivement slave que le centre de l'Istrie. Il s'y trouve un district où on dit la messe en langue vulgaire, c'est-à-dire en vieux slovène. On commence à comprendre partout, sauf peut-être à Pest, que le vrai remède contre l'irrédentisme est le développement du slavisme.

Avant de faire la promenade habituelle de l'après-midi, chacun se retire dans sa chambre pour se reposer. L'évêque m'envoie des revues et des journaux, entre autres, le *Journal des Économistes*, la *Revue des Deux Mondes*, *le Temps*, la *Nuova Antologia* et la *Rassegna nazionale*. Je dois avouer que le choix n'est pas mauvais, et que même à Djakovo, on peut suivre la marche des idées de notre Occident. Vers quatre heures, quand la chaleur est moins forte, deux victorias à quatre chevaux nous attendent et nous partons pour visiter les zadrugas de Siroko-Polje. Ces associations agraires—le mot *zadruga* signifie association,—sont des familles patriarcales, vivant sur un domaine collectif et indivisible. La zadruga constitue une personne civile, comme une fondation. Elle a une durée perpétuelle. Elle peut agir en justice. Ses membres associés n'ont pas le droit de demander le partage du patrimoine, ni d'en vendre ou d'en hypothéquer une part indivise. Au sein de ces communautés de famille, le droit de succession n'existe pas plus que dans les communautés religieuses. A la mort du père ou de la mère, les enfants n'héritent pas, sauf de quelques objets mobiliers. Ils continuent à avoir leur part des produits du domaine collectif, mais en vertu de leur droit individuel et comme membres de la famille perpétuelle. Autrefois, rien ne pouvait détruire la zadruga, sauf la mort de tous ceux qui en faisaient partie. La fille qui se marie reçoit une dot; mais elle ne peut réclamer une part du bien commun. Celui qui quitte sans esprit de retour perd ses droits. L'administration, tant pour les affaires intérieures que pour les relations extérieures, est confiée à un chef élu, qui est ordinairement le plus âgé ou le plus capable. On l'appelle *gospodar*, seigneur, ou *starechina*, l'ancien. Le ménage est dirigé par une matrone, investie d'une autorité despotique pour ce qui la concerne: c'est la *domatchika*. Le starechina règle l'ordre des travaux agricoles, vend et achète; il remplit exactement le rôle du directeur d'une société anonyme, ou plutôt encore d'une société corporative; car les zadrugas sont de tout point des sociétés corporatives agricoles, ayant pour lien, au lieu de l'intérêt pécuniaire, les coutumes séculaires et les affections de famille.

La communauté de famille a existé dans le monde entier, aux époques primitives. C'est le γένος des Grecs, la *gens* romaine, la *cognatio* des Germains dont parle César (*De Bello Gallico*, VI, 22); c'est encore le *lignage* des communes du moyen âge. Ce sont des zadrugas qui ont bâti, en Amérique, ces constructions colossales divisées en cellules, qu'on nomme *pueblos* et qui sont semblables aux alvéoles des ruches d'abeilles. Les communautés de famille ont existé jusqu'à la Révolution dans tout le centre de la France, avec des caractères juridiques identiques à ceux qu'on rencontre aujourd'hui chez les Slaves du Sud. Dans les zadrugas françaises, le starechina s'appelait le mayor, le maistre de communauté ou le chef du «chanteau», c'est-à-dire du pain. Nous arrivons au village de Siroko-Polje. Comme c'est dimanche, hommes et femmes portent leur costume des jours de fête. Pendant la semaine, les femmes ont pour tout vêtement une longue chemise, brodée aux manches et à l'ouverture du cou, avec un tablier de couleurs vives, et sur la tête un mouchoir rouge ou des fleurs. Elles marchent pieds nus; même quand elles vont aux champs ou qu'elles gardent les troupeaux, elles fixent dans la ceinture la tige de la quenouille et elles filent la laine ou l'étoupe de lin ou de chanvre, en faisant tourner entre les doigts le fil auquel est suspendu le fuseau. Elles préparent ainsi la chaîne et la trame du linge, des étoffes et des tapis qu'elles tissent elles-mêmes l'hiver. Leur chemise est en très grosse toile de chanvre. Elle retombe en plis sculpturaux, comme la longue tunique des statues drapées de Tanagra. Elle est entièrement semblable à celle des jeunes Athéniennes qui marchent aux panathénées, sous la conduite du maître des chœurs, dans la frise du Parthénon. Depuis l'antiquité la plus reculée, ce costume si simple et si noble est resté le même. Nul ne se prête mieux à la statuaire. C'est le premier vêtement qu'a dû imaginer la pudeur à la sortie de l'état de nature. Les cheveux des jeunes filles retombent sur le dos en longues nattes, tressées avec des fleurs ou des rubans. Ceux des femmes mariées sont relevés derrière la tête. Les hommes sont aussi vêtus tout de blanc, d'une large chemise et d'un pantalon en étoffe de laine ou de toile, mais qui ne flotte pas en larges plis, comme un jupon, à la mode hongroise. Le dimanche, les hommes et les femmes portent une veste brodée où l'art décoratif a fait merveille. Les motifs semblent empruntés aux arabesques des tapis turcs, mais il est probable qu'ils sont nés spontanément de cet instinct esthétique qui porte partout l'homme à imiter les dessins et les couleurs qu'offrent les corolles des fleurs, le plumage des oiseaux et surtout les ailes des papillons. Les mêmes motifs se retrouvent sur les vases polychromes des époques les plus anciennes, depuis l'Inde jusque dans les monuments mystérieux de l'Amérique préhistorique. Ces broderies sont formées de petits morceaux de drap ou de cuir, de couleurs très vives, fixés sur l'étoffe du fond au moyen de piqûres faites en gros fil de tons tranchants. Dans les vestes des femmes on met parfois des fragments de miroir, et les piqûres sont en fil d'or. Les ceintures sont aussi brodées et piquées de la même façon. La chaussure est la sandale à lanières de cuir, l'*opanka*, qui est propre au Jougo-Slave, depuis Trieste jusqu'aux portes de Constantinople. Je vois ici à quelques élégantes des bas de filoselle et des bottines en étoffe à bouts de cuir laqué; sous l'ancien costume national, cela est d'un effet hideux. Autour de la tête, du cou et de la ceinture, les femmes portent des pièces de monnaie d'or et d'argent percées et enfilées. Les plus riches en ont deux ou trois rangs, tout un trésor de métaux précieux.

L'arrivée de l'évêque a mis tous les habitants du village sur pied. C'est un ravissant spectacle que la réunion de ces femmes en costumes si bien faits pour charmer l'œil du peintre. Cet assemblage de vives couleurs, où rien ne détonne, fait l'effet d'un tapis d'Orient à fond clair. Quand les voitures s'arrêtent devant la maison de la zadruga, que nous visitons d'abord, le starechina s'avance vers l'évêque pour nous recevoir. C'est un vieillard, mais très vigoureux encore; de longs cheveux blancs tombent sur ses épaules. Il a les traits caractéristiques de la race croate: le nez fin, aquilin, aux narines relevées; des yeux gris, très brillants et rapprochés; la bouche petite, les lèvres minces, ombragées d'une longue moustache de hussard. Il baise la main de Mgr Strossmayer avec déférence, mais sans servilité, comme on baisait jadis la main des dames. Il nous adresse ensuite un compliment de bienvenue que me traduit mon collègue d'Agram. Le petit speech est très bien tourné. L'habitude qu'ont ici les paysans de débattre leurs affaires, au sein des communautés et dans les assemblées de village, leur apprend le maniement de la parole. Les starechinas sont presque tous orateurs. La maison de la zadruga est plus élevée et beaucoup plus grande que celle des familles isolées. Sur la façade vers la route, elle a huit fenêtres, mais pas de porte. Après qu'on a franchi la grille qui ferme la cour, on trouve sur la façade antérieure une galerie couverte en véranda, sur laquelle s'ouvre la porte d'entrée. Nous sommes reçus dans une vaste pièce où se prennent les repas en commun. Le mobilier se compose d'une table, de chaises, de bancs, et d'une armoire en bois naturel. Sur les murs, toujours parfaitement blanchis, des gravures coloriées représentent des sujets de piété. A gauche, on entre dans une grande chambre presque complètement vide. C'est là que couchent, l'hiver, toutes les personnes formant la famille patriarcale, afin de profiter de la chaleur du poêle placé dans le mur séparant les deux pièces, qui sont ainsi chauffées en même temps. L'été, les couples occupent chacun une petite chambre séparée.

J'ai noté en Hongrie un autre usage plus étrange encore. En visitant une grande exploitation du comte Eugène Zichy, je remarquai un grand bâtiment où habitaient ensemble les femmes des ouvriers, des bouviers et des valets de ferme avec leurs enfants. Chaque mère de famille avait sa chambre séparée. Dans la cuisine commune, sur un vaste fourneau, chacune d'elles préparait isolément le repas des siens. Mais les maris n'étaient pas admis dans ce gynécée. Ils couchaient dans les écuries, dans les étables et dans les granges. Les enfants, cependant, ne manquaient pas.

Le poêle que je trouve ici dans la maison de cette zadruga est une innovation moderne, de même que ces murs et ces plafonds blanchis. Jadis, comme encore dans quelques maisons anciennes, même à Siroko-Polje, le feu se faisait au milieu de la chambre, et la fumée s'échappait à travers la charpente visible, et par un bout de cheminée formée de planchettes, au-dessus de laquelle une large planche inclinée était posée sur quatre montants, afin d'empêcher la pluie et la neige de tomber dans le foyer. Toutes les parois de l'habitation se couvraient de suie; mais les jambons étaient mieux fumés. Le nouveau poêle est, dit-on, emprunté aux Bosniaques. Il est particulier aux contrées transdanubiennes. Je l'ai rencontré jusque dans les jolis salons du consul de France à Sarajewo. Il donne, dit-on, beaucoup de chaleur et la conserve longtemps. Il est rond, formé d'argile durcie, dans laquelle on incruste des disques en poterie verte et vernissée, tout à fait semblables à des fonds de bouteille.

Le starechina nous fait boire de son vin. Seul des siens, il s'assied à table avec nous et nous adresse des toasts auxquels répond l'évêque. Dans le fond de la chambre se presse toute la famille: au premier plan les nombreux enfants, puis les jeunes filles aux belles chemises brodées. J'apprends que la communauté se compose de trente-quatre personnes de tout âge, quatre couples mariés et deux veuves, dont les maris sont morts dans la guerre en Bosnie. La zadruga continue à les nourrir avec leurs enfants. Le domaine collectif a plus de cent jochs de terre arable; il entretient deux cents moutons, six chevaux, une trentaine de bêtes à cornes et un grand nombre de porcs. Les nombreuses volailles de toute espèce qui se promènent dans la cour permettent de réaliser ici le vœu de Henri IV et de mettre souvent la poule au pot. Le verger donne des poires et des pommes, et une grande plantation de pruniers, de quoi faire la slivovitza, l'eau-de-vie de prunes, qu'aime le Jougo-Slave.

Derrière la grande maison commune, et en équerre avec celle-ci, se trouve un bâtiment plus bas, mais long, aussi précédé d'une véranda, dont le sol est planchéié. Sur cette galerie couverte s'ouvrent autant de cellules qu'il y a de couples et de veuves: si un mariage crée un nouveau ménage au sein de la grande famille, le bâtiment s'allonge d'une nouvelle cellule. L'une des femmes nous montre la sienne; elle est complètement bondée de meubles et d'objets d'habillement; au fond, un grand lit avec trois gros matelas, superposés, des draps de lin garnis de broderies et de dentelles, et comme courtepointe un fin tapis de laine aux couleurs éclatantes; contre le mur, un divan recouvert aussi d'un tapis du même genre, et à terre, sur le plancher, de petits tapis en laine bouclée aux teintes sombres, noir, bleu foncé et rouge brun. Le long des murs, des planches où s'étalent les chaussures et, entre autres, les bottes hongroises du mari pour les jours où il se rend à la ville. Deux grandes armoires remplies de vêtements, puis trois immenses caisses contiennent des chemises et du linge brodés. Il y en a des mètres cubes qui représentent une belle somme. La jeune femme nous les étale avec orgueil: c'est l'œuvre de ses mains et sa fortune personnelle. Pour les décrire, il faudrait épuiser le vocabulaire des lingères. Je remarque surtout certaines chemises faites en une sorte de bourre de soie légèrement crêpelée et ornée de dessins en fils et en paillettes d'or. C'est ravissant de goût et de délicatesse. Les couples associés doivent à la communauté tout le temps qu'exigent les travaux ordinaires de l'exploitation, mais ce qu'ils font aux heures perdues leur appartient en propre. Ils peuvent se constituer ainsi un pécule, qui consiste en linge, en vêtements, en bijoux, en argent, en armes et en objets mobiliers de différente nature. Il en est de même dans les *family-communities* de l'Inde.

Au fond de la cour s'élève la grange, qui est aussi «le grenier d'abondance». Tout autour, à l'intérieur, sont disposés des réservoirs en bois, remplis de grains: froment, maïs et avoine. Nous approchons du moment de la récolte, et ils sont encore plus qu'à moitié pleins. La zadruga est prévoyante comme la fourmi; elle tient à avoir une réserve de provisions pour au moins une année, en prévision d'une mauvaise récolte ou d'une incursion de l'ennemi. A côté, dans un bâtiment isolé, sont réunis des pressoirs et des fûts pour faire le vin et l'eau-de-vie de prunes. Le starechina nous montre avec satisfaction toute une rangée de tonneaux pleins de slivovitza qu'on laisse vieillir avant de la vendre. C'est le capital-épargne de la communauté.

Je m'étonne de n'apercevoir ni grandes étables, ni bétail, ni fumier. On m'explique qu'ils se trouvent dans des bâtiments placés au milieu des champs cultivés. C'est un usage que j'avais déjà remarqué en Hongrie, dans les grandes exploitations. Il est excellent; on évite ainsi le transport des fourrages et du fumier. Les animaux de trait sont sur place pour exécuter les labours et pour y accumuler l'engrais. En même temps, la famille, résidant dans le village, jouit des avantages de la vie sociale. Les jeunes gens se relayent, pour soigner le bétail. Dans une autre zadruga que nous visitons, je trouve les mêmes dispositions, les mêmes costumes et le même bien-être; mais la réception est encore plus brillante: tandis que nous prenons un verre de vin avec le starechina, en présence de toute la nombreuse famille debout, les habitants du village se sont groupés devant les fenêtres ouvertes. Le maître d'école s'avance et adresse un discours à l'évêque en croate, mais il parle aussi facilement l'italien, et il me raconte qu'étant soldat, il a résidé en Lombardie et qu'il s'est battu à Custozza en 1866. Il me vante avec l'éloquence la plus convaincue les avantages de la zadruga. A ma demande, les jeunes filles chantent quelques chants nationaux. Elles paraissent gaies; leurs traits sont fins; plusieurs sont jolies. En somme, la race est belle. Les cheveux noirs, si fréquents en Hongrie, sont très rares ici; on en voit de blonds, mais le châtain domine. Les deux types très marqués, noir et blond, se trouvent à la Fois chez les Slaves occidentaux et méridionaux. Les Slovaques de la Hongrie sont, en majorité, blond-filasse. Les Monténégrins ont les cheveux très foncés. A une grande foire à Carlstadt, en Croatie, j'ai vu des paysans venant des districts méridionaux de la province et appartenant au rite grec orthodoxe; ils avaient d'une façon très marquée les cheveux et les yeux noirs, le teint bilieux, basané ou mat, et d'autres cultivateurs, Croates aussi, mais du rite grec uni à Rome, étaient la plupart blonds, avec la peau claire et des yeux gris. La race slave pure est certainement blonde. Si quelques tribus ont les cheveux bruns ou noirs, cela doit provenir de la proportion plus ou moins grande d'autochtones que les Slaves se sont assimilés quand ils ont occupé les différentes régions où ils dominent aujourd'hui. Ma visite des zadrugas confirme l'opinion favorable que je m'en était formée précédemment et augmente mes regrets de les voir disparaître. Ces communautés ont plus de bien-être que leurs voisins; elles cultivent mieux, parce qu'elles ont, même relativement, plus de bétail et plus de capital.

En raison de leur caractère coopératif, elles combinent les avantages de la petite propriété et de la grande culture. Elles empêchent le morcellement excessif; elles préviennent le paupérisme rural; elles rendent inutiles les bureaux de bienfaisance publique. Par le contrôle réciproque, elles empêchent le relâchement des mœurs et l'accroissement des délits. De même que les conseils municipaux sont l'école primaire du régime représentatif, ainsi elles servent d'initiation à l'exercice de l'autonomie communale, parce que des délibérations, sous la présidence du starechina, précèdent toute résolution importante. Elles entretiennent et fortifient le sentiment familial, d'où elles bannissent les cupidités malsaines qu'éveillent les espoirs de succession. Quand les couples associés se séparent, par la dissolution de la communauté, souvent ils vendent leurs biens et tombent dans la misère. Mais, dira-t-on, si les zadrugas réunissent tant d'avantages, d'où vient que leur nombre diminue sans cesse? L'idée que toute innovation est un progrès s'est tellement emparée de nos esprits, que nous sommes portés à condamner tout ce qui disparaît. J'en suis revenu. Est-ce l'âge ou l'étude qui me transforme en *laudator temporis acti*? En tout cas, ce qui tue les zadrugas, c'est l'amour du changement, le goût du luxe, l'esprit d'insubordination, le souffle de l'individualisme et les législations dites «progressives» qui s'en sont inspirées. J'ai quelque peine à voir en tout ceci un véritable progrès.

Au retour, j'admire de nouveau la beauté des récoltes. Les froments sont superbes. Presque pas de mauvaises herbes: ni bluets, ni coquelicots, ni sinapis. Le maïs, intercalé dans l'assolement, nettoie bien la terre, parce qu'il exige deux binages. Je ne vois dans les environs du village rien qui annonce qu'on s'y livre à des jeux, et je le regrette. La Suisse est sous ce rapport, comme sous beaucoup d'autres, un modèle à imiter, surtout parmi des populations comme celles-ci, dont les mœurs simples ont tant de rapports avec celles des montagnards des cantons alpestres. Voyez l'importance qu'on attache en Suisse aux tirs à la carabine, aux luttes, aux jeux athlétiques de toute sorte. C'est comme dans la Grèce antique. Ainsi faisaient nos vaillants communiers flamands du moyen âge, imitant les chevaliers, contre lesquels ils apprirent de cette façon à lutter sur les champs de bataille. Ces exercices de force et d'adresse forment les peuples libres. Il faudrait les introduire ici partout, en offrant des prix pour les concours. C'est aux jeux auxquels s'adonne la jeunesse d'Angleterre qu'elle doit sa force, son audace, sa confiance en elle-même, ces vertus héroïques qui lui font occuper tant de place sur notre globe. Récemment, le ministre de l'instruction publique de Prusse a fait une circulaire que je voudrais voir reproduite en lettres d'or dans toutes nos écoles, pour recommander qu'on pousse les enfants et les jeunes gens à se livrer à des jeux et à des exercices, où se développent les muscles, en même temps que le sang-froid, la rapidité du coup d'œil, la décision, l'énergie, la persévérance, toutes les mâles qualités du corps et de l'esprit. Il ne faut plus faire des gladiateurs comme en Grèce, mais des hommes forts, bien portants, décidés, et capables, au besoin, de mettre un bras vigoureux au service d'une cause juste. Les dimanches et les jours de fêtes, les campagnards dansent ici le *kolo* avec entrain, mais cela ne suffit pas.

En rentrant à Djakovo, je demande à l'évêque comment va le séminaire qu'il avait fondé en 1857 pour le clergé catholique bosniaque, avec le concours et sous le patronage de l'empereur. Je venais d'en lire un grand éloge dans le livre du capitaine G. Thœmel sur la Bosnie. Le visage de Mgr Strossmayer s'assombrit. Pour la première fois, ses paroles trahissent une profonde amertume. «En 1876, on l'a transporté à Gran, me dit-il. Je ne m'en plains pas pour moi; plus on m'ôte de responsabilité devant Dieu, plus on diminue mes soucis et mes soins, qui déjà dépassent mes forces, mais quelle injustifiable mesure! Voilà de jeunes prêtres, d'origine slave, destinés à vivre au milieu de populations slaves, et pour faire leurs études, on les place à Gran, au centre de la Hongrie, où ils n'entendront pas un mot de leur langue nationale, la seule qu'ils parleront jamais, et celle qu'ils devraient cultiver avant toute autre. Que veut-on à Pesth? Espère-t-on magyariser la Bosnie? Mais les malheureux Bosniaques n'ont pu rester à Gran; ils se sont enfuis. Il est vraiment étrange combien, même les Hongrois qui ont le consciencieux désir de se montrer justes envers nous, ont de la peine à l'être. En voici un exemple. Je rencontrai, par hasard, Kossuth à l'Exposition universelle de Paris, en 1867. Il venait démontrer, dans des discours et des brochures, que le salut de la Hongrie exigeait qu'on respectât l'autonomie et les droits de toutes les nationalités, *Gleichberechtigung*, comme disent les Allemands. C'était aussi mon avis. Il fallait oublier les querelles de 1848 et se tendre une main fraternelle. Mais, par malheur, je prononçai le nom de Fiume. Fiume est, en réalité, une ville slave. Son nom est Rieka, mot croate signifiant «rivière», et dont Fiume est la traduction en italien; c'est l'unique port de la Croatie; d'ailleurs, la géographie même s'oppose à ce qu'elle soit rattachée à la Hongrie, dont elle est séparée par toute l'étendue de la Croatie. Les yeux de Kossuth s'enflammèrent d'indignation. «Fiume, s'écria-t-il, est une ville hongroise, c'est le *littus Hungaricum*: jamais nous ne la céderons aux Slaves.»

«J'avoue, dis-je à l'évêque, que je comprends peu l'acharnement des Hongrois et des Croates à se disputer Fiume. Accordez à la ville une pleine autonomie, et comme le port sera ouvert au trafic de tous, il appartiendra à tous.

—Autonomie complète, voilà, en effet, la solution, répondit l'évêque. Nous ne demandons rien de plus pour notre pays.»

Le soir, au souper, on parla du clergé transdanubien appartenant au rite grec. Je demande si son ignorance est aussi grande qu'on le prétend. «Elle est grande, en effet, répond Strossmayer, mais on ne peut la lui reprocher. Les évêques grecs, nommés par le Phanar de Constantinople, étaient hostiles au développement de la culture nationale. Les popes étaient si pauvres qu'ils devaient cultiver la terre de leurs mains et ils ne recevaient aucune instruction. Maintenant que les populations sont affranchies du double joug des Turcs et des évêques grecs, et qu'elles ont un clergé national, celui-ci pourra se relever. J'ai dit, j'ai surtout fait dire qu'il fallait avant tout créer de bons séminaires. Dans ces jeunes États, c'est le prêtre instruit qui doit être le missionnaire de la civilisation. Songez bien à ceci: d'un côté, par ses études théologiques, il touche aux hautes sphères de la philosophie, de la morale, de l'histoire religieuse, et, d'un autre côté, il parle à tous et pénètre jusque dans la plus humble chaumière. Je vois avec la plus vive satisfaction les gouvernements de la Serbie, de la Bulgarie et de la Roumélie faire de grands sacrifices pour multiplier les écoles; mais qu'ils ne l'oublient pas, rien ne remplace de bons séminaires.»

Ces paroles prouvent que, quand il s'agit de favoriser les progrès des Jougo-Slaves, Strossmayer est prêt à s'associer aux efforts du clergé du rite oriental, sans s'arrêter aux différences dogmatiques qui l'en séparent. Ce clergé lui a cependant vivement reproché le passage suivant de sa lettre pastorale écrite pour commenter l'encyclique du pape *Grande munus*, du 30 septembre 1880, concernant les saints Cyrille et Méthode. «O Slaves, mes frères, vous êtes évidemment destinés à accomplir de grandes choses en Asie et en Europe. Vous êtes appelés aussi à régénérer par votre influence les sociétés de l'Occident, où le sentiment moral s'affaiblit, à leur communiquer plus de cœur, plus de charité, plus de foi, et plus d'amour pour la justice, pour la vertu et pour la paix. Mais vous ne parviendrez à remplir cette mission, à l'avantage des autres peuples et de vous-mêmes, vous ne mettrez fin aux dissentiments qui vous divisent entre vous que si vous vous réconciliez avec l'Église occidentale, en concluant un accord avec elle.» Cette dernière phrase provoqua des répliques très vives, dont on trouvera des échantillons dans le *Messager chrétien*, que publie en serbe le pope Alexa Ilitch (livraison de juillet 1881). L'évêque du rite orthodoxe oriental Stefan, de Zara, répondit à Strossmayer dans sa lettre pastorale datée de la Pentecôte 1881: «Que cherchent, dit-il, parmi notre peuple orthodoxe, ces gens qui s'adressent à lui sans y être appelés? Le plus connu d'entre eux nous fait savoir «que le saint-père le pape n'exclut pas de son amour ses frères de l'Église d'Orient et qu'il désire de tout son cœur l'unité dans la foi, qui leur assurera la force et la vraie liberté», et il souhaite «qu'à l'occasion de la canonisation des saints Cyrille et Méthode, un grand nombre d'entre eux aillent à Rome se prosterner aux pieds du pape, pour lui présenter leurs remercîments». L'évêque de Zara continue en s'élevant vivement contre les prétentions de l'Église de Rome, et, certes, il est dans son droit, mais il doit admettre qu'un évêque catholique s'efforce de ramener à ce qu'il considère comme la vérité des frères, d'après lui, égarés. La propagande doit être permise, pourvu que la tolérance et la charité n'aient pas à en souffrir; toutefois, ces rivalités religieuses sont très regrettables et elles peuvent longtemps mettre obstacle à l'union des Jougo-Slaves. Dans la lettre que m'écrivit lord Edmond Fitz-Maurice, au moment où je partis pour l'Orient, il résume la situation en un mot: «L'avenir des Slaves méridionaux dépend en grande partie de la question de savoir si le sentiment national l'emportera chez eux sur les différences en fait de religion, et la solution de ce problème est, pour une large part, entre les mains du célèbre évêque de Djakovo.» Je ne crois pas qu'il soit possible ni désirable que sa propagande en faveur de Rome réussisse; mais l'œuvre à laquelle il a consacré sa vie, la reconstitution de la nationalité croate, est désormais assez forte pour résister à toutes les attaques et à toutes les épreuves.

CHAPITRE IV.

LA BOSNIE, HISTOIRE ET ÉCONOMIE RURALE.

Quand je quitte Djakovo, le secrétaire de Mgr Strossmayer me conduit à la gare de Vrpolje. Les quatre jolis chevaux gris de Lipitça nous y mènent en moins d'une heure. Le pays a un aspect beaucoup plus abandonné que du côté d'Essek: de profondes ornières dans la route, des terrains vagues où errent des moutons, les blés moins plantureux; moins d'habitations. Est-ce parce qu'en allant à Vrpolje, on se dirige vers la Save et les anciennes provinces turques, c'est-à-dire vers la barbarie; tandis que, du côté d'Essek, on marche vers Pesth et vers Vienne, c'est-à-dire vers la civilisation?

En attendant l'arrivée du train qui doit me conduire à Brod, j'entre dans le petit hôtel en face de la gare. Les deux salles sont d'une propreté parfaite: murs bien blanchis, rideaux de mousseline aux fenêtres, et des gravures représentant le kronprinz Rodolphe et sa femme, la princesse Stéphanie, la fille de notre roi. Ils doivent être très populaires, même en pays slaves et magyares, car j'ai retrouvé partout leurs portraits aux vitrines des libraires et sur les murs des hôtels et des restaurants. C'est évidemment là un des thermomètres de la popularité des personnages haut placés.

Dans les champs voisins, un homme et une femme binent, avec la houe, une plantation de maïs, dont les deux premières feuilles sont sorties de terre. La femme n'a d'autre vêtement que sa longue chemise de grosse toile de chanvre, et elle l'a relevée jusqu'au-dessus des genoux, afin d'avoir les mouvements plus libres. Les exigences de la pudeur vont en diminuant à mesure qu'on descend le Danube; aux bords de la Save, elles sont réduites presque à rien. L'homme est vêtu d'un pantalon d'étoffe blanche grossière et d'une chemise. Il est maigre, brûlé du soleil, hâve; il paraît très misérable. La terre est fertile, cependant, et celui qui la travaille ne ménage pas sa peine. Un passage de la préface de la *Mare au Diable* me revient à la mémoire: c'est celui où est dépeint le laboureur dans la *Danse de la mort*, de Holbein, avec cette légende:

A la sueur de ton visaige Tu gagneras ta pauvre vie.

Récemment, j'avais été aussi épouvanté en étudiant, en Italie, l'extrême misère des cultivateurs, dont l'*Inchiesta agraria* officielle publie les preuves désolantes. D'où vient que dans un siècle où l'homme, armé de la science, augmente si merveilleusement la production de la richesse, ceux qui cultivent le sol conservent à peine assez de ce pain qu'ils récoltent pour satisfaire leur faim? Pourquoi présentent-ils encore si souvent l'aspect de ces animaux farouches décrits par La Bruyère, au temps de Louis XIV? En Italie, c'est la rente et l'impôt qui paupérisent; ici, c'est surtout l'impôt.

A la gare arrive un Turc: beau costume, grand turban blanc, veste brune soutachée de noir, large pantalon flottant, rouge foncé, jambières à la façon des Grecs, énorme ceinture de cuir, dans laquelle apparaît, au milieu de beaucoup d'autres objets, une pipe à long tuyau de cerisier. Il apporte avec lui un tapis et une selle. J'apprends que ce n'est pas un Turc, mais un musulman de Sarajewo, de race slave, et parlant la même langue que les Croates. Comme ceci peint déjà tout l'Orient: la selle qu'on doit emporter avec soi, parce que les paysans qui louent leurs chevaux sont trop pauvres pour en posséder une, et que, les routes manquant, on ne peut voyager qu'à cheval; le tapis, qui prouve que dans les *hans* il n'y a ni lit ni matelas; les armes pour se défendre soi-même, attendu que la sécurité n'est pas garantie par les pouvoirs publics; et enfin la pipe, pour charmer les longs repos du *kef*. En Bosnie, on appelle les musulmans Turcs, ce qui trompe complètement l'étranger sur les conditions ethnographiques de la province. En réalité, il n'y a plus, paraît-il, dix véritables Turcs dans le pays, et avant l'occupation il n'y avait de vrais Osmanlis que les fonctionnaires. Les musulmans qu'on rencontre—il y en a, dit-on, environ un demi-million—sont du plus pur sang slave. Ce sont les anciens propriétaires, qui se sont convertis à l'islamisme, à l'époque de la conquête. L'exemplaire que j'ai sous les yeux a tout à fait le type monténégrin: le nez en bec d'aigle, à arête très fine, aux narines relevées, comme celles d'un cheval arabe; grande moustache noire, et des yeux profonds et vifs cachés sous d'épais sourcils. Le chef de gare de Vrpolje m'en fait un grand éloge. «Ils sont très honnêtes, dit-il, tant qu'ils n'ont pas eu trop de relations avec les étrangers; ils sont religieux et bien élevés, on ne les entend jamais jurer comme les gens de par ici. Ils ne boivent point de vins et de liqueurs, comme les Turcs modernes de Stamboul. On peut se fier à leur parole; elle vaut plus qu'une signature de chez nous, mais ils vont se gâter rapidement. Ils commencent à s'enivrer, à se livrer à la débauche, à s'endetter. Avec les besoins d'argent s'introduira la mauvaise foi. Les spéculateurs européens ne manqueront pas de leur en donner l'exemple, et ils ne connaîtront pas ce contrôle de l'opinion qui retient parfois ceux-ci.»

De Vrpolje à Brod, le chemin de fer traverse un très beau pays, mais peu cultivé et presque sans habitants. On est ici dans un pays de frontière naguère encore exposé aux razzias des Turcs de l'autre rive de la Save. Le paysage est très vert; on ne voit que pelouses entrecoupées de pièces d'eau et de massifs de grands chênes, comme dans un parc anglais. Quel splendide domaine on pourrait se tailler ici et relativement sans grands frais, car la terre n'a pas beaucoup de valeur! Les chevaux et le bétail, errants dans ces interminables prairies, sont plus petits et plus maigres qu'en Hongrie, Le pays est pauvre, et cependant il devrait être riche. La fertilité du sol se révèle par la hauteur du fût des arbres et l'aspect plantureux de leur frondaison.

Le chemin qui réunit la gare à la ville de Brod est si mal entretenu, que l'omnibus marche au pas, crainte de casser ses ressorts. Avis à l'administration communale. L'hôtel *Gelbes Haus* est un vaste bâtiment à prétentions architecturales, avec de grands escaliers, de bonnes chambres bien aérées, et une immense salle au rez-de-chaussée, où l'on ne dîne pas mal du tout et à l'autrichienne. Il y a deux Brod en face l'une de l'autre, des deux côtés de la Save: le Brod-Slavon, forteresse importante, comme base d'opération des armées autrichiennes qui ont occupé les nouvelles provinces, et Bosna-Brod, le Brod bosniaque, qui appartenait à la Turquie.

Le Brod slavonien est une petite ville régulière, avec des rues droites, bordées de maisons blanches, sans aucun caractère distinctif. Bosna-Brod, au contraire, est une véritable bourgade turque. Nulle part, je n'ai vu le contraste entre l'Occident et l'Orient aussi frappant. Deux civilisations, deux religions, deux façons de vivre et de penser complètement différentes sont ici en présence, séparées par une rivière. Il est vrai que pendant quatre siècles cette rivière a séparé en réalité l'Europe de l'Asie. Mais le caractère musulman disparaîtra rapidement sous l'influence de l'Autriche. Un grand pont de fer à trois arches franchit la Save et met Sarajewo en communication directe avec Vienne et ainsi avec l'Occident. En vingt heures, on arrive de Vienne à Brod, et le lendemain soir on est au cœur de la Bosnie, dans un autre monde.

Au moment où je traverse le pont, le soleil couchant teint en rouge les remous des eaux jaunâtres. La Save est large comme quatre fois la Seine à Paris. L'aspect en est grand et mélancolique. Les rives sont plates; le courant mine librement les berges d'argile. La végétation manque: sauf quelques hauts peupliers et sur les bords du fleuve un groupe de saules dont les racines ont été mises à nu par les glaces et qu'une crue prochaine emportera vers la mer Noire. Dans une petite anse, sur l'eau qui tourne en rond, flotte la charogne d'un buffle au ventre ballonné, que les corbeaux dépècent et se disputent. Des deux côtés, s'étendent de vastes plaines vertes, inondées à la fonte des neiges. A droite, on aperçoit vers le couchant le profil bleuâtre des montagnes de la Croatie, à gauche, les sommets plus élevés qui dominent Banjaluka. Sur le fleuve, qui forme une admirable artère commerciale, nulle apparence de navigation, nul bruit, sauf le coassement d'innombrables légions de grenouilles, qui entonnent en chœur leur chant du soir.

Bosna-Brod est formé d'une seule grande rue, le long de laquelle les maisons sont bâties sur des pilotis ou sur des levées pour échapper aux inondations de la Save. Voici d'abord la mosquée au milieu de quelques peupliers. Elle est toute en bois. Le minaret est peint de couleurs vives: rouge, jaune, vert. Le muezzin est monté dans la petite galerie; il adresse à Dieu le dernier hommage de la journée. Il appelle à la prière de l'*Aksham* ou du crépuscule. Sa voix, d'un timbre aigu, porte jusque dans les campagnes voisines. Ses paroles sont belles; même en me rappelant l'ode de Schiller, *die Glocke*, je la préfère aux sons uniformes des cloches: «Dieu est élevé et tout-puissant. Il n'y a pas d'autre Dieu que lui et point d'autre prophète que Mahomet. Rassemblez-vous dans le royaume de Dieu, dans le lieu de la justice. Venez dans la demeure de la félicité.»

Les cafés turcs ont portes et fenêtres ouvertes; pas un meuble, sauf tout autour des bancs en bois où sont assis les Bosniaques musulmans, les jambes croisées, fumant la pipe. Dans une niche de la cheminée, sur des braises allumées, se prépare successivement, une à une, chaque tasse de café, à mesure que les consommateurs en demandent. Le cafidji met dans une très petite cafetière en cuivre une mesure de café moulu, une autre de sucre; il ajoute de l'eau, place le récipient sur les braises pendant une minute à peine et verse le café chaud avec le marc dans une tasse semblable à un coquetier. Dans toute la péninsule balkanique, le voyageur indigène emporte à sa ceinture un petit moulin à café très ingénieusement construit, en forme de tube. Deux choses me frappent ici: d'abord, la puissance de transformation du mahométisme, qui a fait de ces Slaves, aux bords de la Save, n'ayant d'autre langue que le croate, des Turcs ou plutôt des musulmans complètement semblables à ceux qu'on voit à Constantinople, au Caire, à Tanger et aux Indes; ensuite, l'extrême simplicité des moyens qui procurent aux fils de l'islam tant d'heures de félicité. Tout ce que contient ce café, en fait de mobilier et d'ustensiles, ne vaut pas vingt francs. Le client, qui apporte son tapis, dépensera pendant sa soirée trente centimes de tabac et de café, et il aura été heureux. Les salles magnifiques avec peintures, dorures, tentures partout, qu'on construira plus tard ici, offriront-elles plus de satisfaction à leurs clients riches et affairés? En voyant pratiquer ici, d'une façon si pittoresque et si consciencieuse, la tempérance commandée par le Koran, je songe d'abord à ces palais de l'alcoolisme, à ces *Gin palaces* de Londres, où l'ouvrier et l'*outcast* viennent chercher l'abrutissement, au milieu des glaces énormes et des cuivres polis, reluisant sous les mille feux du gaz et de l'électricité; je pense ensuite à cette vie de l'*upper ten thousands*, si compliquée et rendue si coûteuse par toutes les richesses de la toilette et de la table que vient de décrire si bien lady John Manners, et je me demande si c'est aux raffinements du luxe qu'il faut mesurer le degré de civilisation des peuples. M. Renan parlant, je crois, de Jean le Baptiste, a écrit à ce sujet une belle page. Le précurseur vivant au désert de sauterelles, à peine vêtu d'une étoffe grossière de poils de chameau, annonçant la venue du royaume et le triomphe prochain de la justice, ne nous présente-t-il pas le modèle le plus élevé de la vie humaine? Certes, il est un excès de dénûment qui dégrade et animalise, mais cela est moins vrai en Orient que dans nos rudes climats et surtout dans nos grandes agglomérations d'êtres humains.

Je trouve déjà, à Bosna-Brod, la boutique et la maison turques, telles qu'on les rencontre dans toute la Péninsule. La boutique est une échoppe entièrement ouverte le jour; elle se ferme la nuit, au moyen de deux grands volets horizontaux. Celui d'en haut, relevé, sert d'auvent; celui d'en bas retombe et devient le comptoir où sont étalées les marchandises et où se tient assis le marchand, les jambes croisées. Les maisons turques ici sont ordinairement carrées, couvertes de planchettes de chêne. Un rez-de-chaussée bas sert de commun, de magasin ou même parfois d'étable. Le cadre et les cloisons de la construction sont toujours en solives; les parois sont en planches ou, dans les demeures pauvres, en torchis. Le premier étage débordant le soubassement, le surplomb est soutenu par des corbeaux en bois, ce qui produit des effets de saillies et de lumières très pittoresques. Seulement, il ne faut pas oublier qu'en Bosnie les musulmans forment la classe aisée; ils sont marchands, boutiquiers, artisans, propriétaires, très rarement simples cultivateurs ou ouvriers. L'habitation est divisée en deux parties ayant chacune son entrée distincte: d'un côté, le harem, pour les femmes; de l'autre, le selamlik, pour les hommes. Quoique le musulman bosniaque n'ait qu'une femme, il tient aux usages mahométans bien plus que les vrais Turcs. Les fenêtres, du côté des femmes, sont garnies d'un grillage en bois ou en papier découpé. J'aperçois un numéro de la *Neue freie Presse* transformé en *muchebak* ou moucharabie. Du côté des hommes, s'étend un balcon-véranda, où le maître de la maison est assis, fumant sa pipe.

La rue se remplit des types les plus divers. Des pâtres à peine vêtus d'une grosse étoffe blanche en lambeau, avec un chiffon autour de la tête en forme de turban, ramènent du pâturage des troupeaux de buffles et de chèvres, qui soulèvent une poussière épaisse, dorée par le soleil couchant. Ces pauvres gens représentent le raya, la race opprimée et rançonnée; ce sont des chrétiens. Quelques femmes, la figure cachée sous le yaschmak et tout le corps sous ce domino qu'on appelle feredje, marchent comme des oies, et semblables à des ballots mouvants rentrent chez elles. Des enfants, filles et garçons, avec de larges pantalons roses ou verts et de petites calottes rouges, jouent dans le sable; ils ont le teint clair et de beaux yeux noirs très ouverts. Des marchands juifs s'avancent lentement, enveloppés d'un grand cafetan garni de fourrure,—en juin; avec leur longue barbe en pointe, leur nez d'Arabe et leur grand turban, ils sont admirables de dignité et de noblesse. Bida devrait être ici. Ce sont les patriarches de la terre de Canaan. Des maçons italiens, à la culotte de velours de coton jaune et toute maculée de mortier, la veste jetée sur l'épaule droite, quittent l'ouvrage en chantant. C'est le travail européen qui arrive: des maisons occidentales s'élèvent. Un grand café à la viennoise se construit à côté des petites auberges en planches en face de la gare. Déjà dans une cantine, où l'on vend du *Pilsener bier*, dite bière de Pilsen, on joue au billard. Ceci est l'avenir: activité dans la production, imprévoyance ou insanité dans la consommation. Enfin, passent fièrement à cheval ou en voiture découverte des officiers élégants et d'une tenue ravissante: c'est l'occupation et l'Autriche.

En repassant le pont de la Save, je me rappelle que c'est d'ici que partit le prince Eugène pour sa mémorable expédition de 1697. Il n'avait que cinq régiments de cavalerie et 2,500 fantassins. Suivant la route qui longe la Bosna, il s'empara rapidement de toutes les places d'Oboj, Maglay, Zeptche, même du château fort de Vranduk, et il parut devant la capitale Sarajewo. Il espérait que tous les chrétiens se lèveraient à son appel. Hélas! écrasés par une trop longue et trop cruelle oppression, ils n'osèrent pas remuer. Le pacha Delta-ban-Mustapha se défendit avec énergie. Eugène manquait d'artillerie de siège. C'était le 11 septembre, l'hiver approchait. Le hardi capitaine dut battre en retraite, mais il regagna Brod, presque sans perte. L'expédition avait duré vingt jours en tout. Le résultat matériel fut nul; mais l'effet moral très grand partout. Il révéla la faiblesse de cette formidable puissance qui, la veille encore, assiégeait Vienne et faisait trembler toute l'Europe. L'heure de la décadence avait sonné. Cependant, récemment encore, les begs musulmans de la Bosnie traversaient la Save et venaient faire des razzias en Croatie. Le long de la rive autrichienne s'élèvent sur quatre hauts pilotis, afin de les mettre à l'abri des inondations et d'étendre le rayon d'observation, des maisons de garde où les régiments-frontières devaient entretenir des vedettes. Ce n'était pas une précaution inutile. De 1831 à 1835, le général autrichien Waldstättten lutta contre les begs bosniaques et il fut amené ainsi à bombarder et à brûler Vakuf, Avale, Terzac et Gross-Kladuseh, sur le territoire ottoman, le tout sans protestation de la Porte. Même en 1839, Jellatchitch eut à repousser les incursions des begs, qui traversaient la Save, brûlant les maisons, égorgeant les hommes, emmenant les troupeaux et les femmes. Ces razzias, dans les quinze dernières années où elles ont eu lieu, occasionnèrent pour près de 40 millions de francs de dommage aux districts croates limitrophes. C'est hier encore et en pleine Europe que se passaient ces scènes de barbarie que la France n'a pu tolérer à Tunis, ni la Russie dans les khanats de l'Asie centrale.

Avant de m'engager en Bosnie, je veux connaître son histoire. Je m'arrête quelques jours à Brod, pour étudier les documents et les livres qu'on a bien voulu me donner et parmi lesquels les suivants m'ont été particulièrement utiles: G. Thœmmel, *Das Vilayet Bosnien*; Roskiewitz, *Studien über Bosnien und Herzegovina*; von Schweiger-Lerchenfeldt, *Bosnien*, et enfin un ouvrage excellent: Adolf Strausz, *Bosnien, Land und Leute*. Voici un résumé succinct de ces lectures, qui paraît indispensable pour comprendre la situation actuelle et les difficultés que rencontre l'Autriche.

Sur notre infortunée planète, aucun pays n'a été plus souvent ravagé, aucune terre aussi fréquemment, abreuvée du sang de ses populations. A l'aube des temps historiques, la Bosnie fait partie de l'Illyrie. Elle est peuplée déjà, affirme-t-on, par des tribus slaves. Rome se soumet toute cette région jusqu'au Danube et l'annexe à la Dalmatie. Deux provinces sont formées: la *Dalmatia maritima* et la *Dalmatia interna* ou *Illyris barbara*. L'ordre règne, et comme l'intérieur est réuni à la côte, tout le pays fleurit. Sur le littoral se développent des ports importants, Zara, Scardona, Salona, Narona, Makarska, Cattaro, et à l'intérieur des colonies, des postes militaires et entre autres un grand emporium, Dalminium, dont il ne reste plus trace. Peu de restes de la civilisation romaine ont échappé aux dévastations successives: des bains à Banjaluka, des bains et les ruines d'un temple à Novi-bazar, un pont à Mostar, un autre pont près de Sarajewo et quelques inscriptions.

A la chute de l'empire, arrivent les Goths, puis les Avares, qui, pendant deux siècles, brûlent et massacrent, et font du pays un désert. Sous l'empereur Héraclius, les Avares assiègent Constantinople. Il les repousse, et, pour les dompter définitivement, il appelle des tribus slaves habitant la Pannonie au delà du Danube. En 630, les Croates viennent occuper la Croatie actuelle, la Slavonie et le nord de la Bosnie, et en 640, les Serbes, de même sang et de même langue, exterminent les Avares et peuplent la Serbie, la Bosnie méridionale, le Montenegro et la Dalmatie. De cette époque date la situation ethnique de cette région, qui existe encore aujourd'hui.

Au début, la suzeraineté de Byzance est reconnue. Mais la conversion de ces tribus, identiquement de même race, à deux rites différents du christianisme, crée un antagonisme religieux qui dure encore. Les Croates sont convertis d'abord par des missionnaires venus de Rome; ils adoptent ainsi les lettres et le rite latins. Au contraire, les Serbes, et, par conséquent, une partie des habitants de la Bosnie, sont amenés au christianisme par Cyrille et Méthode, qui, partis de Thessalonique, leur apportent les caractères et les rites de l'Église orientale. Vers 860, Cyrille traduit la Bible en slave, en créant l'alphabet qui porte son nom et qui est encore en usage. C'est donc à lui que remontent les origines de la littérature jougo-slave écrite.

En 874, Budimir, premier roi chrétien de Bosnie, de Croatie et de Dalmatie, réunit, sur la plaine de Dalminium, une diète où il s'efforce de créer une organisation régulière. C'est vers ce temps qu'apparaît, pour la première fois, le nom de Bosnie. Il vient, dit-on, d'une tribu slave originaire de la Thrace. En 905, nous voyons Brisimir, roi de Serbie, y annexer la Croatie et la Bosnie; mais cette réunion n'est pas durable. Après l'an 1,000, la suzeraineté de Byzance cesse dans ces régions. Elle est acquise par Ladislas, roi de Hongrie, vers 1091. En 1103, le roi de Hongrie, Coloman, ajoute à ses titres celui de *Rex Ramæ* (Herzégovine), puis de *Rex Bosniæ*. Depuis lors, la Bosnie a toujours été une dépendance de la couronne de Saint-Étienne. Ainsi, le dixième ban de Bosnie, dont le long règne de trente-six ans (1168-1204) fut si glorieux, qui, le premier ici, fit battre monnaie à son effigie, qui assura à son pays une prospérité inconnue depuis l'époque romaine, le fameux Kulin, s'appelle *Fiduciarius Regni Hungariæ*.

Vers ce temps, arrivent en Bosnie des albigeois qui convertissent à leurs doctrines une grande partie de la population appelée Catare, en allemand *Patavener*, ils reçurent et acceptèrent en Bosnie le nom de bogomiles, qui signifie «aimant Dieu». Rien de plus tragique que l'histoire de cette hérésie. Elle naît en Syrie, au VIIe siècle. Ses adeptes sont nommés pauliciens, parce qu'ils invoquent la doctrine de Paul, et ils empruntent en même temps au manicthéisme le dualisme des deux principes éternels, le bien et le mal. Mais ce qui fait leur succès, ce sont leurs théories sociales. Ils prêchent les doctrines des apôtres, l'égalité, la charité, l'austérité de la vie, et ils s'élèvent avec la plus grande violence contre la richesse et la corruption du clergé. Ce sont les socialistes chrétiens de l'époque. Les empereurs de Byzance les massacrent par centaines de mille, surtout après qu'ils ont forcé Basile le Macédonien à leur accorder la paix et la tolérance. Chassés et dispersés, ils transportent leurs croyances, d'une part, chez les Bulgares, d'un autre côté, dans le midi de la France. Les Vaudois actuels, les hussites, et, par conséquent, la Réforme viennent certainement d'eux. Ils sont devenus en Bosnie un des facteurs principaux de l'histoire et de la situation actuelle de ce pays. Le grand ban Kulin se fit bogomile. Ses successeurs et ses magnats bosniaques soutinrent constamment cette hérésie, parce qu'ils espéraient ainsi créer une Église nationale et s'affranchir de l'influence de Rome et de la Hongrie. Les rois de Hongrie, obéissant à la voix du pape, s'efforcèrent sans relâche de l'extirper, et les guerres d'extermination qu'ils entreprirent fréquemment firent détester les madgyars au delà de la Save.

Vers 1230, apparaissent sur la scène les franciscains, qui ont aussi joué un rôle très important en politique et en religion. C'est à eux que le catholicisme doit d'avoir survécu jusqu'à nos jours, en face des orthodoxes, d'une part, et des bogomiles devenus musulmans, d'autre part. En 1238, première grande croisade organisée par le roi de Hongrie, Bela IV, à la voix de Grégoire VII. Tout le pays est dévasté, et les bogomiles massacrés en masse; mais un grand nombre échappent dans les forêts et dans les montagnes. En 1245, l'évêque hongrois de Kalocsa conduit lui-même en Bosnie une seconde croisade. En 1280, troisième croisade entreprise par le roi de Hongrie Ladislas IV, afin de regagner la faveur du pape. Les bogomiles, ayant à leur tête le ban détrôné Ninoslav et beaucoup de magnats, se défendent avec une bravoure désespérée. Ils sont vaincus et un très grand nombre égorgés; mais la nature du pays ne permet pas une extermination complète, comme celle qui en avait fini définitivement avec les albigeois.

Paul de Brebir, *banus Croatorum et Bosniæ dominus*, ajoute définitivement l'Herzégovine à la Bosnie vers l'an 1300.

Sous le ban Stephan IV, l'empereur des Serbes, le grand Douchan, occupa la Bosnie; mais elle reconquit bientôt son indépendance (1355), et, sous Stephan Tvartko, qui prend le titre de roi, le pays jouit, une dernière fois, d'une période de paix et de prospérité. On peut s'en faire une idée par les splendeurs du couronnement de Tvartko au couvent grec de Milosevo, près de Priepolje, au milieu d'une nombreuse réunion de prélats des deux rites et des magnats bosniaques et dalmates. Il prend le titre de roi de Serbie, parce qu'il en a conquis une partie, et il annexe aussi la Rascie, c'est-à-dire le Sandjak actuel de Novi-Bazar, qui est resté depuis lors réuni à la Bosnie. Il fonde la capitale actuelle, Sarajewo. Il introduit le code de lois de Douchan, fait régner l'ordre et la justice. Malgré les instances des papes, des missionnaires et du roi de Hongrie, Louis le Grand, il se refuse à persécuter les bogomiles. Les trois confessions jouissent d'une égale tolérance; mais déjà, avant sa mort, les Turcs apparaissent aux frontières. A la mémorable et décisive bataille de Kossovo, qui leur livre la Serbie, 30,000 Bosniaques prennent part et parviennent, en se retirant, à arrêter le vainqueur. Sous le second roi Tvartko II, qui est bogomile, la Bosnie jouit de quelques années de paix (1326-1443). Succède un sanglant intermède de guerre civile. Son successeur Stephan Thomas, pour obtenir l'appui du pape et de la Hongrie, abjure la foi bogomile et entreprend d'extirper complètement les hérétiques. Ce fut une persécution atroce. Partout des égorgements en masse et des villes livrées aux flammes. La diète de Konjitcha, en 1446, adopte des édits dictés par le grand inquisiteur Zarai, si sévères que 40,000 bogomiles quittent le pays. C'est la révocation de l'édit de Nantes de la Bosnie. Ces mesures cruelles soulèvent une insurrection formidable, à la tête de laquelle se mettent un grand nombre de magnats et même d'ecclésiastiques. Le roi Thomas est soutenu par les Hongrois. Une effroyable guerre civile dévaste le pays, dont elle prépare l'asservissement. Le fils de Thomas égorge son père et sa veuve, et appelle les Turcs. Mahomet II, qui venait de prendre Constantinople (1453), s'avance avec une armée formidable de 150,000 hommes, à laquelle rien ne résiste. Le pays est dévasté: 30,000 jeunes gens sont circoncis et enrôlés parmi les janissaires; 200,000 prisonniers sont emmenés en esclavage. Les villes qui résistent sont brûlées; les églises converties en mosquées et la terre confisquée au profit des conquérants (1463). Au milieu de ces horreurs se produit un fait extraordinaire. Le prieur du couvent des franciscains de Fojnitcha, Angèle Zwisdovitch, se présente au farouche sultan dans son camp de Milodras, et obtient un «atname» qui accorde à son ordre protection et sécurité complète pour les personnes et pour les biens.

De 1463 jusqu'à la conquête définitive en 1527, s'écoule une période de luttes terribles. Quelques places fortes, et entre autres celle de Jaitche, avaient résisté. Les Hongrois et les bandes croates parvinrent souvent à vaincre les bandes turques, surtout quand elles étaient guidées par ces héros légendaires Mathias et Jean Corvin. Mais les Turcs avançaient systématiquement. Quand ils voulaient prendre une place forte, ils dévastaient le pays, l'hiver, brûlaient tout et chassaient et emmenaient les habitants en esclavage, et, l'été, ils commençaient le siège. Faute de subsistances au milieu d'un district devenu absolument désert, la place était forcée de se rendre. Quand la bataille de Mohacz (29 août 1526) eut livré la Hongrie aux Ottomans, le dernier rempart de la Bosnie, dont la défense donne lieu à des actes de bravoure légendaire, Jaitche tombe à son tour en 1527. Un fait inouï facilita la conquête musulmane. La plupart des magnats, pour conserver leurs biens, et presque tous les bogomiles, exaspérés par les cruelles persécutions dont ils avaient été l'objet, se convertirent à l'islamisme. Ils devinrent dès lors les adeptes les plus ardents du mahométisme, tout en conservant la langue et les noms de leurs ancêtres. Ils combattirent partout au premier rang dans les batailles qui assurèrent la Hongrie aux Turcs. De temps en temps, leurs bandes passaient la Save et allaient ravager l'Istrie, la Carniole et menacer les terres de Venise. Après la mémorable défaite des Turcs devant Vienne, leur puissance est brisée. En 1689 et 1697, les troupes croates envahissent la Bosnie. Le traité de Carlovitz de 1689 et celui de Passarovitz de 1718 rejetèrent définitivement les Turcs au delà du Danube et de la Save.

Pour bien faire comprendre les résistances que l'Autriche peut rencontrer de la part des Bosniaques musulmans, il faut rappeler que ceux-ci se sont soulevés, les armes à la main, contre toutes les réformes que l'Europe arrachait à la Porte au nom des principes modernes. Après la destruction des janissaires et les réformes de Mahamoud, ils s'insurgent et chassent le gouverneur. Le capétan de Gradachatch, Hussein, se met à la tête des begs révoltés, qui, unis aux Albanais, s'emparent des villes de Prisren, Ipek, Sophia et Nich, pillent la Bulgarie et veulent détrôner le sultan vendu aux giaours. L'insurrection n'est vaincue en Bosnie qu'en 1831. En 1836, 1837 et 1839, nouveaux soulèvements. Le hattischerif de Gulhané, qui proclamait l'égalité entre musulmans et chrétiens, provoqua une insurrection plus formidable que les précédentes. Omer-Pacha, après l'avoir comprimée, brisa définitivement la puissance des begs, en leur enlevant tous leurs privilèges. Ce qui montre combien les temps sont changés, c'est que les troubles de 1874, qui ont amené la situation actuelle et l'occupation de l'Autriche, provenaient non pas des begs, mais des rayas, qui jusqu'alors s'étaient laissé rançonner et maltraiter sans résistance, tant ils étaient brisés et matés. De ce court résumé du passé de la Bosnie, on peut tirer quelques conclusions utiles.

Premièrement, l'histoire, la race et les nécessités géographiques commandent la réunion de la Dalmatie et de la Bosnie. Cet infortuné pays a connu trois périodes de prospérité, d'abord sous les Romains, puis sous le grand ban Kulin et enfin sous le roi Tvartko. Le commerce et la civilisation pénétraient à l'intérieur par le littoral dalmate. Seconde conclusion: l'intolérance et les persécutions religieuses ont perdu le pays et provoqué la haine du nom hongrois. Il faut donc à l'avenir traiter les trois confessions sur le pied d'une complète égalité. Troisième conclusion: les musulmans forment un élément d'opposition et de réaction dangereuse et difficilement assimilable. Il faut donc les ménager, mais diminuer leur puissance, autant que possible, et surtout ne pas les retenir quand ils veulent quitter le pays.

Le bonheur de la Serbie, de la Bulgarie et de la Roumélie est que les musulmans, étant Turcs, sont partis ou s'en vont. Ici, étant Slaves, ils restent pour la plupart. De là de grandes difficultés de plus d'une sorte.

Pour me rendre de Brod à Sarajewo, je n'ai pas à refaire le voyage accidenté décrit par les voyageurs précédents. Le chemin de fer, achevé maintenant, je pars à six heures du matin et j'arrive, vers onze heures, de la façon la plus agréable. Comme la voie est très étroite, le train marche lentement et s'arrête longtemps à toutes les gares. Mais le pays est très beau et ses habitants d'une couleur locale très accentuée. Je ne me plains donc nullement de ne pas rouler en express. Il me semble voyager en voiturin, comme autrefois en Italie. J'observe tant que je peux, j'interroge de même mes compagnons de wagon et je prends des notes. Précisément, j'ai à côté de moi un *Finanz-Rath*, un conseiller des finances, c'est-à-dire un employé supérieur du fisc, qui revient d'un tour d'inspection. Il connaît, à merveille l'agriculture du pays, son régime agraire et ses conditions économiques. Je l'avais pris d'abord pour un officier de cavalerie en petite tenue. Il porte la casquette militaire, un veston court, brun clair, avec des étoiles au collet indiquant le grade, des poches nombreuses par devant, un pantalon collant et des bottes hongroises, plus un grand sabre. Les magistrats, les chefs de district, les gardes forestiers, les gardes du train et de la police, tous les fonctionnaires ont cet uniforme, identique de coupe, mais différent de couleur d'après la branche de l'administration à laquelle ils appartiennent; excellent costume, commode pour voyager, et qui inspire le respect aux populations de ce pays à peine pacifié.

Au départ, la voie suit la Save à quelque distance. Elle traverse de grandes plaines abandonnées, quoique très fertiles, à en juger par la hauteur de l'herbe et la pousse vigoureuse des arbres. Mais c'est la Marche, où se livraient naguère encore les combats de frontières. Nous remontons un petit affluent de la Save, l'Ukrina, jusqu'à Dervent, gros village où, non loin de la mosquée en bois, avec son minaret aigu recouvert de zinc brillant au soleil, s'élève une chapelle du rite oriental, aussi toute en bois, avec un petit campanile séparé protégeant la cloche. A partir d'ici, la voie fait de grands lacets pour franchir la crête de partage qui nous sépare du bassin de la Bosna. Il faudra un jour continuer la ligne de Sarajewo sans quitter la Bosna jusqu'à Samac, où déjà aboutit un embranchement allant à Vrpolje et qui devrait être prolongé en ligne droite sur Essek par Djakovo.

Par-ci par-là, on voit des chaumières faites en clayonnage sur un soubassement de pierres sèches et couvertes de planchettes de bois; c'est là qu'habitent les tenanciers, les *kmets*. Les propriétaires musulmans vivent groupés dans les villes et dans les bourgs ou dans leurs environs. Deux constructions en torchis s'élèvent à côté de l'habitation du colon. L'une est une étable très petite, car presque tous les animaux de la ferme restent en plein air; l'autre est le gerbier pour le maïs. Chaque ferme a son verger aux pruniers d'un demi-hectare environ. C'est ce qui, avec la volaille, procure un peu d'argent comptant. Ces prunes bleues, très belles et très abondantes, forment, séchées, un article important de l'exportation. On en fait aussi de l'eau-de-vie, la *slivovitza*. Les champs emblavés sont défendus par des haies de branches mortes, ce qui révèle l'habitude de laisser vaguer les troupeaux. Tout indique le défaut de soin et l'extrême misère. Les rares fenêtres des habitations, deux ou trois, sont très petites et n'ont pas de vitres. Des volets les ferment, de sorte qu'il faut choisir entre deux maux: ou le froid ou l'obscurité. Pas de cheminée, la fumée s'échappe par les joints des planches du toit. Rien n'est entretenu. Les alentours de l'habitation sont à l'état de nature. En fait de légumes, quelques touffes d'ail, mais quelques fleurs, car les femmes aiment à s'en mettre dans les cheveux. Cependant la nature du sol se prêterait parfaitement à la culture maraîchère, car à Vélika, j'ai vu un charmant jardinet arrangé par le chef de gare où, entre des bordures de plantes d'agrément, croissaient à souhait des pois, des carottes, des oignons, des salades, des radis. Chaque famille pourrait ainsi, avec un sol si fertile, avoir son petit potager. Mais comment le raya aurait-il songé à cela, quand son avoir et sa vie même étaient à la merci de ses maîtres? Je vois ici partout les effets de ce fléau maudit, l'arbitraire, qui a ruiné l'empire turc et frappé comme d'une malédiction les plus beaux pays du monde.

A la gare de Kotorsko, je prends un bouillon avec un petit pain et un verre d'eau-de-vie de prunes pour faire un grog, et je paye 16 kreutzers (40 centimes). On ne peut pas dire qu'on rançonne le voyageur. Ici, la vallée de la Bosna est très belle, mais l'homme a tout fait pour la ravager et rien pour l'embellir ou l'utiliser. Les grands arbres ont été coupés. Des deux côtés de la rivière s'étendent des pâturages vagues, entrecoupés de broussailles et de maquis. Des troupeaux de moutons et de buffles y errent à l'aventure. Quoique la Bosna ait beaucoup d'eau, elle n'est pas navigable, elle s'étale sur des bas-fonds et des rochers formant par endroits des rapides. Il aurait été facile de la canaliser. Vers le sud, trois étages de montagnes bleuâtres se superposent; les sommets plus élevés de la Velyna-Planina et de la Vrana-Planina portent encore de la neige, qui s'enlève vivement sur le ciel bleu. Les campagnes sont très mal cultivées. Quel contraste avec les belles récoltes des environs de Djakovo! Les quatre cinquièmes des champs sont en jachères. On ne voit presque pas de froment: toujours du maïs et un peu d'avoine. Des cultivateurs en retard labourent encore en ce moment—premiers jours de juin—pour semer le maïs. La charrue est lourde et grossière, avec deux manches et un très petit soc en fer. Le fer est épargné partout ici; il est rare et cher. C'est l'opposé de notre Occident. Quatre bœufs maigres ouvrent avec peine le sillon dans une bonne terre de franche argile. Une femme les conduit et les excite d'une voix rauque. Elle porte, comme en Slavonie, la longue chemise de chanvre épais; mais elle a une veste et une ceinture noires, et sur la tête un mouchoir rouge, disposé comme le font les paysannes des environs de Rome. L'homme qui conduit la charrue est vêtu de bure blanche. Son énorme ceinture de cuir peut contenir tout un arsenal d'armes et d'ustensiles, mais il n'a ni yatagan ni pistolet. C'est un raya, et d'ailleurs porter des armes est aujourd'hui défendu à tous. De longs cheveux jaunâtres s'échappent d'un fez rouge, qu'entoure une étoffe blanche roulée en turban. Sous un nez aquilin se dessine une fière moustache. Il représente le type blond, assez fréquent ici.

Voici Doboj. C'est, le type des petites villes de Bosnie. A distance, l'aspect en est très pittoresque. Les maisons blanches des agas, ou propriétaires musulmans, s'étagent sur la colline, parmi les arbres. Une vieille forteresse, qui a soutenu bien des sièges, les domine. Trois ou quatre mosquées, dont une en ruines, chose rare ici, dressent comme une flèche d'arbalète leurs minarets aigus. On arrive à Doboj en traversant la Bosna par un pont, une rareté en ce pays. Une route importante, partant d'ici, mène en Serbie par Tuzla et Zwornik. Des musulmans, sombres et fiers sous leurs turbans rouges, arrivent prendre le train. Ils enlèvent et emportent leurs selles du dos des chevaux des paysans, qu'ils ont loués au prix habituel de 1 florin (2 fr. 10 c.) par jour. Grand émoi: le général d'Appel, gouverneur militaire de la province, arrive avec son état-major, après avoir fait un tour d'inspection dans les provinces de l'Est. On le salue avec le plus profond respect. Il est ici le vice-roi. J'admire la tournure élégante, les charmants uniformes et la distinction des manières des officiers autrichiens.

Le train s'arrête à Maglaj, pour le dîner des voyageurs. Cuisine médiocre; mais il y a de quoi se nourrir, et l'écot est peu élevé: 1 florin, y compris le vin, qui vient de l'Herzégovine. La Bosnie n'en produit pas. Maglaj est plus important que Doboj: les maisons, avec leurs façades et leurs balcons en bois noirci, escaladent une colline assez raide, coupée en deux par une petite vallée profonde et verdoyante: dans les jardins, cerisiers et poiriers magnifiques. Grand nombre de mosquées, dont une avec le dôme typique. La ligne convexe du dôme et la ligne verticale du minaret me paraissent offrir une silhouette admirable d'élégance et de simplicité, surtout si à côté s'élève un bel arbre, un palmier ou un platane. Le profil de nos églises n'est pas aussi beau; c'est à peine si celui du temple grec lui est supérieur.

A la gare de Zeptche, comme à presque toutes les autres, des maçons italiens travaillent. Des Piémontais extrayent des carrières des pierres d'un calcaire très dur et d'une belle nuance jaune dorée; c'est presque du marbre.

La voie traverse un magnifique défilé, que défend le château fort de Vranduk. Il n'y a place que pour la Bosna. Nous la côtoyons, avec des déclivités très raides à notre gauche. Elles sont complètement boisées. J'y remarque, parmi les chênes, les hêtres et les frênes, des noyers qui semblent venus spontanément, ce qui est exceptionnel en Europe. De beaux troncs d'arbres gisent à terre, pourrissant sur place. Bois surabondant, parce que la population et les chemins manquent. La Bosna fait un nœud autour du rocher à pic sur lequel se trouve Vranduk. Les vieilles maisons de bois sont accrochées aux reliefs des escarpements; c'est le site le plus romantique qu'on puisse voir. La route, coupée dans le flanc de la montagne, passe à travers la porte crénelée de la forteresse. On formait la garnison de janissaires en retraite. L'ancien nom slave de ce bourg, Vratnik, signifie «porte». C'était, en effet, la porte de la haute Bosnie et de Sarajewo. Les grenadiers du prince Eugène la prirent d'assaut, et les Turcs, en fuyant, se jetèrent dans la rivière, du haut de ces rochers.

Bientôt nous entrons dans la belle plaine de Zenitcha. Elle est extrêmement fertile et assez bien cultivée. Bourg important, et qui a de l'avenir; car, tout à côté de la gare, on extrait de la houille presque du sous-sol. Ce n'est guère que du lignite, cependant il fait marcher notre locomotive et il pourra donc servir de combustible aux fabriques qui surgiront plus tard. La ville musulmane est à quelque distance. Déjà, le long de la voie, s'élèvent des maisons en pierres et un hôtel. Des dames, en fraîches toilettes d'été, sont venues voir l'arrivée du train. La malle-poste autrichienne arrive de Travnik par une bonne route, nouvellement remise en état. N'étaient quelques begs, qui fument leurs tchibouks, immobiles et sombres à l'aspect des nouveautés et des étrangers, on se croirait en Occident. La transformation se fera vite partout où arrivera le chemin de fer.

Pour atteindre Vioka, on traverse un nouveau défilé, moins étranglé, mais plus étrange que celui de Vranduk. De hautes montagnes enserrent de près la Bosna des deux côtés. Les escarpements de grès qui les composent ont pris, sous l'action de l'érosion, les formes les plus fantastiques. Ici, on dirait des géants debout, comme les fameux rochers de Hanseilig, le long de l'Eger, près de Carlsbad. Plus loin, c'est une tête colossale de dragon ou de lion qui apparaît au milieu des chênes. Ailleurs, ce sont de grandes tables suspendues en équilibre sur un mince support prêt à s'écrouler. Puis, encore, des champignons gigantesques ou des fromages arrondis et superposés. Dans le haut Missouri et dans la Suisse saxonne, on trouve des formations semblables. J'ai rarement vu une gorge aussi belle et aussi pittoresque. *Hoch romantisch*! s'écrient mes compagnons de voyage. Quand nous débouchons dans la haute Bosnie, la nuit est venue, et il est onze heures et demie avant que nous arrivions à Sarajewo. Les fiacres à deux chevaux ne manquent pas, mais ils sont pris d'assaut par les officiers et les nombreux voyageurs. Il y en a tant, que je ne trouve plus place dans le *Grand Hôtel de l'Europe*. C'est à peine si je parviens à obtenir un lit dans une petite auberge, *Austria*, qui est en même temps un café-billard. Le *Grand Hôtel* ne serait pas déplacé sur le Ring à Vienne ou dans la *Radiaal Strasse* de Pesth. Majestueux bâtiment à trois étages, avec une corniche, des cordons, des encadrements de fenêtres d'effet monumental. Au rez-de-chaussée, un café-restaurant fermé de glaces colossales, peintures au plafond, lambris dorés; des billards en ébène, journaux et revues: on se croirait rue de Rivoli, à l'*Hôtel Continental*. Rien de pareil à Constantinople. C'est grâce à l'occupation, qu'on peut maintenant arriver et s'installer de la façon la plus confortable au centre de ce pays, naguère encore si peu abordable.

Le matin, je me lance au hasard. Le soleil de juin chauffe fort, mais l'air est vif, car Sarajewo est à 1,750 pieds au-dessus du niveau de la mer, c'est-à-dire presque à la même altitude que Genève ou Zurich. Je suis la grande rue, qu'on a appelée *Franz-Joseph Strasse*, en l'honneur de l'empereur d'Autriche. Ceci semble bien indiquer déjà une prise de possession définitive. Voici d'abord une grande église avec quatre coupoles surélevées, dans le style de celles de Moscou. Elle est badigeonnée en blanc et bleu clair. L'aspect en est imposant, c'est la cathédrale du culte orthodoxe oriental. La tour qui doit contenir les cloches est inachevée. Le gouverneur turc avait invoqué une ancienne loi musulmane qui défend aux chrétiens d'élever leurs constructions plus haut que les mosquées.

La rue est d'abord garnie de maisons et de boutiques à l'occidentale: libraires, épiciers, photographes, marchandes de modes, coiffeurs; mais bientôt on arrive au quartier musulman. Au centre de la ville, un grand espace est couvert de ruines: c'est la suite de l'incendie de 1878. Mais déjà on bâtit, de tous les côtés, de bonnes maisons en pierres et en briques. Seulement, me dit-on, le terrain est très cher: 70 à 100 francs le mètre. A droite, une fontaine. Le filet d'eau cristallin jaillit d'une grande plaque de marbre blanc, où sont gravés, en demi-relief, des versets du Koran. Une jeune fille musulmane, non encore voilée, à large pantalon jaune; une servante autrichienne, blonde, les bras nus, tablier blanc sur une robe rose, et une tzigane, à peine vêtue d'une chemise entr'ouverte, viennent remplir des vases d'une forme antique. A côté, de vigoureux portefaix, des *hamals*, sont assis, les jambes croisées. Ils sont vêtus comme ceux de Constantinople. Les trois races sont bien accusées: c'est un tableau achevé. Ces fontaines, qu'on rencontre partout dans la Péninsule jusqu'au haut des passages des Balkans, sont une des institutions admirables de l'islam. Elles ont été fondées et elles sont entretenues sur le revenu des biens vakoufs légués à cet effet, afin de permettre aux croyants de faire les ablutions qu'impose le rituel. L'islamisme, comme le christianisme, inspire à ses fidèles cet utile sentiment qu'ils accomplissent un devoir de piété et qu'ils plaisent à Dieu en prélevant sur leurs biens de quoi pourvoir à un objet d'utilité générale.

J'arrive à la Tchartsia: c'est le quartier marchand. Je n'ai rien vu, pas même au Caire, d'un aspect plus complètement oriental. Sur une longue place, où s'élèvent une fontaine et un café turc, débouchent tout un réseau de petites rues avec des échoppes complètement ouvertes, où s'exercent les différents métiers. Chaque métier occupe une ruelle. L'artisan est en même temps marchand, et il travaille à la vue du public. Les batteurs de cuivre sont les plus intéressants et les plus nombreux. En Bosnie, chrétiens et musulmans veulent des vases en cuivre, parce qu'ils ne se cassent pas. Ce sont seulement les plus pauvres qui se servent de poterie. Quelques objets ont un cachet artistique; ainsi, les vastes plateaux, à dessins gravés, sur lesquels on apporte le dîner à la turque et qui servent aussi de table pour huit ou dix personnes; les cafetières à forme arabe; les vases de toute grandeur, unis et ouvragés, d'un contour très pur, certainement empruntés à la Grèce; des tasses, des cruches, des moulins à café en forme de tubes.

La ruelle des cordonniers est aussi très intéressante. On y trouve d'abord toute la collection habituelle des chaussures orientales: bottes basses en cuir jaune, en cuir rouge, pantoufles de dames en velours brodé d'or, mais surtout une infinie variété d'opankas, la chaussure nationale des Jougo-Slaves. Il y en a de toutes petites pour enfants, qui sont ravissantes. Les savetiers travaillent accroupis dans des niches basses, au-dessous de l'étalage. Les mégissiers offrent des courroies, des brides, et principalement des ceintures très larges, à plusieurs étages: les unes, tout unies, pour les rayas; d'autres, richement brodées et piquées en soie, de couleurs vives, pour les begs. C'est encore une des particularités du costume national.

Les potiers n'ont que des produits très grossiers, mais souvent la forme est belle et le décor d'un effet, extrêmement original. Ils font beaucoup de têtes de tchibouks en terre rouge. Les pelletiers sont bien achalandés. Comme l'hiver est long et froid, jusqu'à 15 et 16 degrés sous zéro, les Bosniaques ont tous des cafetans ou des vestes doublés et garnis de fourrure. Les paysans n'ont que de la peau de mouton, qu'ils préparent eux-mêmes. On abat dans les forêts de la province 50 à 60,000 animaux à fourrure; mais, chose étrange, il faut envoyer les peaux en Allemagne pour les préparer.

Les orfèvres ne font que des bijoux grossiers; les musulmanes riches préfèrent ceux qui viennent de l'étranger, et les femmes des rayas portent des monnaies enfilées,—quand elles osent et qu'il leur en reste. Je remarque cependant de jolis objets en filigranes d'argent: coquetiers pour soutenir les petites tasses à café, boucles, bracelets, boutons. Les forgerons font des fers à cheval, qui sont tout simplement un disque avec un trou au milieu. Les serruriers sont peu habiles, mais ils confectionnent cependant des pommeaux et des battants de porte, fixés sur une rosace, d'un dessin arabe très élégant. Depuis que le port des armes est défendu, on n'expose plus en vente ni fusils, ni pistolets, ni yatagans; je vois seulement des couteaux et des ciseaux niellés et damasquinés avec goût. Pas de marchands de meubles; il n'en faut pas dans la maison turque, où il n'y a ni table, ni chaise, ni lavabo, ni lit. Le divan, avec ses coussins et ses tapis, tient lieu de tout cela.

Les métiers exercés dans la Tchartsia sont le monopole des musulmans. Chacun d'eux forme une corporation avec ses règlements, qu'on vient de confirmer récemment. L'état social est exactement le même ici qu'au moyen âge en Occident. A la campagne règne le régime féodal et dans les villes celui des corporations. Toutes les villes importantes de la Bosnie ont leur Tchartsia. En les visitant, on voit à l'œuvre toutes les industries du pays qui ne s'exercent pas à l'intérieur des familles. Celles-ci sont les plus importantes. Elles comprennent la fabrication de toutes les étoffes: la toile de lin et de chanvre, les divers tissus de laine pour vêtements. On fabrique aussi beaucoup de tapis, à couleurs très solides, que les femmes extrayent elles-mêmes des plantes tinctoriales du pays. Les dessins en sont simples, les tons harmonieux et le tissu inusable, mais on n'en fait guère pour la vente. Le travail conserve ici son caractère primitif: il est accompli pour satisfaire les besoins de celui qui l'exécute, non en vue de l'échange et de la clientèle.

Dans certaines rues de la Tchartsia, des femmes musulmanes sont assises à terre. Le yashmak cache leur visage et leur corps disparaît sous les amples plis du feredje. Elles paraissent très pauvres. Elles ont à côté d'elles des mouchoirs et des serviettes brodés qu'elles désirent vendre. Mais elles ne font pas un geste et ne disent pas un mot pour y réussir. Elles attendent, immobiles, disant le prix quand on le leur demande, mais rien de plus. Agissent-elles ainsi en raison de leurs idées fatalistes, ou parce qu'elles ont le sentiment qu'en s'occupant de vendre, elles font une chose qui n'est guère permise aux femmes parmi les mahométans? Combien aussi la manière de faire du marchand musulman diffère de celle du chrétien et du juif! Le premier n'offre pas et ne se laisse pas marchander: il est digne et ne veut pas surfaire. Les seconds se disputent les clients, offrent à grands cris leurs marchandises et demandent des prix insensés, qu'ils réduisent à la moitié, au tiers, au quart, finissant toujours par rançonner l'acheteur. La broderie des étoffes, des mouchoirs, des serviettes, des chemises est la principale occupation des femmes musulmanes. Elles ne lisent pas, s'occupent peu du ménage et ne font pas d'autre travail de main. Chaque famille met sa vanité à avoir le plus possible de ce linge de prix. Elles confectionnent ainsi des objets brodés de fils d'or et de soie qui sont de vraies œuvres d'art et qu'on conserve de génération en génération.

Comme les négociants de Londres, les musulmans qui ont une échoppe dans la Tchartsia n'y logent pas. Ils ont leur demeure parmi les arbres, sur les collines des environs. Ils viennent ouvrir les deux grands volets de leur boutique-atelier le matin, vers neuf heures; ils la ferment le soir, au soleil couchant, et parfois aussi pendant le jour, pour aller faire leurs prières à la mosquée. Nulle part, les prescriptions de l'islam n'ont d'observateurs plus scrupuleux que parmi ces sectateurs de race slave.

Par déférence mutuelle, la Tchartsia chôme trois jours par semaine: le vendredi, jour férié des musulmans; le samedi, pour le sabbat des juifs, et le dimanche à cause des chrétiens. Aujourd'hui jeudi, la place et les rues avoisinantes sont encombrées de monde. L'aspect de cette foule est plus complètement oriental que je ne l'ai vue même en Égypte, parce que tous, sans distinction de culte, portent le costume turc: le turban rouge, brun ou vert, la veste brune et les larges pantalons de zouave rouge foncé ou bleu. Cela fait un vrai régal de couleurs pour les yeux. On reconnaît la race dominante non à son costume, mais à son allure. Le musulman, aga ou simple marchand, a l'air fier et dominateur. Le chrétien ou le juif a le regard inquiet et la mine humble de quelqu'un qui craint le bâton. Voici un beg fendant la foule sur son petit cheval, qui tient la tête haute, comme son maître. Devant ses serviteurs, qui le précèdent, chacun s'écarte avec respect. C'est le seigneur du moyen âge. Des rayas en haillons viennent vendre des moutons, des oies, des dindons et des truites. On me demande pour un dindon 3 1/2 florins, plus de 8 francs: c'est cher dans un pays primitif. Ici, comme dans tout l'Orient, le mouton fournit presque exclusivement la viande de boucherie. Des Bulgares vendent des légumes, qu'ils viennent cultiver, chaque printemps, dans des terres qu'ils louent. Je vois vendre à la hausse et adjuger un cheval avec son bât pour 15 florins ou 36 francs environ. Il est vrai que c'est une pauvre vieille bête, maigre et blessée. Tous les transports se font à dos de bêtes de somme, même sur les routes nouvellement construites. La charrette est inconnue, sauf dans la Pozavina, ce district du nord-est, borné par la Save et la Serbie, le seul où il y ait des plaines un peu étendues. Sur le marché, les chevaux apportent le bois à brûler. Quand le poulain a été soumis au bât, il ne le quitte plus jusqu'à sa mort, ni à l'écurie, ni au pâturage.

Je traverse le Bezestan: c'est le Bazar. Il ressemble à tous ceux de l'Orient: longue galerie voûtée, avec des niches à droite et à gauche, où les marchands étalent leurs marchandises. Mais toutes viennent d'Autriche, même les étoffes et les pantoufles en velours brodées d'or genre Constantinople.

Près de là, je visite la mosquée d'Usref Beg. C'est la principale de la ville, qui en compte, dit-on, plus de quatre-vingts. Une grande cour la précède. Un mur l'entoure, mais des arcades fermées par un grillage en entrelacs permettent aux passants de voir le lieu saint. Au milieu s'élève une fontaine que couvre de son ombre un arbre immense, dont les branches dessinent des ombres mobiles sur le pavement de marbre blanc. Cette fontaine se compose d'un bassin surélevé, protégé par un treillis forgé, d'où neuf bouches projettent l'eau dans une vasque inférieure. Au-dessus s'arrondit une coupole soutenue par des colonnes entre lesquelles est établi un banc circulaire. Je m'y assieds. Il est près de midi. La fraîcheur est délicieuse; l'eau qui jaillit et retombe fait un doux murmure qu'accompagne le roucoulement des colombes. Des musulmans font leurs ablutions avant d'entrer dans la mosquée. Ils se lavent, avec le soin le plus consciencieux, les pieds, les mains et les bras jusqu'aux coudes, la figure et surtout le nez, les oreilles et le cou. D'autres sont assis à côté de moi, faisant passer entre leurs doigts les baies de leur chapelet et récitant des versets du Koran, en élevant et laissant alternativement tomber la voix et en inclinant la tête de droite à gauche, en mesure. Le sentiment religieux s'empare des vrais croyants de l'islam avec une force sans pareille. Il les transporte dans un monde supérieur. N'importe où ils se trouvent, ils accomplissent les prescriptions du rituel, sans s'inquiéter de ceux qui les environnent. Jamais je n'ai mieux senti la puissance d'élévation du mahométisme.

La mosquée est précédée par une galerie que supportent de belles colonnes antiques, avec des chapiteaux et des bases en bronze. On y dépose les morts avant de les porter en terre. La mosquée est très grande, cette coupole unique, vide, sans autels, sans bas-côtés, sans mobilier aucun, avec ces fidèles à genoux sur les nattes et les tapis, disant leurs prières en baisant de temps en temps la terre, est vraiment le temple du monothéisme, bien plus que l'église catholique, dont les tableaux et les statues rappellent les cultes polythéistes de l'Inde. D'où vient cependant que l'islamisme, qui n'est, au fond, que le mosaïsme, avec d'excellentes prescriptions hygiéniques et morales, ait partout produit la décadence, au point que les pays les plus riches pendant l'antiquité se sont dépeuplés et semblent frappés d'une malédiction, depuis que le mahométisme y règne? J'ai lu bien des dissertations à ce sujet, elles ne me semblent pas avoir complètement élucidé la question. On pourrait étudier ici mieux que partout ailleurs l'influence du Koran, parce que nulle action n'est attribuable, ni à la race ni au climat. Les Bosniaques musulmans sont restés de purs Slaves: ils ne savent ni le turc, ni l'arabe; ils récitent les versets et les prières du rituel qu'ils ont appris par cœur, mais ils ne les comprennent pas plus que les paysans italiens disant l'*Ave Maria* en latin. Ils ont conservé leurs noms slaves avec la terminaison croate en *itch* et même leurs armoiries, qui existent encore au couvent de Kreschova. Les Kapetanovitch, les Tchengitch, les Raykovitch, les Sokslovitch, les Philippevitch, les Tvarkovitch, les Kulinovitch sont fiers du rôle qu'ont joué leurs ancêtres avant la venue des Osmanlis. Ils méprisaient les fonctionnaires de Constantinople, surtout depuis qu'ils portaient le costume européen. Ils les considéraient comme des renégats et des traîtres, pires que des giaours. Le plus pur sang slave coulait dans leurs veines et en même temps ils étaient plus fanatiquement musulmans que le sultan et même que le scheik-ul-islam. Ils ont toujours été en lutte sourde ou déclarée contre la capitale. Il ne peut pas s'agir ici non plus de l'action démoralisante de la polygamie: ils n'ont jamais eu qu'une femme, et la famille a conservé le caractère patriarcal de l'antique zadruga. Le père de famille, le starechina, conserve une autorité absolue et les jeunes sont pleins de respect pour les anciens. Cependant il est certain que, depuis le triomphe du croissant, la Bosnie a perdu la richesse et la population qu'elle possédait au moyen âge, et qu'elle était avant l'occupation le pays le plus pauvre, le plus barbare, le plus inhospitalier de l'Europe. Cela est dû manifestement à l'influence de l'islamisme. Mais comment et pourquoi? Voici les effets fâcheux que je discerne.

Le vrai musulman n'aime ni le progrès, ni les nouveautés, ni l'instruction. Le Koran lui suffit. Il est satisfait de son sort, résigné, donc peu avide d'améliorations, un peu comme un moine catholique; mais en même temps il méprise et hait le raya chrétien, qui est le travailleur. Il le dépouille, le rançonne, le maltraite sans pitié, au point de ruiner complètement et de faire disparaître les familles de ceux qui seuls cultivent le sol. C'était l'état de guerre continué en temps de paix et transformé en un régime de spoliation permanente et homicide.

L'épouse, même quand elle est unique, est toujours un être subalterne, une sorte d'esclave privée de toute culture intellectuelle; comme c'est elle qui forme les enfants, filles et garçons, on en voit les funestes conséquences.

Aux désastreux effets de l'islam, il y a une exception, et elle est éclatante. Dans le midi de l'Espagne, les Arabes ont produit une civilisation merveilleuse: agriculture, industrie, sciences, lettres, arts, mais tout cela venait directement de la Perse et de Zoroastre, non de l'Arabie et de Mahomet. Ce qu'on appelle l'architecture arabe est l'architecture persane. A mesure que l'action de l'islam a remplacé celle du mazdéisme, la Perse et toute l'Asie Mineure ont décliné. Voyez ce que sont devenus aujourd'hui ces édens du monde antique.

Près de la mosquée, se trouve le turbé ou chapelle qui renferme les tombeaux du fondateur Usref-Beg et de sa femme et le médressé ou école supérieure, dans laquelle des jeunes gens étudient le Koran, ce qui leur permettra, en leur qualité de savants, de devenir des softas, des ulémas, des kadis, des imans; chacun d'eux a une petite cellule où il vit et prépare ses repas. Ils sont entretenus par le revenu des vakoufs.

Près de là, je visite le bain principal, non occupé en ce moment. Il est formé d'une série de rotondes surmontées de coupoles, recouvertes extérieurement de feuilles de plomb où sont incrustés de nombreux disques de verre très épais, qui éclairent l'intérieur. Il est assez proprement tenu et il est chauffé par des canaux maçonnés souterrains, comme les hypocaustes romains. Obéissant aux prescriptions hygiéniques de leur rituel, les musulmans ont seuls conservé cette admirable institution des anciens. Les plus petites bourgades de la péninsule balkanique, qui ont des habitants mahométans, ont leur bain public, où les hommes, même les pauvres, vont très souvent, et où les femmes sont tenues de se rendre au moins une fois par semaine, le vendredi. Quand les musulmans s'en vont, les bains sont supprimés. A Belgrade, ils ont disparu; à Philippopoli, le bain principal est devenu le palais de l'assemblée nationale. Il faudrait au moins garder des Turcs ce qu'ils avaient créé de bon, d'autant plus qu'ils n'ont fait que nous transmettre ce qu'ils avaient hérité de l'antiquité.

Je me rends chez le consul d'Angleterre, M. Edward Freeman, pour qui lord Edmond Fitz-Maurice m'a donné une lettre d'introduction du *Foreign-Office*. Je le rencontre, revenant de sa promenade à cheval quotidienne. Il personnifie parfaitement l'Angleterre moderne. C'est le type achevé du gentleman. Il a le teint clair et la chair ferme de l'homme qui fait beaucoup d'exercice au grand air et qui, chaque matin, s'asperge de l'eau froide du *tub*. Il porte, à la façon de l'Inde, le chapeau de bouchon revêtu de toile blanche, le veston de tweed écossais, la culotte de peau de daim et la botte de chasse. Son cheval est de pur sang. Tout est de première qualité et révèle un soin achevé. Quel contraste avec cet entourage très pittoresque, mais où les bâtiments, les gens et leurs costumes ignorent l'entretien! Ce qu'il y a de plus oriental face à face avec ce qu'il y a de plus occidental. M. Freeman occupe une grande maison turque. Le premier étage se projette au-dessus de la rue, en surplomb hardi, mais la principale façade s'étend sur un vaste jardin dont les pelouses bien rasées sont entourées de jolis arbustes et de fleurs. M. Freeman est amateur de chasse et de pêche; les truites et le gibier sont encore abondants, me dit-il, mais depuis l'occupation les prix de toutes choses ont doublé et parfois triplé. Il paye sa maison 2,000 francs, et s'il peut la garder pour 4,000 il ne s'en plaindra pas. Le propriétaire est un juif. Près d'ici se trouvent les bâtiments de l'administration et du gouvernement, une caserne, la poste, et deux grandes mosquées converties en magasins militaires. Le Konak, où loge le général d'Appel, est un palais d'aspect très imposant. Les autres services ont été installés dans d'anciennes maisons turques, mais elles ont été réparées, blanchies, peintes et tout est d'une propreté irréprochable. La vieille carapace musulmane abrite le mécanisme gouvernemental autrichien. Je porte au gouverneur civil, M. le baron Nikolitch, la carte de M. de Kállay, et je reçois l'assurance qu'on me fournira tous les documents officiels.

M. de Neumann m'a donné une lettre pour un de ses anciens élèves, employé au département de la justice, M. Scheimpflug. Celui-ci a bien voulu me servir de guide pendant mon séjour à Sarajewo, et comme il s'occupe spécialement des lois musulmanes et du régime agraire, il m'a donné à ce sujet les détails les plus intéressants; j'en reproduis quelques-uns. En principe, d'après le Koran, le sol appartient à Dieu, donc à son représentant le souverain. Les begs et les agas, comme autrefois les spahis, n'occupaient leurs domaines spahiliks ou tchifliks qu'à titre de fief et comme rémunération du service militaire. D'après la nature du droit de propriété dont ils sont l'objet, on distingue cinq sortes de biens. Les biens *milk*, qui correspondent à ceux tenus en *fee simple* en Angleterre. C'est la forme qui se rapproche le plus de la propriété privée du type quiritaire et de celle de notre code civil. Quelques grandes familles possèdent encore des titres de propriété datant d'avant la conquête ottomane. Les biens *mirié* sont ceux dont l'État a concédé la jouissance héréditaire, moyennant une redevance annuelle et des services personnels. La législation turque nouvelle avait accordé, aux détenteurs, le droit de vendre et d'hypothéquer ce droit de jouissance, qui était transmissible héréditairement aux descendants, aux ascendants, à l'épouse et même aux frères et sœurs. Les biens *ekvoufé*, ou vakouf, sont ceux qui appartiennent à des fondations, très semblables à celles qui existaient partout en Europe, sous l'ancien régime. Le revenu de ces biens n'est pas destiné seulement, comme on le croit, à l'entretien des mosquées. Le but des fondateurs a été de pourvoir à des services d'un intérêt général: écoles, bibliothèques, cimetières, bains, fontaines, trottoirs, plantations d'arbres, hôpitaux, secours aux pauvres, aux infirmes, aux vieillards. Chaque fondation a son conseil d'administration. Dans la capitale, une administration centrale, le ministère des vakoufs, surveillait, au moyen de ses agents, la gestion des institutions particulières, prodigieusement nombreuses dans tout l'empire ottoman. Tant que le sentiment religieux avait conservé son action, le revenu des vakoufs, qui avait un certain caractère sacré, allait à leur destination, mais depuis que la démoralisation et la désorganisation ont amené un pillage universel, les administrateurs locaux et leurs contrôleurs ou inspecteurs empochent le plus clair du produit des biens *ekvoufé*. C'est affligeant, dans un pays où ni l'État ni la commune ne font absolument rien pour l'intérêt public. Les vakoufs sont un élément de civilisation indispensable. Tout ce qui est d'utilité générale leur est dû. La confiscation des vakoufs serait une faute économique et un crime de lèse-humanité. Ne vaut-il pas mieux satisfaire aux nécessités de la bienfaisance, de l'instruction et des améliorations matérielles au moyen du revenu d'un domaine qu'au moyen de l'impôt? Dans les pays nouvellement détachés de la Turquie, en Serbie, en Bulgarie, au lieu de vendre ces biens affectés à un but utile, il faudrait les soumettre à une administration régulière, gratuite et contrôlée par l'État, comme celles qui gèrent si admirablement les propriétés des hospices et des bureaux de bienfaisance. Certaines personnes constituent des domaines en vakoufs, à condition que le revenu en soit remis perpétuellement à leurs descendants: c'est une sorte de fidéicommis, comme, au moyen âge, chez nous. Des rentes sont aussi *ekvoufé*. On estime que le tiers du territoire est occupé par des vakoufs. Tout ce qu'on pourrait faire serait d'appliquer à l'instruction le revenu des mosquées tombées en ruines ou abandonnées, comme on en voit plusieurs, même à Sarajewo.

Les biens *metruké* sont ceux qui servent à un usage public, les places dans les villages où se fait le battage, où stationnent le bétail et les chevaux de bât; les forêts et les bois des communes. On appelle *mevat*, c'est-à-dire sans maître, les biens qui sont situés loin des habitations, «hors de la portée de la voix». Tels sont les forêts et les pâturages qui couvrent les montagnes. Après la répression de l'insurrection de 1850, Omer-Pacha a proclamé que toutes les forêts appartenaient à l'État; mais les villageois ont des droits d'usage qu'il faudra respecter.

Le droit musulman a consacré bien plus complètement que le droit romain ou français le principe ordinairement invoqué par les économistes, que le travail est la source de la propriété. Ainsi, les arbres plantés et les constructions faites sur la terre d'autrui constituent une propriété indépendante. Il en est de même chez les Arabes, en Algérie, où souvent trois propriétaires se partagent les produits d'un champ; l'un récoltant le grain, un autre les fruits de ses figuiers, le troisième les feuilles de ses frênes, comme fourrage pour le bétail, durant l'été. Celui qui, de bonne foi, a construit ou planté sur la terre d'autrui peut devenir propriétaire du sol, en payant le prix équitable, si la valeur de ses travaux dépasse celle du fonds, ce qui est ordinairement le cas ici, à la campagne. Dans tout le monde musulman, depuis le Maroc jusqu'à Java, le défrichement est un des principaux modes d'acquérir la propriété et la cessation de la culture la fait perdre. A moins que le sol ne soit converti en pâturage ou mis en jachère pour préparer une récolte, celui qui cesse pendant trois ans de le cultiver en perd la jouissance, qui revient à l'État. Le fameux jurisconsulte arabe Sidi-Kelil, dont les sentences ont une autorité si grande près des tribunaux indigènes que le gouvernement français a fait traduire son livre, énonce le principe suivant: «Celui-là qui vivifie la terre morte en devient propriétaire. Les traces de l'occupation ancienne ont-elles disparu, celui qui revivifie le sol l'acquiert.» Parole admirable.

D'après le droit musulman, l'intérêt général met des limites aux droits du propriétaire particulier. Il ne peut qu'user, et non abuser, et il doit maintenir la terre productive. Il n'est pas libre de vendre à qui il lui plaît. Les voisins, les habitants du village et le tenancier ont un droit de préférence appelé *cheffaa* ou *suf*. On se rappelle le rôle que la cheffaa a joué dans la question du domaine de l'Enfida. Le juif Lévy, se rappelant sans doute la façon dont Didon avait acquis, au même lieu, l'emplacement de Carthage, achète une vaste propriété, moins une étroite lisière tout autour. Les voisins ne pourront, pensait-il, invoquer le droit de préférence, puisque la terre qui les touche n'a pas changé de mains. La cheffaa existait partout autrefois chez les Germains et chez les Slaves au profit des habitants du même village. C'était un reste de l'ancienne collectivité communale et le moyen d'empêcher les étrangers de se fixer au milieu d'un groupe qui n'était, au fond, que la famille élargie.

La vente des biens-fonds se faisait ici devant l'autorité civile et en présence de témoins. L'acte qui constatait la transmission d'un immeuble, le *tapou*, était frappé d'une taxe de 5 p. c. de la valeur et il devait être revêtu de la griffe du sultan, *rugra*, qui ne s'obtenait qu'à Constantinople. Le titre d'achat, le tapou, était un extrait d'un «terrier» qui, comme les registres de nos conservateurs des hypothèques, contenait un tableau assez exact de la répartition des biens-fonds et des propriétaires auxquels ils appartenaient. Malheureusement, l'Autriche n'a pu obtenir ces terriers. Ils seront remplacés par le cadastre, qu'on achève actuellement.

Une loi récente aux États-Unis déclare insaisissable la maison du cultivateur et la terre y attenante. Ce *Homestead Law*, cette loi protectrice du foyer, existe, depuis les temps les plus reculés, en Bosnie et en Serbie. Les créanciers ne peuvent enlever au débiteur insolvable ni sa demeure, ni l'étendue de terre indispensable pour son entretien. Il y a plus: s'il ne se trouvait pas sur les biens saisis et mis en vente une habitation assez modeste pour la situation future de l'insolvable, la masse créancière devait lui en construire une. Le préfet de police de Sarajewo,le baron Alpi, racontait à M. Scheimpflug qu'il était surpris du grand nombre d'individus vivant de la charité publique. Après examen, il constata que tous ces mendiants étaient propriétaires d'une maison. Une loi récente avait confirmé l'ancien principe du *Homestead* qu'on réclame aujourd'hui en Allemagne et sur lequel M. Rudolf Meyer vient de publier un livre des plus intéressants: *Heimstätten und andere Wirthschafsgezetze.* «Les homesteads et autres lois agraires.»

L'Autriche se trouve maintenant en Bosnie aux prises avec ce grave problème, qui ne laisse pas que de présenter quelques difficultés aux Français en Algérie et à Tunis, aux Anglais dans l'Inde et aux Russes dans l'Asie centrale; au moyen de quelles réformes et de quelles transitions peut-on adapter la législation musulmane à la législation occidentale? La question est à la fois plus urgente et plus difficile ici, car il s'agit de provinces qui formeront partie intégrante de l'empire austro-hongrois et non de possessions détachées, comme pour l'Angleterre et même pour la France. D'autre part, on a en Bosnie une facilité exceptionnelle pour pénétrer dans l'intimité de la pensée et de la conscience musulmanes. Ces sectateurs de l'islam, qui ont été plus complètement modelés par le Koran et qui lui sont plus fanatiquement dévoués que nul autre, ne sont pas des Arabes, des Hindous, des Turcomans étrangers à l'Europe par le sang, par la langue, par l'éloignement; ce sont des Slaves qui parlent l'idiome des Croates et des Slovènes, et ils habitent à proximité de Venise, de Pesth et de Vienne. C'est donc à Sarajewo qu'on peut le mieux faire une étude approfondie du mahométisme, de ses mœurs, de ses lois et de leur influence sur la civilisation.

Ce que j'apprends ici concernant les lois réglant la propriété foncière me les fait considérer comme supérieures à celles que nous avons empruntées au dur génie de Rome. Elles respectent mieux les droits du travail et de l'humanité. Elles sont plus conformes à l'idéal chrétien et à la justice économique. D'où vient que les populations vivant sous l'empire de ces lois ont été parmi les plus malheureuses de notre globe, où tant d'infortunés sont impitoyablement foulés et spoliés? Voici comment leur condition s'est toujours empirée.

Après la conquête par les Ottomans, le territoire fut, comme d'habitude, divisé en trois parts, une pour le sultan, une pour le clergé, une pour les propriétaires musulmans. Ces propriétaires étaient les nobles bosniaques, les bogomiles convertis à l'islamisme et les spahis à qui le souverain donna des terres en fiefs. Les chrétiens qui exécutaient tout le travail agricole devinrent des espèces de serfs, appelés *kmets* (colons), ou *rayas* (bétail). Au début et jusque vers le milieu du siècle dernier, les kmets n'avaient à livrer à leurs propriétaires, grands (*begs*) ou petits (*agas*), qu'un dixième des produits sur place et sans avoir à les transporter au domicile de leurs maîtres, plus un autre dixième à l'État, pour l'impôt. L'État ne faisant rien, avait peu besoin d'argent, et les spahis et les begs vivaient en grande partie des razzias qu'ils faisaient dans les pays voisins. Mais peu à peu les nécessités et les besoins des propriétaires s'accrurent au point de les porter à prélever le tiers ou la moitié de tous les produits du sol, livrables à leurs domiciles, plus deux ou trois jours de corvée par semaine. Quand les janissaires cessèrent d'être des prétoriens vivant de leur solde dans les casernes, et acquirent des terres, ils furent sans pitié pour les rayas, et ils donnèrent aux begs nationaux l'exemple des extorsions sans limites. On ne laissait aux kmets que strictement ce qu'il leur fallait pour subsister. Dans les hivers qui suivaient une mauvaise récolte, ils mourraient de faim. Réduits au désespoir par cette spoliation systématique et par les mauvais traitements qui l'accompagnaient, ils se réfugiaient par milliers sur le territoire autrichien, qui leur donnait des terres, mais qui, en attendant, devait les nourrir. L'Autriche commença à réclamer en 1840. La Porte donna à différentes reprises des instructions aux gouverneurs pour qu'ils eussent à intervenir en faveur des kmets. Enfin, après qu'Omer-Pacha eut comprimé l'insurrection des begs et brisé leur puissance en 1850, un règlement fut édicté qui sert encore de base au régime agraire actuel. La corvée est abolie absolument. La prestation du kmet est fixée, au maximum, à la moitié du produit, si le propriétaire fournit les bâtiments, le bétail et les instrumens aratoires; au tiers, *trétina*, si le capital d'exploitation appartient au cultivateur. Celui-ci doit, en tout cas, livrer la moitié du foin au domicile du maître. Mais, d'autre part, celui-ci doit supporter le tiers de l'impôt sur les maisons (*verghi*). La dîme qui revient à l'État est d'abord déduite. Dans les districts peu fertiles, le rayah paye seulement le quart, le cinquième ou même le sixième du produit. Tant que le tenancier remplit ses obligations, il ne peut être évincé, mais il n'est pas attaché à la glèbe, il est libre de quitter; seulement, en fait, où irait-il et quel est le propriétaire musulman qui' voudrait recevoir le déserteur? Les chrétiens pouvaient désormais acquérir les biens-fonds: faveur illusoire; les begs ne leur laissaient pas de ressources suffisantes pour en profiter.

Ce règlement aurait dû mettre fin aux souffrances des tenanciers, car il établissait un régime agraire qui n'est autre que le métayage en vigueur dans le midi de la France, dans une grande partie de l'Espagne et de l'Italie et sur les biens ecclésiastiques, en Croatie, sous le nom de *polovina*. En réalité, le sort des infortunés kmets devint plus affreux que jamais. Exaspérés des garanties accordées aux rayas, dans lesquelles ils voyaient une violation de leurs droits séculaires, les propriétaires musulmans dépouillèrent et maltraitèrent plus impitoyablement que jamais les paysans qui n'avaient de recours ni auprès des juges ni auprès des fonctionnaires turcs, tous mahométans et hostiles. Les rayas bosniaques cherchèrent de nouveau leur salut dans l'émigration. On se rappelle les scènes de ce lamentable exede qui émurent toute l'Europe en 1873 et en 1874. Les Herzégoviniens, plus énergiques et soutenus par leurs voisins les Monténégrins, se soulevèrent, et ainsi commença la mémorable insurrection d'où sont sortis les grands événements qui ont si profondément modifié la situation de la Péninsule.

L'exposé de la législation agraire ne donne aucune idée des effets qu'elle produisait, par suite de la façon dont elle était appliquée. Je crois donc utile de faire connaître avec quelques détails la condition des rayas en Bosnie, pendant les dernières années du régime turc, pour deux motifs: d'abord, pour montrer qu'il n'est pas un homme de bien, à quelque nationalité qu'il appartienne, qui ne doive bénir l'occupation autrichienne; en second lieu, pour faire comprendre quel est actuellement le sort des rayas de la Macédoine, que la Russie avait affranchie par le traité de San Stefano et que lord Beaconsfield a remis en esclavage, aux applaudissements de l'Europe aveuglée. En écrivant ceci, je reste fidèle aux traditions du libéralisme occidental. Saint-Marc Girardin n'a cessé de défendre avec une admirable éloquence, une prévoyance éclairée et une connaissance parfaite des faits, les droits des rayas, foulés et martyrisés, grâce à l'appui que l'Angleterre accordait naguère à la Turquie. La situation agraire de la Bosnie avait une grande ressemblance avec celle de l'Irlande. Ceux qui cultivent la terre étaient tenus de livrer tout le produit net à des propriétaires d'une religion différente: mais tandis que le landlord anglais était retenu dans la voie des exactions par un certain sentiment de charité chrétienne, par le point d'honneur du gentleman et par l'opinion publique, le beg musulman était poussé par sa religion à voir dans le raya un chien, un ennemi qu'on peut tuer et, par conséquent, dépouiller sans merci. Plus le propriétaire anglais est consciencieux et religieux, plus il épargne ses tenanciers; plus le musulman s'inspire du Koran, plus il est impitoyable. Quand la Porte a proclamé ce principe, emprunté à l'Occident, l'égalité de tous ses sujets, sans distinction de race ou de religion, les begs auraient volontiers exterminé les kmets, s'ils n'avaient pas, du même coup, tari la source de leurs revenus. Ils se contentèrent de rendre l'inégalité plus cruelle qu'auparavant. Les maux sans nombre et sans nom qu'ont soufferts les rayas en Bosnie, dans leurs villages écartés, ont ordinairement passé inaperçus. Qui les aurait fait connaître? Mais la poésie nationale en a conservé le souvenir. C'est dans leurs chants populaires, répétés, le soir, à la veillée, avec accompagnement de la guzla, que les Jougo-Slaves ont exprimé leurs souffrances et leurs espérances. Parmi le grand nombre de ces *Junatchke pjesme* qui parlent de leur long martyr, j'en résumerai un seul, la mort de Tchengitch.

Aga-Tchengitch était gouverneur de l'Herzégovine. Très brave, il avait, dit-on, tué de sa main cent Monténégrins au combat de Grahowa, en 1836; quoiqu'il fût de sang slave, comme son nom l'indique, il traquait les paysans avec une férocité inouïe. Le *pjesme* le représente levant la capitation détestée, imposée aux chrétiens comme signe de leur servitude, le haradsch. Il s'adresse à ses satellites: «Allons, Mujo, Hassan, Orner et Jasar, debout, mes bons dogues! A la chasse de ces chrétiens! Nous allons les voir courir.» Mais les rayas n'ont plus rien: ils ne peuvent payer ni le haradsch ni les sequins que Tchengitch exige pour lui. C'est en vain qu'on les frappe, qu'on les torture, que sous leurs yeux on déshonore leurs femmes et leurs filles, ils s'écrient: «La faim nous presse, seigneur, notre misère est extrême. Ayez pitié! cinq ou six jours seulement et nous rassemblerons le haradsch en mendiant.» Tchengitch, furieux, répond: «Le haradsch! Il me faut le haradsch! Tu le payeras!» Les rayas reprennent: «Oh! du pain, maître, en grâce! qu'au moins une fois nous puissions manger du pain!» Les bourreaux inventent de nouveaux tourments, mais ils ne tuent pas leurs victimes. «Prenez garde, s'écria le gouverneur, il ne faut pas perdre le haradsch. Avec le raya, le haradsch disparaît.» Un prisonnier monténégrin, le vieux Durak, demande grâce pour les malheureux. Tchengitch le fait pendre. Alors le vengeur ne tarde pas à paraître: c'est Nowitsa, le fils de Durak. Il est mahométan; mais il se fait baptiser pour se joindre à la bande, à la *tcheta* monténégrine, qui va faire une incursion en Herzégovine. C'est le soir. Tchengitch se repose de ses exécutions dans les villages. Il fume son tchibouk, tandis que l'agneau rôtit à la broche pour le souper. Il a fait suspendre près de lui, à un grand tilleul, les rayas qu'il a emmenés. Pour se distraire, il a fait allumer sous leurs pieds un grand feu de paille. Mais leurs cris, au lieu de l'amuser, l'exaspèrent. Il rugit furieux: «Qu'on en finisse avec ces chrétiens. Prenez des yataghans bien aiguisés, des pieux pointus et de l'huile bouillante. Déchaînez les puissances de l'enfer. Je suis un héros! Les chants le redisent; c'est pourquoi tous doivent mourir.» En ce moment, les coups de feu de la tcheta monténégrine blessent et tuent le gouverneur et ses hommes. Nowitsa se précipite sur Tchengitch mort, pour lui couper la tête, mais Hassan lui plonge son poignard dans le cœur.

Voici maintenant les faits qui prouvent que la poésie populaire était un reflet exact de la réalité. Le kmet devait payer au beg la moitié ou le tiers du produit; mais il devait le livrer en argent et non plus en nature, comme autrefois. On comprend la difficulté de convertir des denrées agricoles en écus, dans ces villages écartés, sans route, sans commerce et où chaque famille récolte le peu qu'il lui faut pour subsister. Autre cause de misères, de tracasseries et d'extorsions: le kmet ne pouvait couper le maïs, le blé, le foin ou récolter les prunes, sans que le beg ne vînt constater sur place la part qui lui revenait. Le beg était-il en voyage, retenu par ses plaisirs, ou refusait-il de venir jusqu'à ce qu'il eût été satisfait à l'une ou l'autre de ses exigences, le kmet voyait pourrir sa récolte sans recours possible. C'était la ruine, la faim. Nul ne pouvait lui venir en aide. Si, après que la part du beg avait été fixée, une grêle, une inondation ou tout autre accident anéantissait le produit, en partie ou en totalité, le kmet ne pouvait rien déduire de la redevance arrêtée. Il devait livrer parfois plus qu'il n'avait récolté. La dîme, *desetina*, se percevait de la même façon. Le kmet devait se soumettre à toutes les exigences de l'agent du fisc. Comme la perception des impôts était affermée au plus offrant, les receveurs n'avaient d'autres moyens de faire une bonne affaire que d'extorquer le plus possible aux paysans. Il fallait, en outre, satisfaire à la rapacité des agents subalternes. Le raya ne pouvait s'adresser aux tribunaux; son témoignage n'était pas reçu, et, d'ailleurs, les juges ayant obtenu leur place à prix d'argent, décidaient en faveur de qui les payait. Le raya, vil bétail et pauvre, ne pouvait songer à leur demander justice. Les juges principaux, les cadis, étaient des Turcs nommés par lescheik-ul-islam et envoyés de Constantinople; ils ne comprenaient pas la langue du pays; et les juges adjoints, les *muselins*, nommés par le gouverneur (*vizir*), ne recevant aucun traitement, ne vivaient que de concussions. Devant les muselins, qui avaient la confiance des autorités, tout le monde tremblait.

Seuls, les chefs des villages osaient parfois élever la voix pour se plaindre. Ils se présentaient au Konak, devant le gouverneur général, se jetaient à ses pieds, peignaient la misère des kmets et parfois obtenaient quelque remise d'impôts; mais souvent aussi ils payaient cher leur audace. Les begs et les malmudirs, agents du fisc, contre lesquels les kmets avaient réclamé, lâchaient sur eux les zaptiehs. Les zaptiehs formaient la gendarmerie. Ils étaient plus redoutés des rayas que les janissaires d'autrefois, car ils étaient plus mal payés. Ils parcouraient les villages, vivant à merci chez les habitants, les rançonnant sans pitié. Les prisons étaient des caves ou des culs-de-basse obscurs, infects et remplis d'immondices, où l'on jetaient les malheureux, les pieds et les mains liés, sans jugement, et par troupes, quand on craignait quelque soulèvement et qu'on voulait terroriser les chrétiens. Du pain de maïs et de l'eau étaient tout ce qu'ils recevaient, quand on ne les laissait pas mourir de faim. Ce que M. Gladstone a raconté des prisons de Naples sous les Bourbons, et le prince Krapotkine, dans la *XIXe Century*, des prisons russes, est couleur de rose auprès de ce qu'on dit des prisons turques. Le capitaine autrichien Gustave Thœmmel rapporte, dans son excellent livre. *Beschreibüng des Vilajet Bosniens* (p. 195), quelques-uns des moyens de torture qu'employaient les agents du fisc pour faire rentrer les impôts en retard: ils suspendaient les paysans à des arbres, au-dessus d'un grand feu, ou les attachaient sans vêtements à des poteaux, en plein hiver, ou bien les couvraient d'eau froide qui gelait leurs membres raidis. Les rayas n'osaient pas se plaindre, crainte d'être jetés en prison ou maltraités d'autre façon. Le chant de Tchengitch n'était donc pas une fiction.

Quand la Porte envoyait en Bosnie des troupes irrégulières pour comprimer les insurrections, le pays était mis à feu et à sang aussi cruellement que lors des premières invasions des barbares. En 1876, les *Bulgarian atrócities*, qui ont inspiré à M. Gladstone ses admirables philippiques, ont été dépassées ici dans vingt districts différents: des villages, des bourgs ont été complètement brûlés et les habitants massacrés. Les environs de Biatch, de Livno, de Glamotch et de Gradiska furent transformés en déserts. Des cinquante-deux localités du district de Gradiska, quatre seulement restèrent intactes. Les bourgs de Pétrovacs, de Majdan, de Krupa, de Kljutch, de Kulen-Vakouf, de Glamotch, furent incendiés à plusieurs reprises, afin que l'œuvre de destruction fût parfaite. Les bandes ottomanes, craignant une insurrection générale des rayas, voulaient les contenir par la terreur. A cet effet, on tuait systématiquement ceux qu'on soupçonnait hostiles, et leurs têtes étaient exposées dans les lieux les plus en vue, fixées sur des pieux. Les paysans fuyaient en foule dans les bois, dans les montagnes, en Autriche. Quand ils passaient la frontière ou traversaient la Save, les gendarmes musulmans les abattaient à coups de fusil. Le nombre des réfugiés, en Autriche, s'éleva, dit-on, à plus de cent mille, et les secours qui leur furent distribués s'élevèrent à 2,122,000 florins en une année seulement, 1876.

L'enlèvement des jeunes femmes, et surtout le rapt des fiancées, le jour du mariage, était un des sports favoris des jeunes begs. On peut relire ce qu'écrivait à ce sujet dans la *Revue des Deux Mondes* (15 fév. et 1er avril 1861) M. Saint-Marc Girardin, en s'appuyant sur les rapports, des consuls anglais, *Reports of consuls on the christians in Turkey*. Les Turcs professaient sur ce point la théorie du mariage exogame. N'était-ce pas d'ailleurs, dans tout l'empire ottoman, le moyen habituel de recruter le personnel féminin des harems? Ils avaient à ce sujet des idées complètement différentes des nôtres. M. Kanitz, l'auteur des beaux volumes sur la Serbie et la Bulgarie, s'adresse à un pacha qui est envoyé par la Porte à Widdin, pour mettre un terme aux violences dont se plaignaient les chrétiens, et il l'interroge au sujet de l'enlèvement des jeunes filles. Le pacha lui répond en souriant: «Je ne comprends pas pourquoi les rayas se plaignent. Leurs filles ne seront-elles, pas bien plus heureuses dans nos harems que dans leurs huttes, où elles meurent de faim et travaillent comme des chevaux?»

Le Turc n'est pas méchant, et nous n'avons pas le droit de nous montrer trop sévère quand on se rappelle comment les chrétiens ont égorgé d'autres chrétiens, avec quelle cruauté, par exemple, les Espagnols ont massacré par milliers les protestants aux Pays-Bas. Mais les iniquités et les atrocités dont ont souffert si longtemps les rayas en Bosnie doivent nécessairement se renouveler dans toutes les provinces de la Turquie,, où les chrétiens gagnent en population et en richesse, tandis que les musulmans diminuent en nombre et s'appauvrissent. Leur décadence aigrit ceux-ci et les irrite; ils s'en prennent à ceux qui sont livrés à leur merci, ce qui n'est que trop naturel. Comment retenir la puissance qui va leur échapper? Par la terreur. Ils appliquent la théorie des massacres de septembre 1793. Ils se sentent assiégés; ils se croient en état de légitime défense, et aucun des motifs d'humanité qui auraient dû arrêter, au XVIe siècle, les bourreaux chrétiens, n'existent pour eux. A leurs yeux, les rayas ne sont que du bétail, comme le mot le dit. Mettez à la place des Turcs des Européens, useront-ils de procédés plus doux? Hélas! trop souvent les situations font les hommes. Il est parfaitement inutile de prêcher le respect de la justice à des maîtres tout-puissants, qui tremblent de voir s'élever contre eux des millions d'infortunés, dont les forces augmentent chaque jour. Ce qu'il faut faire, c'est mettre un terme à une situation funeste, qui transformerait des anges en démons.

Voici un tableau sommaire des impôts existant en Bosnie sous le régime turc avec leur rendement moyen. Cela peut avoir quelque intérêt, parce que l'Autriche a dû les conserver en grande partie et aussi parce que le même régime fiscal est encore en vigueur dans les provinces de l'empire ottoman: 1° la dîme (*askar*) prélevée sur tous les produits du sol, récoltes, fruits, bois, poissons, minerais, produit de 5 à 8 millions de francs; 2° le *verghi*, impôt de 4 par 1,000 sur la valeur de tous les biens-fonds, maisons et terres, valeur fixée dans les registres des tapous; impôt de 3 p. c. sur le revenu net, industriel ou commercial; impôt de 4 p. c. sur le revenu des maisons louées: produit de ces trois taxes, environ 2 millions de francs; 3° l'*askerabedelia*, impôt de 28 piastres (1 piastre = 20 à 25 centimes) par tête de mâle adulte chrétien, pour l'exempter du service militaire. Cet impôt remplaçait l'ancienne capitation, le haradsch, mais il était deux fois plus lourd; il avait produit, en 1876, 1,350,000 francs; 4° impôt sur le bétail, 2 piastres pour mouton et chèvre, 4 piastres par tête de bête à cornes de plus d'un an: produit, en 1876, 1,168,000 francs; 5° impôt de 2 1/2 p. c. sur la vente des chevaux et des bêtes à cornes; 6° taxes sur les scieries, sur les timbres, sur les ruches, sur les matières tinctoriales, sur les sangsues, sur les cabarets, etc.: produit, 1,100,000 francs; 7° taxes très variées et compliquées sur le tabac, le café, le sel: produit, 2 à 3 millions. Total des recettes du fisc, environ 15 millions, ce qui, à répartir sur une population de 1,158,453 habitants, fait environ 13 francs par tête. C'est peu, semble-t-il. Un Français paye huit à neuf fois plus qu'un Bosniaque. Cependant le premier porte jusqu'à présent son fardeau assez allègrement, tandis que le second succombait et mourait de misère. Motif de la différence: en France, pays riche, tout se vend cher; en Bosnie, pays très pauvre, on ne peut faire argent de presque rien. Ici, ces nombreux impôts étaient très mal assis et, en outre, perçus de la façon la plus tracassière, la plus inique, la mieux faite pour décourager le travail. C'est ainsi que la taxe sur le tabac en diminuait la culture. Il en était de même partout. Quand il fut introduit dans le district de Sinope, en 1876, la production tomba brusquement de 4,500,000 à 40,000 kilogrammes. Les impôts directs se percevaient par répartition, c'est-à-dire que chaque village avait à payer une somme fixe qui était alors répartie entre les habitants par les autorités locales. Nouvelle source d'iniquités; car les puissants et les riches rejetaient la chargé sur les pauvres. Il fallait y ajouter encore la rapacité des percepteurs subalternes qui forçaient les contribuables à leur payer un tribut.

Le gouvernement autrichien n'a pu encore réformer ce détestable système fiscal. Il attend, pour le faire, que le cadastre soit terminé; mais il a aboli la taxe qui frappait les chrétiens pour l'exemption du service militaire, parce que maintenant tous y sont astreints. L'ordre, l'équité qui président aujourd'hui à la perception ont déjà apporté un grand soulagement. La dîme a cet avantage de proportionner l'impôt à la récolte, mais il a ce vice capital d'empêcher les améliorations, puisque le cultivateur, qui en fait tous les frais, ne touche qu'une part des bénéfices. En outre, la dîme, payable en argent, se calcule d'après le prix moyen des denrées dans le district au moment où la récolte va être battue, c'est-à-dire quand tout est plus cher que quand le paysan devra vendre, après la récolte faite. Il vaudrait mieux introduire un impôt foncier, fixé définitivement d'après la productivité du sol.

L'Autriche s'efforce aussi de régler la question agraire. Mais ici les difficultés sont grandes. La première chose à faire est de déterminer exactement les obligations de chaque tenancier à l'égard de son propriétaire. L'administration veut les faire constater dans un document écrit, rédigé par l'autorité locale en présence de l'aga et du kmet. Mais l'aga se dérobe, parce qu'il compte sans doute récupérer ses pouvoirs arbitraires quand les Autrichiens seront expulsés, et le kmet ne veut pas se lier, parce qu'il espère toujours des réductions ultérieures. Cependant des milliers de règlements de ce genre ont déjà été enregistrés. La fixation de la tretina et de la dîme se fait maintenant à une époque déterminée par l'autorité locale. Kmet et aga sont convoqués et, s'ils ne s'accordent pas, des juges adjoints, *medschliss*, décident. C'est l'administration et non le juge qui, jusqu'à présent, règle tous les différends agraires. D'après ce que nous apprend M. de Kállay dans son rapport aux délégations, les impôts rentrent bien (novembre 1883). Les arriérés même sont payés, et il n'y a guère de cas où il faille recourir aux moyens d'exécution. M. de Kállay se félicite de ce que le nombre des différends agraires soit si peu considérable. Ainsi, au mois de septembre de 1883, il n'en existait dans tous les pays que 451, dont 280 ont été réglés par l'intervention de l'administration dans le courant du même mois. Le nombre de ces différends va en diminuant rapidement: il y en a eu 6,255 en 1881, 4,070 en 1882 et seulement 3,924 en 1883. Pour l'Herzégovine, considérée à part, le progrès est encore plus marqué: le chiffre tombe, de 1823 en 1882, à 723 en 1883. C'est peu, quand on songe qu'à la suite des nouvelles lois agraires en Irlande, les tribunaux spéciaux ont eu à décider près de cent mille contestations entre propriétaires et tenanciers. Seulement, il ne faut pas oublier que le pauvre kmet, sur qui toute résistance aux exigences de ses maîtres attirait un redoublement d'oppression et de mauvais traitements, est bien mal préparé pour faire valoir ses droits. M. de Kállay a donc grande raison de dire qu'il les recommande à la sollicitude de ses fonctionnaires.

Le règlement de toute question agraire est chose des plus délicates; mais elle l'est surtout en Bosnie, à cause de la situation particulière qui est faite au gouvernement autrichien. D'une part, il est obligé d'améliorer la condition des rayas, puisque c'est l'excès de leurs maux qui a provoqué l'occupation et qui l'a légitimée aux yeux des signataires du traité de Berlin et de toute l'Europe. Mais, d'autre part, en prenant possession de cette province, le gouvernement austro-hongrois s'est engagé envers la Porte à respecter, les droits de propriété des musulmans, et, d'ailleurs, ceux-ci constituent une population fière, belliqueuse, qui a opposé aux troupes autrichiennes une résistance désespérée et qui, poussée à bout, pourrait encore tenter une insurrection ou tout au moins des résistances à main armée. Il y a donc deux motifs de la ménager: il est impossible de les réduire sommairement à la portion congrue, comme M. Gladstone l'a fait pour les landlords irlandais. On conseille beaucoup au gouvernement d'appliquer ici le règlement qui a réussi en Hongrie après 1848: une part du sol deviendrait la propriété absolue du kmet, une autre celle de l'aga, et celui-ci recevrait une indemnité en argent, payée en partie par le kmet, en partie par le fisc. Mais l'exécution de ce plan paraît impossible. Le kmet n'a pas d'argent et le fisc pas davantage. L'aga se croirait dépouillé, et il le serait, en effet, car il ne pourrait faire valoir la part du sol qui lui reviendrait. Il faut appeler des colons, disent d'autres. C'est parfait, mais cela n'améliorerait pas la condition des rayas.

En 1881, le gouvernement a édicté un règlement pour le district de Gacsko qui assurait de notables avantages aux krnets,, et il comptait successivement en publier de semblables pour les autres, circonscriptions, mais: l'insurrection de 1881 y mit obstacle. Cependant le règlement de Gacsko est resté en vigueur. D'après celui-ci, le kmet ne doit livrer à l'aga que le quart des céréales de toute nature, dont il peut déduire la semence, le tiers du foin des vallées et le quart du foin des montagnes. J'ai sous les yeux une protestation très vive, rédigée par les représentants des agas des districts de Ljubinje, Bilek, Trebinge, Stolatch et Gacsko, dans laquelle ils se plaignent que l'autorité ait réduit les prestations des kmets de la moitié au tiers ou du tiers au quart. Mais leurs réclamations paraissent mal fondées de toute façon. Le règlement organique turc du 14 sefer 1276 (1856), qu'ils invoquent, n'impose au kmet que le paiement du tiers, *tretina*, quand la maison et le bétail lui appartiennent, et c'est presque toujours la cas. En outre, il est certain que c'est par une série d'usurpations que les begs et les agas ont élevé leur part du dixième, fixée d'abord par les conquérants eux-mêmes, au tiers et à la moitié. Le gouvernement autrichien a les meilleures raisons poux trancher tous les cas douteux en faveur des tenanciers; tout le lui commande: d'abord, l'équité et l'humanité; ensuite, la mission de réparation que l'Europe lui a confiée; enfin et surtout, l'intérêt économique. Le kmet est le producteur de la richesse. C'est lui dont il faut stimuler l'activité en lui assurant la pleine jouissance de tout le surplus qu'il pourra récolter. L'aga est le frelon oisif, dont les exactions sont le principal obstacle à toute amélioration. On ne peut, d'aucune manière, le comparer, au propriétaire européen, qui contribue parfois à augmenter la productivité du sol et qui donne l'exemple du progrès agricole. Les agas n'ont jamais rien fait et ne feront jamais rien pour l'agriculture.

Quoique je n'ignore pas combien il est difficile à un étranger d'indiquer des réformes à propos d'une question aussi complexe, voici celles qui me sont suggérées par une étude attentive des conditions agraires dans les différents pays du globe. Tout d'abord, ne pas écouter les impatients et éviter les changements brusques, et violents; se garder de transformer les kmets en simples locataires, qu'on peut évincer ou dont on peut augmenter à volonté le fermage, comme l'ont fait malheureusement les Anglais dans plusieurs provinces de l'Inde; au contraire, consacrer définitivement le droit d'occupation héréditaire, le *jus in re*, que la coutume ancienne leur reconnaissait et qu'en général les agas eux-mêmes ne contestent pas; quand le cadastre sera achevé et que les prestations dues par chaque tchiflik ou exploitation auront été contradictoirement déterminées, transformer la dîme en un impôt foncier et la *tretina* en un fermage fixe et invariable, afin que le bénéfice des améliorations profite complètement aux cultivateurs qui les exécuteront et les engage, par conséquent, à en faire. Au commencement, dans les mauvaises années, il faudra accorder peut-être quelque répit aux kmets; mais le prix des denrées augmentera rapidement par l'influence des routes et de la circulation plus active de l'argent; la charge pesant sur les tenanciers s'allégera donc sans cesse. Peu à peu, avec leurs économies, ils pourront racheter la rente perpétuelle qui grève la terre qu'ils occupent et acquérir ainsi une propriété pleine et libre. En attendant, ils jouiront de ces deux privilèges si vivement réclamés par les tenanciers irlandais, *fixity of tenure* et *fixity of rent*, c'est-à-dire le droit d'occupation perpétuelle, moyennant un fermage fixe. Ils seront dans la situation de ces fermiers héréditaires, à qui le *Beklemregt* en Groningue et l'*Aforamento* dans le nord du Portugal assurent une situation si aisée, obtenue par une culture très soignée.

L'État peut encore venir en aide aux kmets d'une autre façon. D'après le droit musulman, toutes les forêts et les pâturages qui y sont enclavés apparutiennent au souverain. On affirme aussi qu'il y a un grand nombre de domaines, dont les begs se sont indûment emparés. L'État doit énergiquement faire valoir ses droits: d'abord pour garantir la conservation des bois; en second lieu, afin de pouvoir faire des concessions de terrains à des colons étrangers et aux familles indigènes laborieuses. Pendant son voyage de l'été 1883 en Bosnie, M. de Kállay a pu constater que le défrichement mettait en valeur beaucoup de terrains vagues appartenant à l'État et que la taxe payée de ce chef s'accroissait d'une façon tout à fait extraordinaire. Symptôme excellent, car il prouve que, dès qu'ils auront la sécurité, les paysans étendront leurs cultures. De cette façon, la population et la richesse s'accroîtront rapidement.

Le gouvernement peut aussi exercer une action très utile au moyen des vakoufs. Il faut bien se garder de les vendre; mais il est urgent de les soumettre à un contrôle rigoureux, comme la Porte a essayé de le faire à différentes reprises. Tout d'abord, les prélévations indues des administrateurs doivent être sévèrement réprimées; puis les revenus destinés à des œuvres utiles: écoles, bains, fontaines, *etc.*, soigneusement appliqués à leur destination; ceux qui allaient à des mosquées devenues inutiles seraient employés désormais à développer l'instruction publique. Il faudrait aussi accorder immédiatement aux kmets occupant des terres des vakoufs, la fixité de la tenure et du fermage et en même temps des bâtiments d'exploitation convenables et de bons instruments aratoires, afin que ces exploitations servent de modèles à celles qui les entourent. Le gouvernement a fait venir des charrues, des herses, des batteuses, des vanneuses perfectionnées, et les a mises à la disposition de certaines exploitations. De divers côtés, des sociétés d'agriculture se sont constituées pour patronner les méthodes nouvelles. Des colons venus du Tyrol et du Wurtemberg ont appliqué ici des systèmes de culture perfectionnés qui trouvent déjà des imitateurs, notamment dans les districts de Derwent, Kostanjnica, Travnik et Livno. Dans la vallée de la Verbas, aux environs de Banjaluka, on aperçoit même des prairies irriguées.

CHAPITRE V.

LA BOSNIE.—LES SOURCES DE RICHESSE, LES HABITANTS ET LES PROGRÈS RÉCENTS.

La Bosnie est la plus belle province de la péninsule balkanique. Elle rappelle la Styrie, pays d'alpes et de forêts. Voyez la carte: partout des chaînes de montagnes et des vallées. Parallèlement aux Alpes dinariques, qui séparent ici le bassin du Danube de celui de la Méditerranée, elles courent assez régulièrement du sud au nord, formant les bassins des quatre rivières qui se jettent dans la Save et qui sont, en allant de l'ouest vers l'est: l'Unna, la Verbas, la Bosna et la Drina. Mais ces chaînes se ramifient en une grande quantité de contreforts latéraux, et, au-delà de Sarajewo, les soulèvements s'entremêlent en des massifs inextricables, que dominent les sommets abrupts du Domitor, à une altitude de 8,200 pieds et ceux du Kom à 8,500. Il n'y a de grandes plaines que dans la Posavina, le long de la Save, du côté de la Serbie. Partout ailleurs, c'est une succession de vallées où coulent des rivières et des ruisseaux et que couronnent des hauteurs boisées. Le pays ne se prête donc pas à la grande culture des céréales, comme la Slavonie et la Hongrie; mais on pourrait y imiter l'économie rurale de la Suisse et du Tyrol, en élevant de nombreux troupeaux, ce qui vaut mieux que de faire du blé, par ce temps de concurrence américaine.

Sur les 5,410,200 hectares de la Bosnie-Herzégovine, 871,700 sont occupés par des rochers stériles comme le *Karst*, 1,811,300 par des terres labourables, et 2,727,200 par des forêts. Beaucoup de ces forêts sont absolument vierges, faute de routes pour y arriver. Les plantes grimpantes, qui s'enlacent autour des chênes et des hêtres, y forment des fourrés impénétrables, où l'on ne peut s'avancer, comme au Brésil, que la hache à la main. On n'en voit pas près des lieux habités, parce que les habitants coupent pour leur usage les bois qui sont à leur portée et que les Turcs, afin d'éviter les surprises, ont systématiquement détruit et brûlé toutes les forêts aux alentours des villes et des bourgs. Mais ce qui en reste constitue une richesse énorme; seulement elle n'est pas réalisable. Derrière Sarajewo, jusqu'à Albane et Mitrovitza, s'étendent, dans les hautes montagnes, de magnifiques massifs de résineux. C'est de là que Venise a tiré des bois de construction pour ses flottes pendant des siècles. Les gardes forestiers ont calculé que, sur les 1,667,500 hectares de bois feuillus et sur les 1,059,700 hectares de résineux, il y avait environ 138,971,000 mètres cubes, dont 24,946,000 de bois de construction et 114,025,000 de bois à brûler. Il serait désolant de vendre maintenant, car les prix qu'on obtiendrait sont dérisoires: de 2 à 5 francs le stère de sapin et 3 à 7 francs pour le chêne, selon la situation. Dans les régions qui avoisinent la

Save, on exporte des douves, de 700,000 à 900,000 pièces par an. Le revenu que le fisc tire de ces immenses étendues boisées, plus étendues que toute la Belgique, est presque partout insignifiant. 116,007 florins en 1880, 200,000 pour 1884. C'est une réserve qu'il faut soigneusement conserver pour l'avenir. Ces bois abritent beaucoup de gibier: des cerfs, des chevreuils, des linx, même des loups et des ours. Ils donnent naissance, dans les mille vallées qui découpent le pays, à une quantité de ruisseaux où abondent les truites et les écrevisses, et à une masse de sources, plus de 8,000, prétend-on. Là où cessent les arbres, commencent les pâturages, de sorte que la Bosnie est toute verdoyante, sauf les arêtes des hautes montagnes.

L'Herzégovine présente un aspect entièrement différent. La surface du sol est couverte de grands blocs de calcaire blanchâtre, jetés au hasard, comme les ruines de monuments cyclopéens. L'eau y manque presque partout: pas de sources; les rivières sortent toutes formées de grottes, donnent naissance, l'hiver, à des lacs dans des vallées sans issue, puis disparaissent de nouveau sous terre. Les Allemands les appellent très bien *Höhlen-Flüsse*, des rivières de caverne. Telles sont la Jasenitcha, la Buna, la Kerka, la Cettigna et l'Ombla. Rien n'est plus extraordinaire. Dans les dépressions se trouve la terre végétale qui nourrit les habitants. Les maisons, en Bosnie, toutes en bois, sont ici en grosses pierres de l'aspect le plus sauvage. Les arbres manquent presque complètement. Le climat est déjà celui de la Dalmatie. Comme il appartient au bassin de la Méditerranée, le pays est sous l'influence du sirocco et des longues sécheresses de l'été. La vigne et le tabac donnent d'excellents produits. L'olivier apparaît et l'oranger lui-même se voit vers les bouches de la Narenta. On cultive le riz dans la vallée marécageuse de la Trebisatch, aux environs de Ljubuska. En Bosnie, au contraire, région élevée qui penche vers le nord, le climat est rude: il gèle fort et longtemps à Sarajewo, et la neige y persiste pendant six semaines ou deux mois.

L'agriculture, en Bosnie, est une des plus primitives de toute l'Europe. Elle n'applique qu'exceptionnellement l'assolement triennal connu des Germains au temps de Charlemagne, et même, dit-on, dès l'époque de Tacite. Généralement, la terre restée en friche est retournée ou plutôt déchirée par une charrue informe. Sur les sillons frais, la semence de maïs est jetée, puis légèrement enterrée, au moyen d'une claie de branchages qui sert de herse. Les champs sont binés une ou deux fois entre les plants. Après la récolte, on met un second ou un troisième maïs, parfois du blé ou de l'avoine, jusqu'à ce que le sol soit entièrement épuisé. Il est alors abandonné; il se couvre de fougères et de plantes sauvages où paît le bétail, en attendant que revienne la charrue, après un repos de cinq à dix années. Nul engrais, car les animaux domestiques n'ont très souvent aucun abri; ils vaguent dans les friches ou dans les cours. Aussi le produit est relativement minime: 100 millions de kilogrammes de maïs, 49 millions de kilogrammes de froment, 38 millions de kilogrammes d'orge, 40 millions de kilogrammes d'avoine, 40 millions de kilogrammes de fèves. La fève est un article important de l'alimentation, car on en mange les jours de jeûne et de carême, et il y en a cent quatre-vingts pour les orthodoxes et cent cinq pour les catholiques. On récolte aussi du seigle, du millet, de l'épeautre, du sarrasin, des haricots, du sorgho, des pommes de terre, des navets, du colza. Le produit total des grains divers s'élève à 500 millions de kilogrammes.

Voici des faits qui prouvent l'état déplorablement arriéré de l'agriculture. Ce pays, qui serait si favorable, sous tous les rapports, à la production de l'avoine, ne peut en fournir assez pour les besoins de la cavalerie; on en importe de Hongrie et elle se paye, à Sarajewo, le prix excessif de 20 à 21 francs les 100 kilogrammes. Le froment est de mauvaise qualité et cher. Ce sont les moulins hongrois qui fournissent la farine que l'on consomme dans la capitale. Elle y arrive par chemin de fer, à meilleur marché que la farine du pays, qui, à défaut de routes, doit être transportée à dos de cheval. Une maison hongroise a voulu établir un grand moulin à vapeur à Sarajewo, mais il était impossible de l'approvisionner suffisamment. L'un des principaux produits, et celui qui s'exporte le plus facilement, ce sont les prunes séchées. Les années de bonne récolte, on en exporte 60,000 tonnes, et elles vont jusqu'en Amérique. On en fait une eau-de-vie assez agréable, appelée *rakia*. Le produit des pruniers est ce qui donne de l'argent comptant au kmet. On cultive aussi l'oignon et l'ail. L'ail est considéré comme un préservatif contre les maladies, contre les mauvais sorts, et même contre les vampires. On récolte un peu de vin près de Banjaluka et dans la vallée de la Narenta, mais presque personne n'en boit. Les chrétiens s'abstiennent, faute d'argent, et les musulmans pour obéir au Koran. L'ivrognerie est très rare; les Bosniaques sont surtout buveurs d'eau. L'Herzégovine produit un tabac excellent. Le monopole a été introduit après l'occupation; mais il a stimulé la culture, parce que le fisc donne un bon prix. On estime qu'un hectare livre, en Herzégovine, jusqu'à 3,000 kilogrammes de tabac, d'une valeur de plus de 4,000 francs, et en Bosnie seulement 636 kilogrammes, valant 300 à 400 francs. Le fisc accorde des licences à ceux qui cultivent pour leur consommation personnelle: il en a été délivré 9,586 en 1880.

Le bétail est la principale richesse du pays; mais il est misérable. Les vaches sont très petites et ne donnent presque pas de lait. On fait des fromages de qualité inférieure surtout avec du lait de chèvre, et très peu de beurre. Les chevaux sont petits et mal faits; ils sont employés uniquement comme bêtes de somme, car ils sont trop faibles pour tirer la charrue, et les charrettes ne sont pas en usage; mais ils gravissent et descendent les sentiers des montagnes comme des chèvres. Ils sont très mal nourris; la plupart du temps, ils doivent chercher eux-mêmes de quoi subsister dans les pâturages, dans les forêts ou le long des chemins. Quelques begs ont encore parfois des bêtes d'une belle allure, qui descendent des chevaux arabes venus dans le pays avec la conquête ottomane. Elles portent fièrement une charmante tête, sur un cou ramassé et replié à la façon des cygnes; mais elles n'ont pas de taille. Le nombre des chevaux est considérable, parce que tous les transports s'effectuent sur leurs dos. On en voit arriver ainsi, sous la conduite d'un *kividchi*, de longues files, attachés à la queue les uns des autres: ils apportent en ville des vivres, du bois de chauffage et de construction, des pierres à bâtir. Chaque exploitation possède au moins une couple de chevaux. Le gouvernement commence à s'occuper de l'amélioration de la race chevaline. Il a envoyé (1884) à Mostar cinq étalons de la race de Lipitça; toute la population a été les recevoir, drapeau et musique en tête, et la municipalité fournira les écuries; Nevesinje et Konjiça offrent d'en faire autant, et cette année même (1885), on a établi des haras dans diverses parties du pays, afin de donner de la taille à la race indigène. La Bosnie pourrait facilement fournir des chevaux à l'Italie et à tout le littoral de l'Adriatique. On élève des porcs presque à l'état sauvage, dans les bois de chênes. Avec leurs hautes pattes et leur aspect de sanglier, ils galopent comme des lévriers. Si on introduisait, les races anglaises, qu'on engraisserait avec du maïs, on ferait concurrence au porc de Chicago. Les moutons, sont nombreux, c'est la viande préférée du musulman; mais la laine est très grossière; elle sert à confectionner les étoffes et les tapis que les femmes tissent, au sein de chaque famille. Chacun a des chèvres; elles sont le fléau des forêts, parce que les bergers quittent les plaines pour tout l'été et emmènent les troupeaux sur les hauteurs, dans les pâturages et dans les bois des montagnes. Dans chaque maison, on trouve de la volaille et des œufs qui, avec une sauce aigre et de l'ail, sont un des mets préférés des Bosniaques. Ils ont souvent des ruches; 118,148 ont été recensées. Le miel remplace le sucre, et la cire sert à fabriquer les cierges, qui jouent un si grand rôle dans les cérémonies du culte orthodoxe.

La statistique officielle de 1879 donne les nombres suivants pour les animaux domestiques en Bosnie-Herzégovine: chevaux, 158,034; mulets, 3,134; bêtes à cornes, 762,077; moutons, 839,988; porcs, 430,354. Si nous comptons 10 moutons et 4 porcs pour une tête de gros bétail, nous obtenons un total de 1,114,796, ce qui, pour une population de 1,158,453 habitants, fait presque 100 têtes de gros bétail par 100 habitants. C'est une proportion extrêmement élevée, puisqu'en France, le chiffre équivalent n'est que 49; dans la Grande-Bretagne, 45; en Belgique, 36; en Hongrie, 68; en Russie, 64. Dans tous les pays où la population est peu dense, comme en Australie, aux États-Unis et comme jadis chez les Germains, les espaces inoccupés entretiennent beaucoup d'animaux domestiques et, par conséquent, les hommes peuvent se procurer facilement de la viande. Quoique la Bosnie exporte des bêtes de boucherie en Dalmatie, pour les villes du littoral, le Bosniaque mange beaucoup plus de viande que le cultivateur chez nous. César dit des Germains: *Carne et lacte vivunt*. Si l'on considère le chiffre du bétail relativement à l'étendue du pays, on obtient, au contraire, une proportion très peu favorable: 22 têtes de bétail par 100 hectares en Bosnie, 40 en France, 51 en Angleterre, 61 en Belgique. La production totale que livre le sol dans la Bosnie-Herzégovine est très minime, car elle n'entretient que 22 habitants par 100 hectares, alors qu'il y en a en Belgique 187, en Angleterre 111, en France 70. Il faut aller en Russie pour trouver seulement 15 habitants sur la même étendue, et le nord de l'empire russe a un climat et un sol détestables. Le salaire du journalier est, à la campagne, de 70 centimes à 2 francs, suivant la saison et la situation, dans les villes de 1 fr. 10 c. à 2 fr. 10 c.

C'est surtout à favoriser les progrès de l'agriculture que le gouvernement doit viser. Les maîtres d'école à qui l'on donnerait des notions d'économie rurale pourraient en ceci rendre de grands service. Ce qui aurait un effet plus immédiat serait d'établir dans chaque district, sur les terres de l'État, des colons venus des provinces autrichiennes où la culture est bien entendue. Pour ouvrir les yeux aux paysans, rien ne vaut l'exemple. Ah si les pauvres *contadini* italiens qui meurent de faim et de *pellagra*, de l'autre côté de l'Adriatique, pouvaient être transportés ici, comme leur travail serait bien récompensé! Comme ils se créeraient facilement un petit *podere* qui leur donnerait l'aisance et la sécurité! En tout cas, faites des propriétaires indépendants et libres, et la Bosnie deviendra, comme la Styrie, la Suisse et le Tyrol, l'une des plus charmantes régions de notre continent.

——Dans toutes les villes de garnison de l'Autriche-Hongrie, on rencontre un casino militaire; institution excellente, assez semblable aux clubs de Londres. Les officiers y trouvent un cabinet de lecture, un restaurant soigné et à bon marché, un café, une salle de concert et un lieu de rendez-vous. L'esprit de corps s'y développe, et l'esprit de conduite y est maintenu par la surveillance réciproque. Le casino de Sarajewo occupe un grand bâtiment nouvellement construit, d'un style simple, mais noble. Devant la façade, dans un petit square, des arbustes poussent au milieu de pierres tombales d'un cimetière turc que l'on a respecté, et de l'autre côté s'étend un grand jardin dont les plantations vont jusqu'à la jolie rivière qui traverse la ville, la Miljaschka. C'est un endroit charmant pour venir se reposer sous de frais ombrages. M. Scheimpflug m'amène dîner au casino. J'y rencontre beaucoup de jeunes fonctionnaires civils, entre autres le chef de la police, M. Kutchera, qui doit viser mon passeport. La plupart sont des Slaves: Croates, Slovènes, Tchèques et Polonais. C'est un grand avantage pour l'Autriche de trouver ainsi chez elle toute une pépinière d'employés de même race et plus ou moins de même langue que celles des pays à assimiler. Bon dîner, avec cette excellente bière viennoise qu'on brasse déjà ici. Comme l'empire de Gambrinus, le dieu de la cervoise, s'est étendu depuis trente ans! Jadis, on ne buvait guère de bière dans aucun pays au sud de la Seine ni même à Paris. Aujourd'hui, le bock règne en souverain dans toutes les villes françaises, en Espagne, en Italie, et voilà qu'il va conquérir la péninsule des Balkans. Faut-il encore en ceci saluer le progrès? J'en doute. La bière est une boisson lourde et inférieure au vin; elle se boit longuement, lentement, servant de prétexte aux conversations prolongées, aux nombreux cigares et aux veillées oisives.

L'après-midi, magnifique promenade à la vieille citadelle, qui, située sur un rocher élevé, domine la ville du côté du sud; nous allons d'abord saluer des ulémas qui enseignent l'arabe à M. Scheimpflug. Nous y rencontrons un des begs les plus riches du pays, M. Capetanovitch. Il porte des habits européens qui lui vont très mal. Quel contraste avec les ulémas, qui ont conservé le costume turc et qui ont les allures calmes et nobles d'un prince d'Orient! Ces musulmans qui veulent «s'européaniser» se perdent; ils ne prennent guère à l'Occident que ses vices. Mahmoud a inauguré l'ère des réformes, l'Europe a applaudi; les résultats prouvent qu'il n'a fait que hâter la décadence.

La route que nous suivons longe la Miljaschka. Sur ses bords se succèdent des cafés turcs, avec des balcons qui s'avancent, parmi les saules, au-dessus des eaux claires de la rivière, bruissant sur les cailloux. De nombreux musulmans y fument le tchibouk, en jouissant de la vue du paysage et de la fraîcheur qu'apporte le torrent. Dans l'ancienne citadelle, qui remonte à l'époque de la conquête, on a construit une grande caserne moderne, badigeonnée en jaune, qui offense le regard. Mais quand on se retourne pour contempler Sarajewo, on comprend toutes les hyperboles des qualifications admiratives que les Bosniaques prodiguent à leur capitale. La Miljaschka, qui sort des montagnes voisines de la sauvage Romania-Planina, divise la ville en deux parties que relient huit ponts; deux sont en pierre, détail à signaler dans un pays où les travaux permanents sont si rares. De hauts peupliers et de curieuses maisons turques tout en bois bordent la petite rivière. Au-dessus des toits noirs, s'élèvent les dômes et surtout les minarets des nombreuses mosquées qui s'éparpillent jusque sur les collines voisines. Celles-ci sont couvertes d'habitations de begs et d'agas; peintes en couleurs vives, elles se détachent sur la verdure épaisse des jardins qui les entourent. Vers le nord, la vallée, toujours encadrée de collines verdoyantes, s'élargit à l'endroit où la Miljaschka se jette dans la Bosna, qui sort toute formée d'une caverne, à une lieue d'ici. Cette vue d'ensemble est très belle.

Derrière la citadelle, vers l'est, s'ouvre une gorge sauvage. Pas un arbre, pas une habitation; quelques broussailles couvrent les parois abruptes: c'est un désert farouche, et nous sommes à un kilomètre de la capitale! Voilà ce que produit le défaut de sécurité. Près de la porte de la citadelle, je visite un moulin à farine d'une construction très originale et tout à fait primitive. J'en ai vu beaucoup en Bosnie, mais nulle part ailleurs; on pourrait les imiter chez nous, parce qu'ils tirent parti d'un très petit filet d'eau. L'arbre de couche où sont fixées les palettes est placé perpendiculairement, et le filet d'eau, amené d'une hauteur de trois mètres environ, à travers un fût de chêne perforé, frappe les palettes à droite de l'essieu qu'il fait mouvoir très rapidement. Immédiatement au-dessus, dans une chambrette en bois, tournent les deux meules superposées, semblables à celles qu'on a trouvées à Pompéi. La meule supérieure est mise en mouvement directement par l'arbre de couche. Rien de plus simple: ni engrenage, ni transmission. N'est-ce pas sous cette forme que le moulin à eau fut introduit d'Asie en Occident, vers la fin de la république romaine?

Nous rentrons à Sarajewo par la route qui, vers le sud, conduit à Vichegrad et à Novi-Bazar. Un pont de pierre, qu'on dit romain, et d'une magnifique allure, franchit la Miljaschka, qui coule torrentueuse entre de hauts rochers rougeâtres. Je pense à tout le sang versé ici, depuis la chute de l'empire romain, et qui suffirait pour teindre en rouge le pays tout entier. Un grand troupeau, de moutons et de chèvres rentre en ville, soulevant au soleil couchant des nuages de poussière dorée. Ce sont ces animaux plutôt que les vaches qui fournissent le lait.

Je finis ma soirée au casino militaire. Un grand banquet réunit les officiers aux sons d'une excellente musique de régiment. De nombreux toasts annoncés par des fanfares sont prononcés. L'armée autrichienne, comme jadis les légions romaines de vétérans, est un agent de civilisation, en Bosnie. Au cabinet de lecture, je remarque deux journaux publiés à Sarajevo. L'un a pour titre: *Bosanska Herçegowaskc-Novine*, c'est la feuille officielle; l'autre, *Sarajewski List*. Ceci est toute une résolution. Dans le vilayet turc, le papier et l'impression étaient chose presque inconnue, et voilà maintenant le journal qui apporte dans toutes les demeures la connaissance des faits de l'intérieur et de l'extérieur, et qui rattache la Bosnie aux autres pays slaves. La publicité et le contrôle créant une opinion publique, même sous la surveillance de l'autorité militaire, pas de changement plus considérable, surtout pour l'avenir.

—Le lendemain, je suis admis à visiter les bureaux du cadastre que dirige le major Knobloch. J'examine les cartes où sont indiquées exactement la forme et l'étendue des parcelles et leur affectation nettement indiquée au moyen de teintes diverses, terres labourables, prés ou bois. L'exécution est très soignée. Rien n'est plus extraordinaire; que les cartes reproduisant la région du Karst en Herzégovine. Au milieu de l'étendue stérile, sont parsemées au hasard; des oasis microscopiques de quelques ares; qui ont les contours les plus bizarres. Ce sont des dépressions de terre végétale où s'exerce la culture dans cette contrée affreusement déshéritée. Le cadastre avec ses planches et le tableau des propriétaires et des relations agraires, aura été achevé en sept ans, de 1880 à 1886, avec une dépense relativement minime qui ne dépassera pas 7 millions de francs (2,854,063 florins)! Ceci n'est rien moins qu'un prodige dû à l'activité des officiers du génie. En France et en Belgique, où l'on réclame une revision cadastrale, afin de mieux répartir l'impôt foncier, on prétend que c'est une œuvre qui exigerait vingt ans de travail. L'arpentage s'est fait ici sous la direction supérieure de l'Institut géographique militaire et sur la base de la Triangulation complète du pays. Des officiers et des ingénieurs ont levé le plan parcellaire des propriétés dans chaque commune; et l'estimation de la valeur cadastrale s'est faite par des taxateurs spéciaux qu'a contrôlés une commission centrale.

Tant que la Bosnie a appartenu à la Turquie; elle est restée *terra incognita* bien plus complètement que les hauteurs de l'Himalaya ou même du Pamir. Maintenant elle est connue dans tous ses détails: orographie, géologie, constitution et répartition de la propriété, régime agraire, population, races, cultes, occupations. Qui aura parcouru une publication officielle intitulée: *Ortschafts-und Bevolkerungs-Statistik von Bosnien und der Herzegowina*, connaîtra ce pays-ci mieux que le sien. J'en extrais quelques chiffres très curieux. En 1879, les 1,158,453 habitants vivaient dans 43 villes, 31 *marktflecken* (localités où se tiennent des marchés), 5,054 villages et 190,062 maisons. On voit que la population rurale est dispersée dans un nombre considérable de hameaux, n'ayant en moyenne que 231 habitants. Six personnes par maison est un chiffre élevé, qui s'explique par le nombre assez grand des familles patriarcales. Le sexe masculin est remarquablement plus nombreux que le sexe féminin: 615,312 d'une part, et seulement 543,121 de l'autre, proportion peu favorable à la polygamie, qui, comme je l'ai dit, n'existe que chez les fonctionnaire turcs et nullement chez les musulmans indigènes. A Saint-Pétersbourg, au contraire, il y a 121 femmes pour 100 hommes. Voici un aperçu des professions: 95,490 capitalistes et propriétaires fonciers, dont un certain nombre cultivent eux-mêmes; 84,942 cultivateurs-fermiers; 54,775 manœuvres et ouvriers de toute espèce; 10,929 marchands, boutiquiers, industriels; 1,082 ecclésiastiques; 678 employés; 257 instituteurs et professeurs, et 94 médecins. Ce qui peint au vif la situation du pays, c'est l'effectif si étonnamment réduit de l'état-major des fonctions libérales. Malgré de récents progrès, combien peu il se fait pour les besoins intellectuels et moraux! Un seul maître enseignant pour 4,506 personnes. Évidemment, pas un médecin dans les villages et même dans les bourgs. Le musulman se résigne, le raya est pauvre, et tous demandent des remèdes aux exorcismes, aux plantes et à des recettes de sorcière.

D'ordinaire, dans les pays primitifs, il y a beaucoup de prêtres; ici, il n'y en a qu'un par 1,000 âmes, ce qui n'est guère. Les fonctionnaires ont beaucoup augmenté, et c'était une nécessité. Ils représentent la civilisation, car c'est bien ici qu'on peut considérer l'État comme un instrument de progrès. Pas un seul avocat. Les Turcs les détestent, parce que le Koran condamne ceux qui «interviennent dans les affaires d'autrui avec subtilité et ruse, et tout individu de cette espèce doit être banni de la bonne société». Sous le rapport des cultes, la population se divise en 496,761 chrétiens du rite oriental, 209,391 du rite catholique, 448,613 mahométans et 3,420 juifs. L'armée d'occupation compte de 25,000 à 30,000 soldats, et la gendarmerie environ 2,500 hommes.

Voulez-vous savoir ce qu'on consomme ici de sucre et de café? La statistique nous l'apprend: 1 kilogramme de l'un, et 1/2 kilogramme de l'autre, par tête. C'est très peu. Le chiffre correspondant est pour le café de 7 kilogrammes en Hollande, de 4.25 en Belgique, 4 aux États-Unis, 3 en Suisse, 2.50 en Allemagne, 1.50 en France; pour le sucre, en Angleterre, 30 kilogrammes, aux États-Unis 20, en France 13, en Hollande 11, en Allemagne, en Suisse, en Belgique 8, en Autriche-Hongrie 5.5. Mais il faut se rappeler que les musulmans, les juifs et quelques commerçants du rite oriental ont seuls assez d'aisance pour se permettre ces consommations de luxe.

—M. Scheimpflug me présente à l'archevêque catholique, Mgr Stadler. Je lui communique les «lettres-patentes», c'est-à-dire ouvertes, *litteræ patentes*, que l'évêque Strossmayer m'avait données pour tous les ecclésiastiques de la Péninsule[10], et il nous retient à dîner. La mission que ce prélat peut remplir est importante; celle qu'on lui attribue l'est plus encore; car on prétend qu'il est envoyé ici spécialement pour ramener les chrétiens du rite oriental dans le giron de l'Église romaine. Sa position est des plus délicates; sa nomination n'a pas satisfait même tous les catholiques. C'est aux prêtres de l'ordre des franciscains qu'on doit le maintien de l'Église catholique dans ces régions, malgré quatre siècles de compression et de persécution. C'est à eux manifestement que revenait l'autorité. Les premiers au combat, ils devaient être les premiers à l'honneur. L'influence de Pesth les a écartés, parce qu'ils étaient soupçonnés de partager trop ardemment les idées slavophiles de Diakovo. Pour le même motif, on n'a pas voulu nommer Strossmayer, qui, cependant, porte encore le titre, attaché à son diocèse depuis des siècles, d'évêque de Bosnie, *Episcopus Bosniensis*.

[10]

Comme elles pourront peut-être à l'avenir m'ouvrir plus d'une porte où l'économiste trouvera à s'instruire, je demande la permission de les transcrire: «Litteræ patentes quibus illustrissimum et doctissimum virum, œconomicarum disciplinarum egregium in Belgio professorem, Emilium Laveleye, omnibus ad quos eumdem venire contigerit, impendissime iterum iterumque commendamus, omne charitatis et benevolentiæ officium ei exhibitum considerantes quasi nobismet ipsis exhibitum fuisset. Datum Diakovo, 28e mays 1883.—Josephus Georgius Strossmayer, Episcopus Bosniensis et Syrmiensis.»

Mgr Stadler est le protégé de l'évêque d'Agram; il est comme lui, dit-on, magyarophile, *magyarischgesinnt*. Une discussion récente montre à quel point les rivalités religieuses divisent ici les esprits. Une société, appelée *Patriotischer Hülfsverein für Bosnien*, s'était formée en Autriche pour soutenir, par des subsides, des œuvres catholiques à Sarajewo. Ému de ce fait, le métropolitain du rite oriental a accusé l'archevêque Stadler de vouloir lui enlever des fidèles par des moyens répréhensibles. Ce dernier a répondu très vertement. Il a fallu que le représentant du souverain, M. de Kállay, fit entendre son *Quos ego* pour rétablir, sinon la paix, du moins le silence. Il déclara en même temps que toutes les confessions pouvaient compter sur un appui égal de la part du gouvernement. Comme preuve, en effet, de cette impartiale bienveillance, on peut citer les faits suivants. Le gouvernement a fait bâtir, à Keljewo, près de Sarajewo, un grand séminaire pour les orthodoxes, où, chaque année, sont reçus douze jeunes lévites complètement entretenus aux frais de l'État. Il a adjoint au métropolitain un consistoire de quatre membres rétribués par l'État, et il pourvoit à l'entretien et à la reconstruction de leurs églises. Différents faits qui sont venus à ma connaissance me font croire qu'en effet l'occupation ne favorise pas la propagande catholique. Les Hongrois, à qui l'intolérance religieuse a fait tant de mal, seront moins disposés que Vienne à écouter des suggestions de l'ultramontanisme. Les catholiques ont, à Travnik, un séminaire avec huit classes d'enseignement moyen et quatre années de théologie[11].

[11]

Voir, dans la *Revue des Deux Mondes*, du 1er juin, l'étude de M. Gabriel Charmes.

Pour un archevêque qui a sous lui deux évêques suffragants, Mgr Stadler paraît bien peu âgé: quarante ans à peine. Il est gai, aimable, très spirituel, et leste en ses mouvements comme un jeune homme. Il nous fait l'historique de la maison qu'il occupe, et son récit est instructif. Cette maison, très solidement construite en pierres, devait servir de magasin. Un juif l'avait achetée. Quand le gouvernement chercha une habitation pour le nouvel archevêque, le juif la lui offrit à un prix avantageux. Le gouvernement préféra la louer pour six ans, mais il fut entraîné à y faire pour 12,000 francs de dépenses qui retourneront au propriétaire; lequel demandera maintenant un loyer ou un prix de vente double ou triple, tout ayant considérablement augmenté de valeur à Sarajewo depuis l'occupation. C'est le contraste habituel: imprévoyance des gouvernants; prévoyance des israélites; récriminations contre les sémites. Pourquoi? Parce qu'ils sont plus intelligents que les autres. L'archevêque me cite de nombreux faits qui mettent en relief cette aptitude spéciale des juifs. Ils ont eu confiance dans l'administration autrichienne et en ont prévu les conséquences favorables. Après les rudes, combats qui ont précédé l'entrée des troupes impériales à Sarajewo, le désarroi général et la fuite de beaucoup de musulmans firent tomber les immeubles à vil prix. Avec leur flair habituel, qui prouve la rectitude et la force du raisonnement, les juifs sont venus, ont acheté, et, en trois ou quatre ans, ils ont triplé leurs placements. Quand on songe à l'avenir réservé à Sarajewo, on peut sans crainte prédire un accroissement de valeur considérable pour toutes les propriétés foncières dans la ville et dans ses environs.

Les appartements occupés par le prélat sont au premier. La porte qui y donne accès est en tôle de fer très épaisse, et les fenêtres du rez-de-chaussée sont défendues par de solides barreaux: c'est un vrai fortin. Précaution bien naturelle dans un pays où les insurrections musulmanes ont été si fréquentes et si meurtrières. Les begs n'osent remuer maintenant, mais, le cas échéant, comme ils égorgeraient volontiers les Autrichiens et surtout les évêques étrangers! L'ameublement des salons et de la salle à manger est extrêmement simple: *Ne quid nimis*; mais la chère est bonne et le vin hongrois chaud et parfumé. Mgr Stadler prétend qu'il existe encore un certain nombre de bogomiles ou albigeois qui, ne s'étant pas convertis à l'islamisme comme les autres, ont conservé leurs doctrines secrètement ou dans les villages écartés: «Tandis que le métropolitain du rite grec, ajoute t-il, me reproche d'acheter des prosélytes, ailleurs on m'accuse de tiédeur et d'apathie. On ne comprend pas les difficultés que rencontre ici la propagande, je ne dirai pas, parmi les musulmans, qui s'y montrent complètement réfractaires, mais même auprès des fidèles du rite oriental. Leur culte se confond intimement en eux avec leur race. Leur parlez-vous de la supériorité du catholicisme, ils vous répondent: «Je suis un Serbe.» Serbes ils sont, en effet, de langue et de sang. Leur proposer, d'abandonner leur confession, c'est leur demander de renoncer à leur nationalité. Au XIIIe et au XIVe siècle, on voit les magnats bosniaques se faire successivement bogomiles, grecs et catholiques. Aujourd'hui, chacun est barricadé dans son rite, et les conversions seront très rares.»

L'après-midi, Mgr Stadler nous conduit aux établissements des sœurs, qui ont éveillé à un si haut degré les susceptibilités des autres cultes. Elles ont fondé une école d'enseignement moyen pour filles à Sarajewo, en plein quartier musulman. L'argent ne leur manque pas, car elles ont construit un solide bâtiment en pierres, avec de nombreuses classes, et de vastes dortoirs au second en vue de l'avenir. Un grand jardin fournit les légumes et offre un bon emplacement pour les récréations. Les sœurs ont une cinquantaine d'élèves appartenant aux diverses nationalités et aux différents cultes. On y remarque des Hongroises d'une beauté rare, des juives espagnoles aux yeux noirs et profonds, des Tchèques, des Polonaises et des Allemandes des diverses parties de l'empire. Les fonctionnaires et les indigènes qui veulent donner à leurs filles une instruction supérieure au-degré primaire ne peuvent les placer qu'ici. L'archevêque nous engage ensuite à faire avec lui une ravissante promenade à pied pour voir, à une lieue de Sarajewo, une ferme que les sœurs s'occupent à mettre en valeur. C'est un *tchifflik* acheté à un musulman. Il mesure une vingtaine d'hectares. Au milieu du verger à prunes, l'ancienne habitation, avec le haremlik et le selamlik, a été respectée, mais à côté a été bâti un joli chalet, avec d'excellentes écuries où sont déjà établies des vaches suisses qui donneront du lait et du beurre au couvent. La terre est bien sarclée, les chemins tracés, les fossés creusés, l'eau amenée d'une hauteur voisin epour les irrigations: c'est une transformation complète. Quel contraste avec l'incurie absolue des pauvres rayas toujours sous la coupe de leurs maîtres! Nous rentrons par une ancienne route turque. Elle n'est destinée qu'aux bêtes de somme, mais elle est pavée de pierres si raboteuses et si inégales, que même un cheval bosniaque risque de s'y casser les jambes. Aussi hommes et animaux préfèrent marcher à côté, à travers les fondrières. Quoiqu'on soit aux portes de la ville, le sol paraît en grande partie inoccupé. Les cimetières, avec leurs stèles blanches, la plupart renversées, occupent de larges espaces.

J'achève ma soirée chez un capitaine dalmate, M. Domitchi, qui s'est beaucoup occupé de la géologie et de la minéralogie du pays. Il exploite, au pied du mont Inatch, une concession où l'on trouve, chose très rare, du mercure à l'état liquide; il nous en montre des échantillons. D'après lui, le pays abonde en minerais de toute espèce. Au moyen-âge, on a lavé de l'or dans les rivières. Près de Tuzla, des salines, appartenant au fisc, livrent une partie du sel consommé dans le pays. En 1883, elles ont donné une augmentation de bénéfice de 300,000 florins, ce qui prouve que la consommation du sel, et, par conséquent, le bien-être des populations, se sont notablement accrus. Non loin de Varès, on produit du fer excellent. Des bassins de lignite de bonne qualité existent près de Zenitcha, de Banjaluka, de Travnik, de Ronzicta et de Mostar; on a recueilli aussi des minerais très riches de chrome, de cuivre, de manganèse, de plomb argentifère et d'antimoine. Une collection des minerais de la Bosnie a figuré à l'Exposition universelle de Paris. L'État s'est réservé la propriété de toutes les mines. Mais une société anonyme s'est fondée, la *Bosna*, pour mettre à fruit les concessions obtenues.

—Nous faisons une charmante promenade en voiture aux bains d'Ilitche, situés à une lieue de la ville. Nous entrons, en passant, dans l'École militaire des cadets bosniaques. Le commandant de l'établissement nous le montre, non sans une pointe d'orgueil. C'est une ancienne caserne turque pas trop mal construite. Elle contient des salles de classes bien aérées, où l'on donne aux jeunes gens une instruction assez complète. Ils font l'exercice en ce moment sur une vaste plaine de manœuvres. Ils portent un élégant uniforme brun, façon autrichienne. Ils appartiennent aux différents cultes du pays, et c'est un excellent moyen de faire disparaître les animosités religieuses, si âpres ici. J'avais vivement regretté l'introduction de la conscription dans ces provinces, parce qu'elle me semblait de nature à provoquer un profond ressentiment chez les populations qui s'étaient soulevées récemment pour la repousser, Ce que j'apprends à Sarajewo me porte à croire que je m'étais trompé. La résistance provenait presque uniquement des musulmans. Pour les rayas, au contraire, c'est les relever que de les faire servir à côté de leurs seigneurs et maîtres. Dans beaucoup de localités, les paysans se rendent maintenant à l'inscription, drapeaux et musique en tête. Le contingent s'augmente d'un grand nombre de volontaires, ce qui prouve que le service n'est pas impopulaire. Ainsi, en 1883, le recrutement appelait 1,200 hommes pour la Bosnie et l'Herzégovine, et 1,319 ont été enrôlés, dont 608 orthodoxes, 401 catholiques et 308 musulmans. Les différents cultes se plient donc également au service obligatoire. Il n'y a eu que 45 réfractaires, chiffre inférieur à celui qu'on trouve dans beaucoup des anciennes provinces de l'empire. A Vichegrad, le contingent appelait 6 hommes; il s'est présenté 15 volontaires. Sur 2,500 Herzégovmiens qui s'étaient réfugiés dans le Monténégro lors des derniers troubles, 2,000 sont rentrés et se sont remis au travail. Les réfractaires sont presque tous des bergers qui font paître leurs troupeaux sur les alpes des montagnes les plus inaccessibles. Il existe encore, vers les frontières du sud, quelques petites bandes de brigands, mais ils se bornent ordinairement à voler du bétail. Pour rendre la sécurité complète, des corps volants ont été formés; ils sont armés du fusil Kropaczek à tir rapide et portent avec eux des vivres pour plusieurs jours. Ces soldats d'élite, au nombre de 300, sont partagés en petits détachements qui arrivent à l'improviste partout où les brigands se montrent. Bientôt, il n'y en aura plus que dans le sandjak de Novi-Bazar, occupé par l'Autriche, mais où l'autorité est restée aux mains des Turcs. Sous le rapport militaire, la Bosnie offre plus d'avantages à l'Autriche que Tunis à la France ou Chypre à l'Angleterre, car elle pourra lever dans ces provinces des régiments qui ne seront pas inférieurs aux fameux Croates, avec leurs manteaux rouges. N'est-il pas triste que cette pensée de l'équilibre des forces armées vienne toujours à l'esprit qui voudrait ne s'occuper que du progrès économique?

Avant d'arriver à Ilitche, nous parcourons un ancien cimetière juif, dont les grandes pierres tombales sont couchées sur le flanc décharné d'une colline pierreuse, parmi les chardons aux grandes fleurs violettes et les euphorbes jaunissantes. L'aspect en est tragique. Ces dalles sans inscriptions, d'un calcaire très blanc, se détachent sur un ciel orageux bleu ardoise, comme dans le fameux tableau de Ruysdæl, à Dresde, *le Cimetière juif.* A Ilitche, il y a des thermes sulfureux avec un hôtel propre, mais très simple. Arrivent des musulmans en voiture de louage: ils viennent faire le kef en prenant le café, dans le petit jardin récemment planté qui entoure les bains. Une dame musulmane descend d'un coupé, accompagnée d'une suivante et de ses deux enfants. Elle est complètement enveloppée d'un feredje en satin violet. Le yashmak, qui voile son visage, n'est pas transparent comme ceux de Constantinople; il cache entièrement ses traits. Elle a cette démarche ridicule d'un canard regagnant sa mare, que donné l'habitude de s'asseoir les jambes croisées, à la façon des tailleurs. Impossible de deviner si ce sac ambulant contient une femme jolie ou jeune. Les musulmans ont ici, m'affirme-t-on, des mœurs très sévères. Les aventures galantes sont rares, et ce ne sont jamais les étrangers abhorrés qui en sont les héros, même malgré les séductions de l'uniforme autrichien.

Pour bien se rendre compte des conditions économiques d'un pays, il faut entrer dans la demeure de ses paysans et causer avec eux. Nous abordons un kmet qui laboure avec quatre bœufs, dont les deux premiers sont conduits par sa femme. Il a pour tout vêtement un large pantalon à la turque, en laine blanche, une chemise de chanvre, une immense ceinture de cuir brun et une petite calotte de feutre entourée de haillons blancs, roulés en forme de turban. La femme n'a que sa chemise, avec un tablier en laine noire et un mouchoir rouge sur les cheveux. Il ne possède, nous dit-il, que deux bœufs les autres appartiennent à son frère. Les paysans s'associent souvent pour faire en commun les travaux de la culture. Je désire visiter sa chaumière; il hésite d'abord, il a peur; il craint que je ne sois un agent du fisc. Le fisc et le propriétaire, l'aga, sont les deux dévorants, dont la rapacité le fait trembler. Quand M. Seheimpflug lui dit que je suis un étranger qui désire tout voir, son visage intelligent s'éclaire d'un sourire aimable. Il a le nez très fin et de beaux cheveux blonds.

L'habitation est une hutte en clayonnage, recouverte de bardeaux de chêne et éclairée par deux lucarnes à volets, sans carreaux de vitre. Elle est divisée en deux petites chambrettes. La première est celle où l'on fait la cuisine; dans la seconde couche la famille. La première pièce est complètement noircie par la fumée, qui, faute de cheminée, envahit tout jusqu'à ce qu'elle s'échappe à travers les interstices du toit. La charpente en est visible; il n'y a point de plafond. A la crémaillère est suspendue une marmite où cuit la bouillie de maïs, qui est la principale nourriture du paysan. Trois escabeaux en bois, deux vases en cuivre, quelques instruments aratoires, voilà tout le mobilier; ni table, ni vaisselle; on se croirait dans une caverne des temps préhistoriques. Dans la chambre à coucher, ni chaise, ni lit; deux coffres pour tout mobilier. Le kmet et sa femme couchent sur la terre battue, recouverte d'un vieux tapis. Dans un coin, un petit poêle bosniaque qui lance sa fumée, à travers la cloison de terre glaise, dans l'âtre attenant. Ici, les murs sont blanchis: quelques planches forment un plafond, et au-dessus, dans le grenier, sont accumulées, quelques provisions. Le kmet ouvre l'un des coffres et nous montre avec fierté ses habits de fête et ceux de sa femme. Il a récemment acheté pour celle-ci une veste en velours bleu toute brodée d'or, qui lui a coûté 160 francs, et pour lui un dolman garni de fourrures. Depuis l'occupation, nous dit-il, quoiqu'il paye la tretina, il a pu faire des économies, parce que les prix ont beaucoup augmenté, et il ose mettre ses beaux habits le dimanche, parce qu'il ne craint plus d'être rançonné par le fisc et les begs. L'autre coffre est tout rempli de belles chemises brodées en laine de couleur: elles sont faites par sa femme, qui les a apportées en dot. Voilà bien les peuples enfants: ils songent au luxe avant de soigner le confort; ni table, ni lit, ni pain, mais du velours, des broderies et des soutaches d'or. Cette absence de mobilier et d'ustensiles explique comment les Bosniaques se déplacent, émigrent et reviennent si facilement. Un âne peut emporter tout leur avoir. On voit clairement ici comment la condition des infortunés rayas, si longtemps opprimés et dépouillés, peut s'améliorer. Fixez la rente et l'impôt au taux actuel: le kmet, assuré de profiter de tout le surplus, améliorera ses procédés de culture, et les progrès de la civilisation l'enrichiront et l'émanciperont. Déjà le bienfait de l'occupation, est considérable, parce que les agas ne peuvent plus réclamer que la rente qui leur est due.

—Le soir, je dîne chez le consul de France, M. Moreau. Je n'avais point pour lui de lettre d'introduction du *foreign-office* français; mais le nom de la *Revue des Deux Mondes* est le sésame qui m'ouvre toutes les portes. Quel charme de se retrouver si loin, à une table hospitalière, présidée par une maîtresse de maison gracieuse et spirituelle, et d'y jouir à la fois de toutes les élégances de l'esprit, des arts et, osons l'ajouter, de la bonne chère, à laquelle on devient très sensible quand on en est depuis longtemps privé! M. Moreau, comme le consul d'Angleterre, habite une grande maison turque appartenant aussi à un israélite. Le mât de navire auquel flotte le drapeau français s'élève dans un grand jardin rempli de fleurs. Par une galerie couverte, ornée de plantes grimpantes, et par un large escalier, on arrive dans une vaste antichambre sur laquelle s'ouvre, d'un côté, l'ancien haremlik, devenu la salle à manger, de l'autre, le selamlik, la chambre des hommes, transformé en salon. Partout, sur les parquets, en rideaux aux fenêtres, en portières aux portes, j'admire les tapis les plus variés, apportés d'Afrique, d'Asie et de la Péninsule, les meubles de l'Orient mêlés aux petits chefs-d'œuvre de l'ébénisterie parisienne, un piano d'Érard, à côté d'un immense poêle bosniaque tout constellé de ses faïences vertes en fond de bouteille. Me pardonnera-t-on si je donne le menu? Cela fait juger des ressources du pays: Potage julienne, ombre chevalier, filet jardinière, asperges, dindon, salade, glace, fruits. Il se trouve que nous mangeons le même dindon que j'ai marchandé à la Tchartsia: il est exquis; il a coûté 3 florins, environ 7 francs. La vie est chère à Sarajewo. A table se trouve un convive qui nous intéresse au plus haut point: c'est M. Queillé, inspecteur des finances, que le gouvernement français a envoyé en mission à Sophia, sur la demande du gouvernement bulgare, afin d'y présider; à l'organisation du système financier. Il revient d'une course autour de la

Péninsule: Sophia, Andrinople, Constantinople, Athènes, îles Ioniennes, Monténégro, Raguse, Fort-Opus, Mostar et Sarajewo. Il rentre à Sophia par Belgrade et Nisch. Je ferai une partie du voyage avec lui, ce qui me ravit. Il nous parle, longuement de la Bulgarie nouvelle, qu'il connaît à merveille. M. Moreau a été longtemps consul en Épire et je l'interroge beaucoup sur les musulmans. Je résume les souvenirs de ce qu'il nous dit et je les complète au moyen de mes notes prises ailleurs, principalement dans le livre si instructif de M. Adolf Strausz.

Les musulmans se ressemblent partout, malgré la différence des races auxquelles ils appartiennent: Turc, Albanais, Slave, Caucasien, Arabe, Kabyle, Hindou, Malai. Le Koran, les imprégnant jusqu'au fond, les jette dans le même moule. Ils sont bons, et en même temps féroces. Ils aiment les enfants, les chiens, les chevaux, qu'ils ne maltraitent jamais, et ils hésitent à tuer une mouche; mais quand la passion les surexcite, ils égorgent sans pitié jusqu'aux femmes et aux enfants, n'étant pas arrêtés par le respect de la vie et par ces sentiments d'humanité que le christianisme et la philosophie moderne ont mis en nous.

Ils sont foncièrement honnêtes, tant qu'ils sont soustraits aux influences occidentales. A Smyrne, me disait récemment M. Cherbuliez, on confie à un pauvre commissionnaire musulman des sommes importantes, et jamais rien n'est détourné. Un chrétien de même condition sera infiniment moins sûr. Le mahométan de l'ancien régime est religieux et il a peu de besoins; il est ainsi empêché de s'emparer du bien d'autrui par sa foi et il est peu poussé à le faire, parce qu'il ne lui faut presque rien. Otez-lui sa religion et créez en lui les goûts du luxe que nous appelons civilisation, et, pour gagner de l'argent, rien ne l'arrêtera, surtout dans un pays où la concussion rapporte beaucoup et le travail très peu.

C'est en Bosnie, dans ce centre de pur mahométisme, qu'on peut voir combien la vie du musulman est simple et peu coûteuse. Quand on pense aux harems, on s'imagine volontiers des lieux de délices où sont réunies toutes les splendeurs de l'Orient. Mme Moreau, qui les a souvent visités, nous dit qu'ils ressemblent plutôt, sauf dansées demeures des pachas ou des begs très riches, à des cellules de moines. Un mauvais plancher à moitié caché par une natte et par quelques lambeaux de tapis usés; des murs blanchis à la chaux; aucun meuble, ni table, ni chaise, ni lit. Tout autour, de larges bancs de bois recouverts de, tapis, où l'on s'assied le jour et où l'on se couche la nuit. Les grillages de bois qui ferment les fenêtres y font régner une demi-obscurité. Le soir, une chandelle ou une petite lampe éclaire ce triste séjour d'une lumière blafarde. Le selamlik, l'appartement des hommes, n'est ni plus élégant ni plus gai. L'hiver, il y fait un froid cruel: les menuiseries mal faites ne joignent pas et laissent passer la bise, et le toit, peu entretenu, la neige et la pluie. Le *mangal* de cuivre, semblable au braséro des Espagnols et des

Italiens, ne chauffe que quand les charbons sont assez incandescents pour vicier l'air de leurs vapeurs d'acide carbonique. La femme ne s'occupe guère de la cuisine, et les mets sont toujours les mêmes: une sorte de pain sans levain, *pogatcha*, très lourd et dur, une soupe, *tchorba*, faite de lait aigri, des lambeaux de mouton rôti, l'éternel *pilaf*, riz entremêlé de débris d'agneau hachés, et enfin la *pipta*, plat farineux et doux. Le grand plateau de cuivre, *tepschia*, sur lequel sont réunis tous les plats, est déposé sur un support en bois. Il y a autant de cuillères de bois que de convives. Chacun, assis à terre, les jambes croisées, se sert avec les doigts. A la fin du repas, l'aiguière passe à la ronde, on se lave les mains et on se les essuie à du linge fin, admirablement brodé; puis viennent le café et le tchibouk. Le beg ne dépense d'argent que pour entretenir des serviteurs et des chevaux ou pour acheter de riches harnais et de belles armes, qu'il suspend aux murs du selamlik. Chez les musulmans de la classe moyenne, on ne prépare de mets chauds qu'une ou deux fois par semaine. Cette façon de vivre très simple explique deux traits particuliers des sociétés mahométanes: premièrement, pourquoi les musulmans font si peu pour gagner de l'argent; secondement, comment le mécanisme administratif le plus imparfait fonctionnait passablement, tant que l'imitation des raffinements et des complications de notre civilisation n'avait pas créé des besoins plus dispendieux. Le luxe occidental les perd sans remède.

Un grand empêchement au progrès des musulmans est, évidemment, non pas tant la polygamie, que la situation de la femme. Son instruction est presque nulle: jamais elle n'ouvre un livre, pas même le Koran, qu'elle ne comprendrait pas. Sans relations avec le dehors, toujours enfermée comme une prisonnière dans le lugubre harem, son existence ne diffère guère de celle des détenus en cellule. Elle ne sort que très rarement: je n'ai rencontré dans les rues de Sarajewo, en fait de femmes musulmanes, que des mendiantes. Elle ne sait rien de ce qui se passe au dehors, ni même des affaires de son mari. Sa seule occupation est de broder; sa seule distraction, de faire et de fumer des cigarettes. Elle n'a pas, comme l'homme, le kef dans les cafés et la jouissance des beautés de la nature. La femme de l'artisan, du boutiquier, ne peut en rien aider son mari: sa vie est donc absolument vide, inutile et monotone. Les dames autrichiennes résidant ici et connaissant le croate peuvent s'entretenir aisément avec les musulmanes bosniaques, puisqu'elles parlent la même langue; mais toute conversation est impossible, disent-elles: ces pauvres recluses n'ont absolument rien à dire. Et ce sont ces créatures si complètement ignorantes et nulles qui élèvent les enfants, jusqu'à un âge assez avancé. Songez à tout ce que fait la femme dans la famille chrétienne, au rôle considérable qu'elle y remplit, à l'influence qu'elle y exerce, et tout cela fait complètement défaut chez les musulmans. Ceci n'explique-t-il pas pourquoi ils ne peuvent pas s'assimiler la civilisation occidentale?

Quoique leur instruction religieuse soit très sommaire, les musulmanes sont extrêmement bigotes et fanatiques. Ainsi que les hommes, elles prennent ponctuellement les cinq bains qui, d'après le rituel de l'*abdess*, doivent précéder les cinq prières réglementaires qu'elles disent par cœur, comme des formules magiques. Les mariages se font à l'aveuglette, et comme un marché, sans que les sentiments de la jeune fille soient aucunement consultés. D'ailleurs, de sentiments, il ne doit guère en exister chez elle, tout au plus des instincts ou des appétits éveillés par les conversations sans retenue des harems.

Cependant, parmi les trois façons de conclure les mariages, il en est une, très curieuse et très ancienne, où la femme agit comme une personne, au lieu d'être livrée comme une marchandise. C'est le mariage par rapt. Depuis les remarquables travaux de Bachofen, Mac-Lennan, Post et Giraud-Teulon, une branche spéciale de la sociologie s'occupe des origines de la famille. On nous y apprend qu'au sein des tribus primitives régnaient la collectivité et la promiscuité; que la famille était «matriarcale» avant d'être «patriarcale», parce que la descendance ne pouvait s'établir que par la mère; que les unions étaient toujours «endogames», c'est-à-dire contractées au sein du groupe même; que plus tard elles devinrent «exogames», c'est-à-dire accomplies avec une femme d'une autre tribu, qu'il fallait enlever. Ceci est le mariage par rapt, qu'on trouve, à l'origine, chez tous les peuples et qui est encore très répandu parmi les sauvages. Ce que l'époux payait au père ou à la tribu était, non le prix d'un achat, mais la composition, presque le wehrgeld. Voici, d'après M. Strauss, comment cela se passe encore parfois chez les musulmans bosniaques. Un jeune homme a vu plusieurs fois une jeune fille à travers les croisillons du moucharabi. Leurs regards se sont dit qu'ils s'aimaient, ils s'entendent. «La colombe» apprend, par une intermédiaire complaisante, qu'à telle heure son bien-aimé viendra l'enlever. Il arrive à cheval, armé d'un pistolet. La jeune fille, strictement voilée, monte en croupe derrière lui. Il part au galop; mais, au bout d'une centaine de pas, il s'arrête et décharge son pistolet; ses amis, postés dans les différents endroits de la localité, lui répondent par des coups de fusil. Chacun sait alors qu'un rapt vient de se commettre, et l'intermédiaire court en prévenir les parents. Le ravisseur conduit la fiancée dans le harem de sa maison, mais il ne reste pas avec elle. Pendant les sept jours que durent les préparatifs du mariage, il demeure assis dans le selamlik, où, revêtu de ses vêtements, de fête, il reçoit ses amis. Les parents finissent toujours par consentir, parce que leur fille enlevée serait déshonorée si elle devait rentrer chez elle non mariée. Des femmes, parentes ou amies, restent avec la fiancée, la baignent et l'habillent complètement de blanc. Toutes ensemble font les prières du rituel. Pendant, les sept jours, la jeune fille est soumise à un jeûne très sévère; elle n'a à manger et de l'eau à boire qu'une fois par jour, et seulement après le soleil couché. Le septième jour, les amies se réunissent de nouveau en grand nombre; on la baigne derechef en cérémonie et puis on lui met ses habits de fête, une chemise richement brodée et un fez avec passementeries d'or, couvert d'un linge *beskir*, orné de ducats. Elle doit rester alors immobile, couchée le visage contre terre, méditant et priant. Pendant ce temps, les femmes disparaissent sans bruit, une à une, et, quand toutes sont parties, l'époux pénètre enfin, pour la première fois, dans le harem. Ne dirait-on pas une prise de voile dans un couvent, plutôt qu'une noce? On voit à quel point une brutale coutume de sauvages s'est transformée, épurée et ennoblie, en se pénétrant de cérémonial et de sentiments religieux, sous l'empire du Koran.

La seconde façon de se marier est celle que l'on peut appeler «à la vue». Une intermédiaire prépare une entente entre les deux parties. Au jour convenu, le père reçoit le prétendant dans le selamlik. Entre alors la jeune fille, revêtue de ses plus beaux vêtements, le visage découvert et la poitrine à peine voilée par une gaze légère. Le jeune homme boit le café, en contemplant la future, et il lui rend la tasse vide en lui disant: «Dieu vous récompense, belle enfant!» Elle se retire sans parler, et, si elle a plu, le jeune homme envoie le lendemain au père un anneau dans lequel il a fait graver son nom. Au bout de huit jours ont lieu les noces, appelées *dujun*. Les parents et amis apportent des cadeaux utiles pour le jeune ménage, et on festoie tant qu'il reste à manger, les hommes au rez-de-chaussée, les femmes au premier étage. Le troisième mode de mariage est surtout en usage parmi les familles riches: c'est uniquement une affaire qui s'arrange, comme dans certains pays chrétiens. Le mariage est conclu sans que les époux se soient vus. Les festivités ont lieu chez le père. Vers le soir, le mari d'un côté, la femme de l'autre, sont conduits, avec accompagnement de musique et de coups de fusil, dans la demeure commune, où ils se voient alors pour la première fois. Les déceptions trop cruelles sont réparées par le divorce, ou, insinuent les mauvaises langues, par les moyens plus expéditifs encore. Un proverbe bosniaque a beau dire qu'il est plus facile de garder un sac de puces qu'une femme, les officiers de l'armée d'occupation les plus charmants,—et l'on sait à quel point le sont les Hongrois,—ne trouvent ici, dit-on, que des rebelles. L'adultère féminin n'est pas encore un des condiments habituels de la société musulmane.

Ce qui caractérise surtout le Bosniaque formé par le Koran, c'est une résignation absolue, qu'envierait l'ascète le plus exalté. Il supporte sans se plaindre les revers et les souffrances. Il dira avec Job: Dieu me l'a donné, Dieu me l'a retiré; que la volonté de Dieu s'accomplisse! Est-il malade, il n'appelle pas le médecin: si son heure n'est pas venue, Dieu le guérira. S'il sent la mort approcher, il ne s'en effraye pas. Il s'entretient avec le hodseha, dispose d'une partie de ses biens en faveur d'une œuvre utile, ou, s'il est très riche, fonde une mosquée; puis il meurt, en récitant des prières. La famille se réunit, nul ne pleure; le corps est lavé, le nez, la bouche et les oreilles sont bouchés avec de l'ouate, afin que les mauvais esprits n'y pénètrent pas, et le même jour il est enterré, enveloppé dans un suaire blanc et sans cercueil. Une pierre, terminée en forme de turban pour un homme, est placée sur le lieu de la sépulture, qui devient sacré. Les environs de Sarajewo sont partout occupés par des cimetières. Cette façon d'accepter tout ce qui arrive comme le résultat de lois inéluctables donne certes au caractère musulman un fond de mâle stoïcisme qu'on admire malgré soi. Mais ce n'est pas une source de progrès, au contraire. Celui qui trouve tout mauvais, et qui aspire au mieux, agira vigoureusement pour tout améliorer. Dans le christianisme, il y a un côté ascétique très semblable à la résignation musulmane; mais, d'autre part, les prophètes et le Christ protestent et s'insurgent, avec la plus éloquente véhémence, contre le monde tel qu'il est et contre les lois naturelles. De toute leur âme, ils aspirent vers un idéal de bien et de justice qu'ils veulent voir réaliser, même en livrant l'univers aux flammes, dans ce cataclysme cosmique décrit dans l'Évangile comme la fin du monde. C'est cette soif de l'idéal qui, entrée dans le sang des peuples chrétiens, fait, leur supériorité, en les poussant de progrès en progrès.

Voici encore d'autres causes qui feront ici, comme partout, déchoir les musulmans relativement aux rayas, du moment qu'ils ne seront plus les maîtres et que l'égalité devant la loi régnera. Le vrai mahométan ne connaît et ne veut connaître qu'un livre, le Koran. Toute autre science est inutile ou dangereuse. S'il est faux qu'Omar ait brûlé la bibliothèque d'Alexandrie, il est certain que les Turcs ont réduit en cendres celles des rois de Hongrie et de la plupart des couvents qu'ils ont pillés, lors de la conquête de la péninsule balkanique. Le Koran est à la fois un code civil, un code politique, un code de religion et un code de morale, et ses prescriptions sont immuables: donc, il pétrifie et immobilise. Certes, le Koran est un beau livre, et on ne peut nier qu'il ait donné à ses sectateurs une fière trempe, tant qu'ils ne s'en sont pas émancipés: nul n'est plus profondément religieux qu'un musulman. Toutefois, c'est une grave lacune pour le Bosniaque, à la fois musulman et Slave, de ne pas comprendre le livre qui est tout pour lui, ni même les prières qu'il récite tout le jour et dans toutes les circonstances de sa vie. Cela ne peut manquer de produire dans l'esprit un terrible vide. On objectera que les paysans catholiques, à qui on défend de lire la Bible en leur langue, et qui n'ont pour toute cérémonie de culte que la messe en latin, sont dans la même situation; mais ce n'est pas d'eux non plus que part le branle de ce que l'on appelle le progrès. Lentement, mais inévitablement, les musulmans de la Bosnie, autrefois les maîtres et aujourd'hui encore les seuls propriétaires du pays, descendront dans l'échelle sociale, et ils finiront par être éliminés. L'Autriche ne doit nullement les molester, mais elle aurait tort de les favoriser et de trop s'appuyer sur eux.

Ceux qui s'élèvent le plus rapidement et qui profiteront le plus de l'ordre et de la sécurité qui régnent désormais en Bosnie, ce sont les juifs. Déjà une grande partie du commerce est en leurs mains, et bientôt beaucoup d'immeubles urbains y passeront également. Les plus entreprenants sont ceux qui viennent d'Autriche et de Hongrie. Les juifs bosniaques descendent des malheureux réfugiés qui avaient fui l'Espagne pour échapper à la mort, au XVe et au XVIe siècle. Ils parlent encore l'espagnol et l'écrivent avec des lettres hébraïques. Pendant mon voyage de Brod à Sarajewo, j'entendis des voix féminines parler l'espanol dans une voiture de troisième classe. Je vis une mère, avec le type oriental le plus marqué, accompagnée de deux filles charmantes, toutes trois en costume turc, moins le yaschmak. Aspect étrange: qui étaient-elles? d'où venaient-elles? J'appris que c'étaient des juives espagnoles qui retournaient à Sarajewo. Cette persistance à conserver les anciennes traditions est merveilleuse. Ces juifs ont complètement adopté ici les vêtements et la façon de vivre des musulmans. Pour ce motif, et peut-être aussi à cause de la ressemblance des deux cultes, ils ont été bien moins maltraités que les chrétiens. On en compte 3,420 dans la Bosnie, dont 2,079 à Sarajewo. Ils occupent, dans le mouvement des affaires, une place hors de toute proportion avec leur nombre. Les exportations et les importations se font presque exclusivement par leur intermédiaire. Tous vivent simplement, même, les plus riches; ils craignent d'attirer l'attention. Tous accomplissent les prescriptions de leur culte avec la plus rigoureuse ponctualité. Ils ne le cèdent pas aux musulmans sous ce rapport. Le samedi, personne ne manque à la synagogue, et même la plupart s'y rendent chaque matin, quand la voix du muezzin appelle les enfants de Mahomet à la prière. Pour régler les différends qui s'élèvent entre eux, jamais ils ne s'adressent au mudir. Le chef de la communauté, avec l'aide de deux anciens, décide comme arbitre, et nul n'en appelle. Avant et après le repas, les convives se lavent les mains dans une aiguière portée autour de la table et disent de longues prières. Ils ont leurs rabbins, les *chachams*, mais ceux-ci, très différents en cela des prêtres catholiques et des popes du rite oriental, ne prélèvent rien sur les fidèles. Comme saint Paul, ils vivent d'un métier. Il est vrai que leur instruction théologique est nulle: elle se borne à savoir réciter les prières et les chants du rituel. Le sentiment de solidarité et de soutien naturel qui unit les familles et même les communautés juives est admirable. Ils s'entr'aident et se poussent les uns les autres et payent même les contributions en commun, les riches supportant la part des pauvres. Mais ils n'ont encore rien fait pour donner quelque instruction à leurs femmes; très peu d'entre elles savent lire. Nulle école moyenne; dans leurs harems, pas un livre, pas un imprimé, nulle culture de l'esprit. Elles passent leur vie, comme les musulmanes, à fumer des cigarettes, à broder, à bavarder entre elles. Presque jamais elles ne sortent; mais elles s'occupent davantage de leur ménage, car les maris tiennent beaucoup plus que les begs à faire bonne chère.

Le musulman et le juif font les affaires d'une façon complètement différente. Le premier n'est pas âpre au gain; il attend le client et, si nul n'achète, il ne le regrette pas trop, car il garde ses marchandises, auxquelles il s'attache. Le second fait tout ce qu'il peut pour attirer l'acheteur. Il lui adresse les plus beaux discours, il lui offre son meilleur café et ses cigarettes les plus parfumées; il ne songe qu'à vendre pour racheter, car il faut que le capital roule. Voyez-les, l'un et l'autre, assis au café: le musulman est plongé dans son kef; il jouit de l'heure présente: il est content du loisir que lui procure Allah; il ne pense pas au lendemain; l'œil vague et fixe trahit un état de rêve presque extatique; il atteint aux félicités de la vie contemplative, il est aux portes du paradis. Le juif a l'œil brillant, agité; il cause, il s'informe, il veut savoir le prix des choses: l'actuel ne lui suffit jamais; il songe à s'enrichir toujours davantage; il groupe en sa tête les circonstances qui amèneront la hausse ou la baisse et il en déduit les moyens d'en profiter. Certainement il fera fortune, mais qu'en fera-t-il? Qui des deux a raison? Peut-être bien le musulman. Car à quoi bon l'argent, si ce n'est pour en jouir et pour en faire jouir les autres? Mais dans ce monde, où le *struggle for life* de la forêt préhistorique se continue dans les relations économiques, celui qui agit et prévoit élimine celui qui jouit et rêve. Si l'on veut connaître l'israélite du moyen-âge, ses idées, ses coutumes, ses croyances, c'est ici qu'il faut l'étudier.

Il existe encore en Bosnie une autre race très intéressante, que j'ai rencontrée dans toute la Péninsule. Elle est aussi active, aussi économe, aussi entreprenante que les juifs et en même temps plus prête à travailler de ses bras. Ce sont les Tsintsares, qu'on appelle aussi Kutzo-Valaques (Valaques boiteux) ou Macédoniens. On les trouve dans toutes les villes où ils font le commerce, et dans les campagnes où ils tiennent les auberges, comme les juifs en Pologne el en Galicie. Ils sont d'excellents maçons et les seuls, en Bosnie, avant l'arrivée des *muratori* italiens. Ils sont aussi charpentiers et exécutent avec une grande habileté les travaux de menuiserie. Ce sont eux, dit-on, qui ont construit tous les bâtiments importants de la Péninsule: églises, ponts, maisons en pierre. On vante aussi leur goût dans la confection des objets de filigrane et d'orfèvrerie. Quelques-uns d'entre eux sont riches et font de grandes affaires. Le fondateur de la fameuse maison Sina, de Vienne, était un Tsintsare. On en trouve jusqu'à Vienne et à Pesth, où on les considère comme des Grecs, parce qu'ils professent, le rite oriental et qu'ils sont dévoués à la nationalité grecque. Cependant ils sont de sang roumain et proviennent de ces Valaques qui vivent du produit de leurs troupeaux, en Grèce, en Thrace et en Albanie. En dehors de leur pays d'origine, ils sont dispersés dans tout l'Orient. Presque nulle part ils ne sont assez nombreux pour former un groupe distinct sauf près de Tuzla, dans le village de Slovik, en Istrie, près de Monte-Maggiore et du lac de Tchespitch, et dans quelques autres localités. Leurs habitations et leurs jardins sont beaucoup mieux tenus que ceux de leurs voisins. Ils sont entre eux d'une probité proverbiale. Ils adoptent le costume et la langue du pays qu'ils habitent, mais ils ne se mélangent pas avec les autres races. Ils conservent un type à part très reconnaissable. D'où viennent ces aptitudes spéciales qui les distinguent si nettement des Bosniaques musulmans et chrétiens, au milieu desquels ils séjournent? Ce sont évidemment des habitudes acquises et transmises héréditairement. On ne peut les attribuer ni à la race ni au culte, car leurs frères de la Roumanie, de même sang et de même religion, ne les possèdent nullement jusqu'à présent. Quoi dommage qu'il n'y ait que quelques milliers de Tsintsares en Bosnie! Ils contribuent encore plus que les juifs à l'accroissement de la richesse, parce qu'ils sont, outre de fins commerçants, d'admirables travailleurs.

On me parle beaucoup d'une dame anglaise fixée à Sarajewo depuis quelques années, miss Irby. Elle habite une grande maison au fond d'un beau jardin. Elle s'occupe de répandre l'instruction et l'évangile. La tolérance que lui avait accordée le gouvernement turc lui est continuée par l'Autriche. Non loin de là, je vois un dépôt de la Société biblique. Son débit n'est pas grand, car presque tous les gens d'ici, même ceux qui ont quelque aisance, vivent dans une sainte horreur de la lettre moulée. Miss Irby a créé un orphelinat où se trouvent trente-huit jeunes filles de l'âge de trois à vingt-trois ans, dans une maison, et sept ou huit garçons dans une autre. Les plus âgées donnent l'instruction aux plus jeunes. Elles font tout l'ouvrage, cultivent le jardin et apprennent à faire la cuisine. Elles sont très recherchées en mariage par des instituteurs et de jeunes popes. Bonne semence pour l'avenir. Qu'on vienne en aide à Miss Irby!

M. Scheimpflug me fait visiter la famille et la maison où il a un appartement. Ce sont des négociants du rite orthodoxe, qui sont, dit-on, très à l'aise. La maison est en pierre, bien blanchie et à deux étages; les fenêtres du rez-de-chaussée sont protégées par d'épais barreaux de fer, assez forts pour résister à un assaut. Une grande porte cochère donne accès de la rue à une cour, le long de laquelle la maison prolonge sa façade précédée d'une véranda; en arrière s'étend un jardin que terminent les dépendances. La chambre principale où nous sommes reçus est à la fois le salon et le dortoir commun. Tout autour s'étend le divan à la turque, sur lequel se couchent tous les membres de la famille, suivant les anciens usages. Seule, la fille aînée, gagnée aux idées modernes, a voulu avoir et a obtenu un lit. Il est vrai qu'elle fait des broderies merveilleuses sur des tissus de fin coton et de toile, et la mère nous les montre avec orgueil. Le seul meuble est une grande table couverte d'un beau tapis de Bosnie. Aux murs peints à la détrempe sont pendues une glace et quelques gravures grossièrement coloriées, représentant des saints et des souverains. L'arrangement de cet appartement révèle déjà la transition vers les mœurs occidentales.

Les chrétiens du rite oriental sont deux fois plus nombreux que les catholiques dans la Bosnie-Herzégovine. La statistique officielle a compté, en 1879, 496,761 des premiers et seulement 209,391 des seconds; 3,447 orthodoxes orientaux sont fixés à Sarajewo et beaucoup d'entre eux s'occupent de commerce et ont quelque aisance; mais, sur les 21,377 habitants que compte la capitale, 14,848, 70 pour 100, sont musulmans. Il est remarquable que les orthodoxes soient restés si fidèles à leur culte traditionnel, car ils ont été longtemps rançonnés sans merci par le clergé phanariote. Le patriarche de Constantinople n'est nommé qu'au prix d'énormes bakchichs. M. Strausz, qui paraît bien renseigné, prétend que l'élection de 1864 coûta plus de 100 milles ducats, moitié pour le gouvernement turc, moitié pour les pachas et les eunuques. Afin de couvrir les frais, affirme notre auteur, les riches familles phanariotes constituaient une société par actions. Celle-ci faisait l'avance des bakchichs, qui lui étaient restitués avec grand bénéfice. Par quel moyen? Par le même système. Ils mettaient aux enchères les places d'évêques, et ceux-ci se faisaient rembourser par les popes, lesquels avaient à récupérer le tout sur les fidèles. La hiérarchie ecclésiastique n'était donc que l'organisation systématique de la simonie, qui, à la façon d'une puissante pompe aspirante, achevait de dépouiller les paysans déjà écorchés à vif par le fisc et par les begs. Les infortunés popes avaient eux-mêmes à peine de quoi subsister; mais les évêques touchaient 50,000 à 60,000 francs par an et le patriarche vivait en prince. Le plus clair de toutes ces spoliations allait se déverser à Constanlinople, qui vendait au plus offrant le droit d'exploiter les croyants. Il y avait dans les deux provinces 4 évêchés ou éparchies, 14 couvents et 437 popes séculiers ou réguliers; ceux-ci manquaient de toute instruction. Voici comment ils obtenaient leur cure. Un parent ou un protégé du pope l'aidait dans son service ecclésiastique. Quand il avait réuni le prix auquel était taxée une cure, soit de 20 à 200 ducats, il allait l'offrir à l'évêque, qui ne tardait pas à le nommer, en destituant, au besoin, un prêtre en exercice, à moins que celui-ci ne donnât davantage. Beaucoup de ces popes ne savent pas écrire et à peine lire; ils récitent par cœur les prières et les chants. L'Église orthodoxe n'a pas de biens en Bosnie, et les popes ne reçoivent aucun traitement fixe. Mais les fidèles les entretiennent et leur font des dons en nature, lors des grandes fêtes ou des cérémonies religieuses: mariage, naissance, enterrement. Ils reçoivent ainsi du blé, des moutons, de la volaille. A la mort du père de famille, ils prélèvent souvent un bœuf et à la mort de la mère, une vache. Les Bosniaques craignent beaucoup les influences des mauvais esprits, des fées, des *vilas*; et ils ont souvent recours aux exorcismes, qu'ils doivent bien payer. Il faut donner à l'évêque une si grande partie de ces rémunérations en nature ou en argent que les popes sont réduits à cultiver la terre de leurs mains pour avoir de quoi vivre.

La même exploitation scandaleuse avait lieu en Serbie, en Valachie, en Bulgarie, partout où le clergé orthodoxe dépendait du Phanar, et elle se poursuit encore en ce moment, en Macédoine, malgré la promesse formelle de la Porte et des puissances d'affranchir ce malheureux pays, tout au moins sous le rapport ecclésiastique. L'Autriche s'est empressée de couper le lien funeste qui attachait l'Église orthodoxe de Bosnie au patriarcat de Constantinople. Le 31 mars 1880, a été signé avec le patriarche œcuménique un accord, en vertu duquel l'empereur d'Autriche-Hongrie acquiert le droit de nommer les évoques du rite oriental, moyennant une redevance annuelle d'environ 12,000 francs à payer par le gouvernement. Cette charte d'affranchissement me paraît si importante, et elle constitué un si grand bienfait pour les populations du rite oriental, que je crois utile d'en reproduire les termes: «Les évoques de l'Église orthodoxe actuellement en fonction en Bosnie et en Herzégovine sont confirmés et maintenus dans les sièges épiscopaux qu'ils occupent. En cas de vacance d'un des trois sièges métropolitains en Bosnie eten Herzégovine, Sa Majesté Impériale et Royale Apostolique nommera le nouveau métropolitain au siège devenu vacant, après avoir communiqué au patriarcat œcuménique le nom de son candidat, pour que les formalités canoniques puissent être remplies.» Les évêques orthodoxes n'ont donc plus à acheter leur place aux enchères, au Phanar, et par conséquent ils ne doivent plus en prélever le prix sur les malheureux fidèles. Pour couper court à tout abus, le gouvernement paye directement aux métropolitains un traitement de 5,000 à 8,000 florins. Sous le nom de *vladikarina*, les agents du fisc prélevaient une taxe de 1 franc à 1 fr. 50 c. sur chaque famille du rite oriental; cet impôt a été supprimé, par décret impérial du 20 avril 1885, à la grande joie des populations orthodoxes. En même temps, l'administration exerce un droit général de contrôle sur le côté pécuniaire des affaires ecclésiastiques et il a ouvert une enquête sur la situation et le revenu des différentes cures et des couvents. Ce sont là d'excellentes mesures. Les couvents orthodoxes en Bosnie ne sont ni riches ni peuplés. Quelques-uns ne comptent que quatre ou cinq moines. Mais la population leur porte un grand attachement. Quand le paysan voit passer un religieux, avec son grand cafetan noir et ses longs cheveux tombant sur ses épaules, il se jette à genoux, implore sa bénédiction et parfois embrasse ses pieds. Aux monastères, situés ordinairement dans les montagnes ou dans les bois, se font des pèlerinages très fréquentés. Les fidèles y arrivent en foule, avec des drapeaux et de la musique. Ils campent, ils dansent, ils chantent; ils apportent des cierges en quantité et achètent des images, des verroteries, des colliers de peu de valeur, qu'ils conservent comme des reliques. Le nouveau séminaire de Keljewo, avec ses quatre années d'étude, relèvera peu à peu le niveau intellectuel du clergé orthodoxe.

Le gouvernement autrichien s'est aussi immédiatement occupé de l'instruction. Ici encore se sont révélés les funestes effets de la domination turque et son impuissance absolue à réaliser des réformes. Pour imiter ce qui se fait en Occident en faveur de l'enseignement, la Porte avait édicté, en 1869, une excellente loi: chaque village, chaque quartier d'une ville devait avoir son école primaire. Dans les localités importantes, des établissements d'enseignement moyen devaient être organisés, avec un système de classes d'autant plus complet que la population était plus nombreuse, et une dotation convenable était affectée au traitement des maîtres, organisation qu'eussent enviée, semble-t-il, la France et l'Angleterre. Tout ce beau projet n'aboutit à rien. Les begs ne voulaient pas d'écoles pour leurs enfants, qui n'en avaient pas besoin, et encore moins pour les enfants des rayas, qu'il était dangereux d'instruire. D'ailleurs, le gouvernement turc manquait d'argent. La loi, si admirable sur le papier, resta lettre morte. Cependant, grâce aux vakoufs, les musulmans possédaient presque partout, à l'ombre des mosquées, une école primaire, *mekteb*, et des écoles de théologie, des *médressés*, où l'on s'occupait de l'exégèse et des commentaires du Koran. Avant l'occupation, il y avait 499 écoles mektebs et 10 médressés, où l'instruction était donnée par 660 *hodschas* à 15,948 gardons et 9,360 filles. Les écoles ont continué, en général, à subsister, mais comme elles ont un caractère essentiellement confessionnel, le gouvernement ne s'en occupe pas. Les élèves n'y apprenaient guère qu'à réciter par cœur un certain nombre de passages du Koran. D'ailleurs, il existe pour les musulmans bosniaques des difficultés spéciales. Ils doivent d'abord se familiariser avec les caractères arabes, peu aisés à déchiffrer en manuscrit; en second lieu, il leur faut aborder, dès le début, deux langues étrangères sans aucun rapport avec leur dialecte maternel, le croate, à savoir la langue religieuse, l'arabe, et la langue officielle, le turc. C'est à peu près comme si on demandait à nos enfants qu'ils sachent le grec pour apprendre le catéchisme, et le celtique pour correspondre avec le maire. Dans les couvents de franciscains, il y avait des écoles, et les familles du voisinage pouvaient en profiter; mais elles étaient peu nombreuses. Les orthodoxes ne trouvaient point d'enseignement dans leurs couvents, où régnait une sainte ignorance. Cependant, grâce à des libéralités particulières et aux sacrifices des parents, il existait, à l'époque de l'occupation, 56 écoles du rite oriental et 54 du rite latin, comptant en tout 5,913 élèves des deux sexes.

Les commerçants du rite oriental avaient fait des sacrifices pour l'enseignement moyen. Ils entretenaient une école normale à Sarajewo avec 240 élèves et une autre à Mostar avec 180 élèves, et en outre une école de filles dans chacune de ces deux villes. Grâce à un legs de 50,000 francs fait par le marchand Risto-Nikolitch Trozlitch, un gymnase avait été créé à Sarajewo, où l'on apprenait même les langues anciennes. Aussitôt après l'occupation, l'administration autrichienne s'occupa de réorganiser l'instruction. Ce n'était pas chose facile, car le personnel enseignant faisait entièrement défaut. Elle maintint la loi turque de 1869 et se donna pour but de la mettre peu à peu à exécution. Elle s'efforça de multiplier les écoles non confessionnelles, où l'on confie aux ministres des cultes le soin de donner l'instruction religieuse en dehors des heures de classe. Il en existait, en 1883, 42 avec 59 instituteurs et institutrices, et, chose extraordinaire en ce pays de haines confessionnelles, on y trouve réunis des élèves des différents cultes:

1,655 orthodoxes, 1,064 catholiques, 426 musulmans et 192 israélites. L'enseignement est gratuit. L'État donne 26,330 florins et les communes 17,761. L'instituteur reçoit 1,200 francs, plus une habitation et un jardin. D'une année à l'autre, le nombre des enfants mahométans acceptant l'instruction laïque a doublé, fait très digne de remarque. On demanda à l'armée des volontaires capables d'enseigner à lire et à écrire, en leur accordant des indemnités proportionnées aux résultats obtenus, d'après l'excellent principe en vigueur en Angleterre, de la rémunération à la tâche. La fréquentation sera rendue obligatoire aussitôt qu'il y aura un nombre suffisant d'écoles. A Sarajewo furent établis successivement, d'abord un pensionnat où est donnée l'instruction moyenne, surtout pour les fils des fonctionnaires, puis un gymnase où sont enseignées les langues anciennes et enfin une école supérieure pour les filles. Voici les résultats du dernier recensement scolaire de 1883: écoles musulmanes mektebs et médréssés: 661 hodschas ou maîtres et 27,557 élèves des deux sexes; 92 écoles chrétiennes confessionnelles des deux rites avec 137 instituteurs et institutrices, 4,770 élèves; 42 écoles laïques gouvernementales avec 59 instituteurs et 2,876 garçons et 468 filles. Total: 35,661 élèves, ce qui, pour 1,158,453 habitants, fait environ 3 élèves par 100 habitants. Le gymnase comptait en 1883 124 élèves appartenant à 5 cultes différents: 50 orthodoxes, 43 catholiques, 9 Israélites, 8 mahométans et 4 protestants.

La grosse querelle de l'alphabet fait bien voir à quel point les susceptibilités confessionnelles sont surexcitées en Bosnie. Tous parlent exactement la même langue, le croate; seulement les catholiques l'écrivent avec l'alphabet latin, les orthodoxes avec l'alphabet cyrillique. Pour simplifier la tâche de l'instituteur, le gouvernement prescrivit que, dans les écoles non confessionnelles, on se servirait uniquement de l'alphabet latin. Les orthodoxes réclamèrent violemment. Pour eux, les caractères cyrilliques font partie de leur culte. Qui veut les remplacer par les caractères occidentaux porte atteinte à leur religion. Le gouvernement a dû céder, pour ne pas provoquer une protestation formidable. Les orthodoxes mettent sur leurs écoles l'inscription suivante, en lettres cyrilliques: *Srbsko narodno ulchilischte*, c'est-à-dire «École populaire serbe». Par serbe, ils entendent ici le rite oriental. Mais, comme le fait remarquer M. Strausz, le mot juste serait *pravoslavno*, «orthodoxe ou *vraie foi*». Le remplacement de l'alphabet cyrillique par l'alphabet latin serait, me semble-t-il, très utile à la cause jougo-slave; car elle effacerait une barrière qui s'élève entre les Serbes et les Croates. Croates, Monténégrins, Bosniaques, Serbes parlant le même idiome, pourquoi ne pas faire usage des mêmes caractères? Les Roumains ont abandonné les caractères cyrilliques; la propagande catholique en a-t-elle profité? En Allemagne, on imprime de plus en plus les livres en caractères latins, malgré les protestations de M. de Bismarck; en quoi cela peut-il porter atteinte à l'originalité des travaux scientifiques ou des publications littéraires de l'Allemagne?

Quels changements aussi, depuis l'occupation, dans les moyens de communication et de correspondance! Quand j'étais venu, il y a quelques années, jusqu'à Brod pour visiter la Bosnie, je fus arrêté non seulement par les difficultés du voyage, mais surtout par la crainte des irrégularités de la poste. La seule route à peu près carrossable était celle de la Save à Sarajewo. Les lettres étaient expédiées avec si peu de diligence et de soin, qu'elles mettaient quinze jours pour arriver à la frontière, où souvent elles s'égaraient. Aussi, pour les messages importants, les négociants envoyaient un courrier. On écrivait peu, de place à place, dans l'intérieur du pays et encore moins à l'étranger. Le gouvernement, à qui l'Occident portait ombrage, ne pouvait que s'en féliciter. À peine entrée en Bosnie, l'Autriche s'est appliquée à construire des routes, et tout d'abord le chemin de fer de Brod-Sarajewo, qui mesure 271 kilomètres, avec un écartement de rails de 76 centimètres, et qui a coûté, y compris le grand pont sur la Save, 9,425,000 florins. Il sera continué de façon à réunir la capitale à l'Adriatique par Mostar et la vallée de la Narenta. La section Metkovitz-Mostar, longue de 42 kilomètres, vient d'être inaugurée; elle a coûté environ 4 millions de francs, payés par l'Autriche. Elle permettra d'exploiter les richesses forestières des montagnes d'Yvan et de la Veles-Planina. Environ 1,700 kilomètres de routes carrossables ont été construits, les travaux en ont été en grande partie exécutés par l'armée, et celle-ci entretient 1,275 kilomètres. Depuis l'occupation, 14 millions de florins ont été consacrés aux voies de communication, dont 13 millions fournis par l'empire.

La Bosnie est entrée dans l'union postale universelle et les lettres y sont transportées partout avec autant de régularité que dans notre Occident. Déjà, en 1881, 51 bureaux de poste étaient ouverts; en 1883, le réseau télégraphique mesurait 1,180 kilomètres, avec 65 bureaux d'expédition, qui ont transmis 656,206 dépêches. L'accroissement extraordinaire des relations postales est une des preuves les plus incontestables des progrès accomplis[12]. C'est en multipliant les communications rapides que cette région, qui, sous le régime turc, était plus isolée que la Chine, entrera dans le mouvement de l'Europe occidentale, dont elle est plus rapprochée que les autres provinces de la péninsule balkanique. À l'époque romaine et au moyen-âge, les influences civilisatrices émanant de l'Italie pénétraient en Bosnie par l'intermédiaire des villes de l'Adriatique. Le même fait se reproduira, et avec d'autant plus d'intensité que les relations deviendront plus faciles.

[12]

Les chiffres précis ont une si grande éloquence qu'on nous permettra d'en citer quelques-uns. Le nombre des lettres et des colis postaux qui ont passé par les bureaux de poste de la Bosnie-Herzégovine s'est accru de la façon suivante: Lettres: 1880, 2,984,463; 1881, 4,063,324; 1882, 5,594,134; 1883, 5,705,972.

—Colis: 1880, 137,112; 1881, 127,703; 1882, 161,446; 1883, 435,985. L'activité postale a donc doublé en quatre années.

Je crois utile de donner quelques détails sur la façon dont l'Autriche a abordé les réformes sur le terrain judiciaire, parce que la France en Afrique, l'Angleterre aux Indes, la Hollande à Java et la Russie en Asie se trouvent en présence du même problème. Il est d'une grande difficulté, car, en pays musulman, le code civil, le code pénal et le code religieux sont si intimement unis, que tout changement peut être considéré comme une atteinte aux dogmes de l'islamisme. L'occupation avait complètement bouleversé l'organisation judiciaire: les magistrats, tous musulmans et la plupart étrangers au pays, étaient partis. Les tribunaux d'arrondissement (*medzlessi temizi*) et les tribunaux de district (*medzlessi daavi*) furent reconstitués au moyen des kadis, mais sous la présidence d'un Autrichien, et à Sarajewo fut établie une cour suprême, dont les membres étaient empruntés aux provinces austro-hongroises. Elle recevait tous les appels, afin d'introduire l'unité et la légalité dans les décisions. Maintenant, le personnel judiciaire a été presque entièrement renouvelé par l'admission de magistrats autrichiens compétents et parlant le bosniaque. Tout ce qui concerne le mariage, la filiation et les successions a été laissé aux diverses confessions, conformément aux lois existantes, afin de ne pas alarmer les consciences. Le gouvernement édicta successivement un code pénal, un code d'instruction criminelle, un code de procédure civile, un code de commerce et une loi sur les faillites. On alla même jusqu'à codifier les lois concernant le mariage, la famille et les successions, mais on les soumit à l'approbation des autorités ecclésiastiques et, en même temps, on fixa la compétence des tribunaux mahométans du scheriat et les qualifications nécessaires pour en faire partie. L'appel des jugements du scheriat a lieu devant la cour suprême, mais avec l'adjonction, en ce cas, de deux juges supérieurs musulmans.

Une excellente institution a été créée en vue de rendre l'administration de la justice expéditive et peu coûteuse. Dans chaque district existe un tribunal composé du sous-préfet (*Bezirksvorsteher*) et de deux assistants élus, pour chaque culte, par leurs coreligionnaires. Ce tribunal est itinérant, comme les juges anglais; il va siéger successivement au centre de chaque commune, afin d'éviter les déplacements aux habitants. Il juge sommairement et sans appel toutes les affaires inférieures à 50 florins, ce qui, dans ce pays primitif, comprend la plupart des litiges. Les paysans, à qui la justice coûtait jadis si cher, sont enchantés et ils ont pris part à la votation avec grand entrain. On dit du bien des élus. Le régime de l'élection a donc été inauguré avec succès. La réforme judiciaire est un bienfait inestimable; car il n'y a rien de pire pour un pays que l'impossibilité d'obtenir prompte et bonne justice. Un fait important prouve les avantages qui résultent de la sécurité garantie à tous. Les kmets commencent à acheter la propriété aux petits propriétaires, aux agas, qui émigrent ou qui se ruinent. C'est cette transformation économique que le gouvernement doit protéger. On reproche à l'administration autrichienne ses lenteurs et ses tergiversations. Ici, au contraire, elle s'est avancée dans la voie des réformes d'un pas rapide et sûr, et elle paraît avoir complètement réussi. Ce qui a été accompli de travail dans cette seule branche est incroyable.

L'administrateur général de la Bosnie-Herzégovine, M. de Kállay, qui est en même temps ministre des finances de l'empire, voudrait doter ces provinces d'une véritable autonomie communale. La difficulté est grande, à cause de l'hostilité des différentes confessions et de la prédominance de l'élément musulman, qui ne manquerait pas d'asservir les autres. Un premier essai a été fait dans la capitale, à Sarajewo, constituée en commune; le règlement du 10 décembre 1883 lui donne l'organisation suivante. Un conseil communal examine et discute toutes les affaires d'intérêt municipal; il est composé de 24 membres, dont 12 doivent être mahométans, 6 orthodoxes du rite oriental, 3 catholiques et 3 israélites. Il a fallu avoir égard aux droits des différentes confessions, autrement les musulmans, ayant la majorité, auraient exclu les autres; car, sur une population de 21,399 habitants, on comptait, d'après la statistique officielle de 1880, 14,848 mahométans et seulement 3,949 orthodoxes du rite oriental, 698 catholiques et 2,099 Israélites. Le pouvoir exécutif est confié au «magistrat», qui se compose d'un bourgmestre et d'un vice-bourgmestre nommés par le gouverneur et des commissaires de quartier, les *muktarés*. Un tiers des membres du conseil municipal est désigné par le gouvernement, les deux autres tiers, sont élus par le corps électoral. Est électeur qui paye soit 2 florins d'impôt foncier, soit 9 florins d'impôt personnel, soit 25 florins d'impôt pour débit de boissons, soit un loyer annuel de 100 florins. Pour être éligible, il faut payer le triple de ces impôts. Les premières élections eurent lieu le 13 mars 1884; 76 pour 100 électeurs s'empressèrent de faire usage de leur droit, et tout se passa avec le plus grand ordre. On est très satisfait du zèle et de l'intelligence que le conseil communal apporte dans l'accomplissement de sa mission. Sur les 23,040 habitants que comptait Sarajewo à cette date,—1,663 de plus qu'en 1879,—il s'est trouvé 1,106 électeurs, dont 531 mahométans, 195 orthodoxes, 257 catholiques et 123 israélites. Le nombre des éligibles est de 418, dont 233 musulmans, 105 orthodoxes, 24 catholiques et 56 israélites. Les catholiques, ayant relativement plus d'électeurs et beaucoup moins d'éligibles, appartiennent donc en majorité aux classes peu aisées. On ne peut dénier à l'Autriche le mérite d'avoir respecté partout les autonomies communales, qui sont, on ne peut trop le répéter, le plus solide fondement des libertés publiques.

M. de Kállay est très fier de présenter un budget en équilibre, et il n'a pas tort quand on songe à tout ce que coûtent les colonies et les annexions aux autres États européens. J'ai sous les yeux le budget détaillé de la Bosnie-Herzégovine pour 1884: les dépenses ordinaires et extraordinaires réunies s'élèvent à 7,356,277 florins, et les revenus à 7,412,615: donc excédent 56,338. Quel est le grand État qui peut en dire autant? Il est vrai que l'armée d'occupation reste à la charge de l'empire; mais qu'on entretienne ces soldats ici ou ailleurs, la charge n'en est pas augmentée. Voici le produit des principaux impôts en 1883. La dîme de 10 p. c. sur tous les produits des champs et des jardins payés en argent d'après le prix des produits fixé annuellement: 2,552,000 florins; impôt sur la valeur des immeubles, 4 par 1,000: pour les terres, 252,000 florins; pour les maisons, 107,000 florins; impôt du *verghi* sur les districts où l'impôt précédent n'est pas encore établi: 176,000 florins; impôts de patente: 3 p. c. sur le revenu estimé, 91,000 florins; impôt sur le loyer des maisons, 4 p. c.: 34,000 florins; impôt sur les moutons et les chèvres, 18 kreuzer par tête (1 kr. vaut 2.1 centimes): 218,000 florins; impôt sur les cochons, à 35 kr. par tête: 39,000 florins; impôt sur les débits de boisson: 51,000 florins; douanes: 600,000 florins payés par l'empire comme part dans le revenu général; timbres et enregistrement: 326,200 florins. Plus heureux que M. de Bismarck, M. de Kállay a organisé le monopole du tabac, qui donne déjà 2,127,000 florins, et le sel 992,000 florins. Il a établi l'impôt sur la bière, qui, à 16 kreuzer par hectolitre, a donné 11,000 florins, et l'impôt sur l'alcool, qui, à raison de 3 kreuzer par hectolitre et par degré, produit 76,000 florins. D'autre part, on a aboli l'impôt sur le revenu des cultivateurs, qui, à 3 p. c., rapportait 225,000 florins, mesure excellente; la taxe détestable de 2 1/2 p. c. sur la vente du gros bétail; la taxe *vladikarina* de 40 à 75 kreuzer par maison, que payait pour l'entretien de son clergé la population orthodoxe, qui s'est grandement réjouie de cette réforme; enfin l'impôt spécial qui était dû par tout chrétien de quinze à soixante-quinze ans parce qu'il n'était pas admis au service militaire. Ces détails, peut-être très minutieux, sont cependant instructifs. Analysés, ils révèlent de la façon la plus claire toutes les conditions économiques. Ce qui frappe, c'est l'extrême modicité du produit: preuve certaine du peu de développement de la richesse.

L'Autriche a trouvé en M. de Kállay un administrateur hors ligne, admirablement préparé à gouverner les provinces occupées. Hongrois d'origine, connaissant à la fois les langues de l'Occident et celles de l'Orient, économiste instruit, écrivain brillant, ayant étudié à fond la situation de la Péninsule, où il a représenté son pays à Belgrade pendant plusieurs années, auteur de la meilleure histoire de la Serbie et enfin, je crois pouvoir ajouter ami éclairé de la liberté et de tous les progrès, où son prédécesseur avait échoué il a réussi. Il visite presque chaque année la Bosnie, qui est l'objet constant de ses travaux, et il y est très aimé. Depuis qu'il administre ce pays, jadis si récalcitrant, il n'y a plus eu d'insurrections. Il est à croire que son administration équitable et éclairée saura les prévenir à l'avenir. Toutefois, on peut se demander si les réformes accomplies, l'ordre assuré, l'agriculture encouragée, les routes ouvertes, les subsides accordés aux écoles, les moyens de communication multipliés ont inspiré aux populations toute la gratitude que cette œuvre de réorganisation intelligente mérite sans contredit. De toutes les opinions opposées que j'ai entendu émettre à ce sujet, voici ce que j'ai conclu.

Les mahométans comprennent et avouent qu'ils ont été traités avec les plus grands ménagements et tout autrement qu'ils ne s'y attendaient. Les principaux begs sont même ralliés. Mais les autres, c'est-à-dire la masse des propriétaires, petits et grands, voient que c'en est fait du pouvoir despotique dont ils usaient et abusaient à l'égard de leurs vassaux. Ils ne le pardonneront pas de sitôt à l'Autriche, qui d'une main ferme fait régner l'égalité devant la loi, proclamée déjà par la Porte, mais toujours sans résultat. Les orthodoxes du rite oriental sont ombrageux, inquiets. Malgré ce qu'on fait pour eux, ils craignent que les Autrichiens ne favorisent la propagande ultramontaine. Ainsi qu'on l'a constaté dans la grosse affaire de l'alphabet cyrillique, ils voient en tout changement une atteinte au droit de leur culte, qui, pour eux, se confond avec leur nationalité. Se considérant comme Serbes de religion, ils ont des sympathies pour la Serbie. Ils n'ont pas à se plaindre, puisque le gouvernement leur accorde les mêmes encouragements qu'aux autres, mais ils se méfient de ses intentions. Les catholiques, au moins, devraient être contents, puisqu'on reproche à l'Autriche de tout faire pour eux. Cependant ils ne le sont pas, les ingrats! Ils sont quelque peu déçus. Ils croyaient, qu'eux seuls seraient désormais les maîtres, et que places, subsides et faveurs leur seraient exclusivement réservés. Le traitement égal leur paraît une injustice. En outre, la façon dont on a relégué les franciscains au second plan a produit des froissements. Ainsi donc, aucune des trois fractions de la population n'est entièrement satisfaite. Mais, sauf peut-être une partie des musulmans, il n'en est pas une, je crois, qui ne soit ramenée bientôt à apprécier les incontestables bienfaits du régime nouveau.

Que dire maintenant de l'occupation par l'Autriche? Si, oubliant toutes les rivalités politiques, on ne considère que le progrès de la civilisation en Europe, aucun doute n'est possible; tout ami de l'humanité doit y applaudir et de tout cœur. Sous le régime turc, le désordre, avec ses cruelles souffrances et ses indicibles misères, allait s'aggravant. Sous le régime nouveau, l'amélioration sera rapide et générale. Mais n'y avait-il pas une solution meilleure? N'aurait-il pas été préférable d'annexer la Bosnie-Herzégovine à la Serbie? Supposons l'Autriche absolument désintéressée, au point même de se résigner d'avance à voir, un jour, la Croatie se joindre à la Serbie accrue de la Bosnie, reconstituant ainsi l'empire de Douchan, deux grandes difficultés se présentent aussitôt. La première est celle-ci: les musulmans bosniaques, qui ont résisté à une armée autrichienne de 80,000 hommes et qui ne sont contenus que par un corps de 25,000 soldats d'élite, se soumettent à l'Autriche parce qu'ils savent qu'elle peut disposer à l'instant d'un demi-million de troupes excellentes; mais accepteraient-ils de même la domination de la Serbie, qui n'a, en temps ordinaire, que 15,000 hommes sous les armes? Il y aurait là un danger permanent de conflits et une cause de dépenses qui ruinerait les finances du jeune royaume serbe en accablant les contribuables. Le second obstacle est encore plus sérieux. La Bosnie-Herzégovine annexée à la Serbie serait de nouveau séparée de la Dalmatie, et, par conséquent, du littoral et des ports, qui en sont le complément naturel et indispensable. Rien ne serait plus regrettable. Ce serait une insurrection contre les nécessités géographiques, qui frappent tous les yeux et qu'a reconnues le traité de Berlin. Il ne faut pas poursuivre un idéal actuellement irréalisable. En favorisant le développement de la richesse et de l'instruction en Bosnie, l'Autriche prépare la grandeur de la race jougo-slave. L'avenir saura trouver des combinaisons définitives: *Fata viam invenient*. Le mouvement des nationalités, qui tend à fondre dans un même État les populations de même race et de même sang, est si puissant, si irrésistible qu'un jour viendra où toutes les tribus slaves du Midi parviendront à se réunir, sous un régime fédéral, soit au sein de l'empire autrichien transformé, soit dans une fédération indépendante. Comme le dit Mgr Strossmayer, c'est au sein de l'Autriche-Hongrie, respectant de plus en plus l'autonomie et les droits des différentes races, que chacune d'elles arrivera à l'accomplissement de ses destinées. Le gouvernement autrichien donnera à la Bosnie des voies de communication, des écoles, des moyens d'exploiter ses richesses naturelles; et surtout, ce qui a manqué ici depuis la chute de l'empire romain, de la sécurité, condition de tout progrès. Il le fera, car il y a intérêt. La Bosnie deviendra ainsi l'un des joyaux de la couronne impériale, et la civilisation fortifiera l'esprit national, étouffé aujourd'hui par les luttes des différentes confessions.

Il est une dernière question que tout le monde me pose et à laquelle il faut bien répondre: L'Autriche, qui est déjà à Novi-Bazar, n'ira-t-elle pas à Salonique? Certes, c'est un rêve grandiose à réaliser que celui qu'implique le nom même de l'Autriche, *Oester-Reich*, «Empire d'Orient». La fameuse «poussée vers l'Orient», le *Drang nach Osten*, s'impose à la politique austro-hongroise, dont l'influence sur le bas Danube et dans la Péninsule devient prédominante. L'occupation de Salonique et de la Macédoine ouvrirait la route vers Constantinople. Le chemin de fer, qui bientôt reliera directement Vienne à Stamboul, sera comme un premier lien entre les deux capitales. Si ce qui reste de l'empire ottoman, dont les jours sont comptés, doit être occupé, un jour, par l'une des grandes puissances, il est évident que l'Autriche se trouvera mieux placée que nulle autre pour recueillir la succession de «l'homme malade» au moment de son décès, et elle peut compter plus que la Russie sur l'appui ou la complicité de l'Europe. Toutes les provinces de la Péninsule, groupées sous l'égide de l'Austro-Hongrie, formeraient le plus magnifique domaine que l'on puisse imaginer. Quand on sait que l'occupation de la Bosnie a été la pensée personnelle et persistante de l'empereur François-Joseph, qui oserait dire que ces visions de grandeur ne hantent pas le burg impérial? Mais, d'autre part, les Hongrois ne désirent nullement augmenter la prépondérance de l'élément slave, et les Allemands, serrés de près par les revendications des Polonais, des Tchèques et des Slovènes, ne sont guère portés à rechercher de nouveaux agrandissements. Les ministres dirigeants affirment qu'ils ne veulent pas dépasser les limites tracées par le traité de Berlin. Le précédent chancelier, M. de Haymerlé, que j'ai rencontré comme ambassadeur à Rome en 1880, ne voulait pas entendre parler d'aller à Salonique, et M. de Kálnoky tient le même langage. Toutefois, les circonstances l'emportent souvent sur les volontés humaines, et quand le bras est pris dans un engrenage, le corps y passe, quoi qu'on fasse. Lorsque le chemin de fer ouvrira au commerce autrichien l'accès direct de la mer Egée et que l'armée impériale, à Novi-Bazar, n'en sera éloignée que de deux étapes, l'Autriche ne pourra évidemment tolérer qu'une insurrection prolongée ou l'anarchie permanente mette en péril cette voie de communication d'un intérêt capital pour elle. Si la Porte ne parvient pas à régler d'une manière satisfaisante la situation de la Macédoine, conformément à l'article 23 du traité de Berlin, il est à croire qu'un jour viendra où le gouvernement austro-hongrois sera forcé d'intervenir pour mettre l'ordre dans cette malheureuse province, de la même façon qu'il a été amené à occuper la Bosnie-Herzégovine. Le *Drang nach Osten* lui aura forcé la main.

CHAPITRE VI.

LES NATIONALITÉS CROATE ET SLOVÈNE. LA SERBIE.

De Sarajewo, je comptais me rendre directement à Belgrade, par l'intérieur du pays; mais je me décide à repasser par la Croatie, pour y étudier de plus près les revendications nationales hostiles à la suprématie magyare, qui viennent de donner lieu à une émeute et à des combats dans les rues d'Agram. Quand on voyage dans l'Autriche-Hongrie, cette question des nationalités vous suit partout.

En quittant Brod, je me trouve seul, dans le wagon qui me conduit aux bords du Danube, avec un propriétaire croate, patriote ardent, qui appartient à la gauche extrême. Il m'expose les griefs de son pays contre le gouvernement hongrois avec tant de véhémence, qu'elle me met en garde contre ses exagérations: «La Croatie, me dit-il, n'est pas une province hongroise. C'est un royaume indépendant, qui a librement, en 1102, choisi pour souverain Koloman, roi de Hongrie; au XVIe siècle, dans la diète de Cettigne, elle a acclamé la dynastie des Habsbourg; sous Charles VI, sa diète a accepté le nouvel ordre de succession soumis à l'empereur François-Joseph, mais non à la Hongrie. Pendant trois siècles, ce sont les Croates qui ont défendu la Hongrie et la chrétienté contre les Turcs. Dieu seul peut faire le compte de tout le sang que nous avons versé, de toutes les misères, de toutes les souffrances que nous avons subies. Aussi sommes-nous toujours restés pauvres; on devrait donc nous ménager, et on nous accable. Depuis quinze ans, de 1868 à 1882, nous avons versé au trésor 115 millions de florins, dont 43 millions au plus ont été employés dans l'intérêt de notre pays; le reste a été dévoré à Pesth. Les Magyars sont de brillants orateurs et de vaillants soldats, mais de mauvais économes et de grands dépensiers. Ils hypothèquent leurs biens, puis ils sont obligés de les vendre aux juifs. De même, ils ont chargé la Transleithanie d'une dette de plus d'un milliard de florins en moins de seize ans. Ils la livrent à la haute finance européenne, qui, pour toucher les intérêts, écorche nos paysans bien plus durement encore que les fellahs d'Égypte. Éloignés des marchés, nos agriculteurs doivent vendre leurs denrées à vil prix, et quand ils ne peuvent payer leurs taxes, leurs biens sont saisis: aussi sont-ils livrés au désespoir. A chaque instant, les insurrections sont à craindre. Voici une phrase croate que vous entendrez à chaque instant: «*Holje je umrieti, nego umirati.*» «Il vaut mieux périr d'un coup que mourir lentement.» Tant de souffrances ébranlent même l'attachement à l'empereur, et cependant c'était un culte héréditaire chez une nation qui, en 1848, a sacrifié quarante mille de ses fils pour défendre la couronne des Habsbourg.

Maintenant, on croit notre souverain ligué avec les Hongrois. Tout est pour eux, rien pour nous. Que d'argent on a dépensé pour régulariser et endiguer le Danube et la Theiss! Et chez nous, voyez nos fleuves: la Drave, la Save, la Kulpa, ils sont à l'état sauvage. Regardez sur la carte le réseau de nos chemins de fer: tous sont tracés en vue de faire converger le trafic vers Pesth et de le détourner de la Croatie. Aucune ligne ne traverse notre pays. Il suffirait d'un tronçon, très facile à construire, pour relier Brod à Essek, de façon à amener directement les produits de la Bosnie à Agram et à Fiume. De Brod, que nous venons de quitter, la ligne la plus courte vers Pesth eût été par Djakovo et Essek. Non; nous devons faire un long détour par Dalja.

«L'empereur a consenti à réunir les anciens confins militaires à notre royaume. Excellente mesure que tous nous réclamions, car, heureusement, nous n'avons plus besoin de nous défendre contre les razzias des Turcs. Mais, hélas! elle a coûté cher aux pauvres habitants. Ils possédaient de magnifiques forêts de chênes que la couronne leur avait abandonnées en compensation du service militaire, auquel tous étaient soumis. MM. les Magyars sont venus, et ces vieux arbres, qui avaient été achetés au prix du plus noble sang, ont été abattus et vendus pour payer les chemins de fer de la Hongrie. Ces forêts valaient, disait-on, 100 millions; c'était la réserve de l'avenir; tout a été dévasté. Écoutez bien ceci: La Croatie est un petit pays qui ne compte pas même 2 millions d'habitants, mais elle représente une grande race. Nous formions un État chrétien civilisé à l'époque où les hordes magyares erraient encore dans les steppes de l'Asie, à côté de leurs cousins les Turcs. Jamais ces Finnois n'arriveront à dominer définitivement sur la masse des populations aryennes au milieu desquelles ils campent. Ils accepteront l'égalité des droits, ou ils retourneront en Asie avec les Ottomans.

—Mais, lui dis-je, comment tant d'abus sont-ils possibles? Vous avez une administration autonome, une diète nationale et même une sorte de vice-roi, votre ban de Croatie.

—Chimères, apparences; un vrai trompe-l'œil, reprit le Croate, avec plus de violence encore. Le ban n'est pas le représentant de l'empereur, mais la créature des messieurs de Pesth. C'est le ministère hongrois qui le désigne, et il n'a d'autre mission que de nous magyariser. L'administration dite nationale est aux mains d'employés qui n'ont qu'un seul but: plaire aux gouvernants hongrois, de qui leur sort dépend. Notre diète ne représente pas le pays, car les élections ne sont pas libres. Vous ne pouvez vous imaginer les moyens d'intimidation, de pression et de corruption mis en œuvre pour faire échouer les candidats nationaux. Notre presse est soumise à une répression plus draconienne que du temps de Metternich. Tout article d'opposition, si modéré qu'il soit, amène la saisie du numéro et même celle des caractères de l'imprimerie. Au sein de la diète, les députés de l'opposition sont réduits au silence s'ils veulent exposer franchement les griefs du pays. Les rayas en

Bosnie étaient plus libres que nous ne le sommes sous notre prétendu régime constitutionnel. Qu'espèrent les Magyars? Anéantir chez nous le sentiment national et la langue de nos pères, au moment où les progrès de l'instruction leur donnent une nouvelle force et un nouvel éclat? Quelle démence! Convertir notre État autonome en un comitat hongrois? Sans doute, puisqu'ils ont la force, ils peuvent violer le droit et nous enlever nos privilèges. Mais en ce faisant, ils feront naître en nos âmes une haine implacable qui, un jour, aboutira à de terribles représailles. Ont-ils donc oublié le ban Jellatchich marchant sur Bude en 1848? Sa statue, sur la grande place d'Agram, montre, de la pointe de son épée, le chemin de la vengeance, que nous reprendrons quand l'heure aura sonné. Ils devraient se souvenir qu'ils sont 5 millions perdus au milieu de l'océan slave qui, un jour, les engloutira.»

La question exposée par mon interlocuteur, au point de vue des patriotes croates intransigeants, est si importante que je crois devoir en dire quelques mots. Au moment où les revendications des Tchèques viennent de triompher en Bohême, le mouvement jougo-slave est-il appelé à l'emporter également? De ce point dépendent évidemment les destinées de l'Autriche et, par conséquent, celles de tout le sud-est de notre continent. L'*Ausgleich*, l'accord conclu en 1868 entre la Hongrie et la Croatie, sous les auspices de Deák, est, en quelque mesure, la répétition de celui qui existe entre la Cisleithanie et la Transleithanie. La Croatie a conservé sa diète, qui règle toutes les affaires intérieures du pays. Ce qui concerne l'armée, les douanes et les finances est du ressort du parlement central transleithanien. A la tête de l'administration se trouve le ban, ou gouverneur général, nommé par l'empereur, sur la proposition du ministère hongrois. Le ban désigne les chefs des départements et les hauts fonctionnaires. Il rend compte à la diète, qui a un droit absolu de contrôle et de discussion. Seulement il n'y a pas ici de régime représentatif, en ce sens que la majorité de la diète ne peut renverser ni le ban ni les ministres.

Quels ont été les résultats de ce compromis? Il paraît que tout au moins une partie des griefs énumérés plus haut sont fondés. Le développement matériel a été beaucoup moins encouragé en Croatie qu'en Hongrie. En Hongrie, de nombreux chemins de fer ont favorisé le perfectionnement de l'agriculture et la hausse des prix. Le pays s'est donc trouvé en mesure de faire face à l'accroissement des impôts. En Croatie, les prix sont restés bas, et la culture, moins stimulée par les demandes de l'exportation, a fait moins de progrès. Le poids des taxes y est donc beaucoup plus difficile à porter. En outre, il est hors de doute que le gouvernement central de Pesth vise à fortifier son autorité en Croatie. On ne peut s'en étonner. Le système des deux *Ausgleichs* a créé un régime d'un maniement si compliqué et si difficile qu'il doit paraître intolérable à une administration qui veut se mouvoir à la façon des États modernes. La Croatie fait partie des pays de la couronne de saint Etienne. Dès lors, il semble que les résolutions prises au centre ne devraient pas venir se heurter contre le *liberum veto* de l'autonomie croate. Cela n'a pas lieu dans un État fédéral comme la Suisse ou les États-Unis. Mais d'abord, l'Autriche-Hongrie n'est pas, en réalité, un État fédéral, et, en second lieu, dans une fédération, la compétence des pouvoirs cantonaux et celle du pouvoir fédéral étant très nettement délimitées, les tiraillements et les conflits, si fréquents ici, sont évités. Il faudrait donc tâcher de se rapprocher d'une organisation semblable à celle qui fonctionne aux États-Unis, à la satisfaction générale.

Le règlement de la représentation et de la participation de la Croatie aux dépenses communes donne lieu à des difficultés spéciales. La Croatie, qui, en 1867, n'avait pas voulu envoyer de délégués au couronnement de l'empereur à Pesth, avait plus tard consenti à se faire représenter au sein de la diète hongroise par deux membres à la Chambre haute, et vingt-neuf à la Chambre basse; quand les confins militaires furent incorporés dans la Croatie, elle aurait dû avoir cinquante-quatre représentants. On fit en sorte qu'elle se contentât de quarante; grave injustice, prétendent les patriotes. Autre grief: la part contributive de la Croatie aux dépenses communes de la Transleithanie avait été fixée à 6.44 p. c., la Hongrie payant le reste, soit 93.56 p. c. Il fut convenu qu'en tout cas la Croatie recevrait 2,200,000 florins pour les dépenses de son gouvernement autonome. En 1872, un nouvel accord décida que la Croatie garderait pour elle 45 p. c. de son revenu. Il s'en est suivi qu'elle touche plus de 2,200,000 florins et que, d'autre part, les 55 p. c. restants ne couvrent pas les 6.44 p. c. des dépenses communes, d'où résultent des récriminations réciproques.

L'hostilité des deux peuples a une cause plus profonde: leur idéal est différent et même inconciliable. La «grande idée croate» consiste à réunir un jour en un puissant État toutes les populations parlant le croato-serbe, c'est-à-dire outre la Croatie, la «Slovénie», la Dalmatie, la Bosnie-Herzégovine, le Monténégro et la Serbie, qui alors feraient équilibre à la Hongrie dans l'empire. Les Hongrois ne peuvent se résigner à cette perspective, qui briserait l'unité de la couronne de saint Étienne et ne leur permettrait plus de résister aux Allemands et aux Tchèques de la Cisleithanie. Ils essayent donc, de toutes façons, d'entraver le développement de l'esprit national croate, et, en ce faisant, ils sont entraînés à des vexations qui irritent, sans aucun résultat utile pour eux. Si les Croates pouvaient être persuadés qu'à Pesth on entend respecter entièrement leurs droits acquis et leur nationalité, les difficultés inhérentes à un système d'union très peu maniable, sans disparaître complètement, perdraient au moins de leur aigreur.

Cette situation troublée a donné naissance en Croatie à trois partis: le parti national, le parti national-indépendant, et le parti de la gauche extrême, qui se donne à lui-même le beau nom de «parti du droit», *Rechtspartei*. Le parti national entend maintenir l'*Ausgleich* de 1868 dans sa lettre et dans son esprit. Il veut le défendre, et contre le pouvoir central qui s'efforce d'étendre ses attributions, et contre les réformateurs qui réclament une plus grande autonomie. Dans son programme du 27 décembre 1883, il montre que les récentes insurrections et les dangers qui menacent l'avenir du pays proviennent uniquement de ce que, des deux côtés, on veut s'écarter du terrain ferme et légal du compromis. Le parti national indépendant marque plus nettement son opposition aux tentatives centralisatrices. Dans un discours récent, au sein de la diète, l'un des députés les plus écoutés, le docteur Constantin Bojnovitch, faisait voir clairement comment la façon différente de comprendre la mission du ban était une cause inévitable de conflits. «A Pesth, disait-il, on veut que le ban soit un simple gouverneur, obéissant aux ordres du ministère. D'après nous, et conformément à la loi du 10 janvier 1874, il n'est responsable que vis-à-vis de l'empereur et de la diète, et sa principale mission est de défendre les privilèges de notre royaume.» Le parti national indépendant réclame énergiquement pour la Croatie, vis-à-vis de la Hongrie, la situation qu'occupe la Hongrie vis-à-vis de l'Autriche. Toute décision prise à Pesth devrait être ratifiée à Agram. Il est évident que de semblables complications rendraient tout gouvernement impossible. Même dans les pays unifiés, le régime parlementaire fonctionne souvent avec grand'peine. Si deux ou trois parlements, animés de sentiments opposés et souvent hostiles, doivent se contrôler les uns les autres, on aboutira inévitablement à l'impuissance et au chaos, et par conséquent au rétablissement d'un régime autocratique. Étendez autant que possible la compétence du gouvernement local et réduisez celle du gouvernement central, rien de mieux; mais, pour les affaires communes, il faut une décision définitive, prise dans un parlement unique et suprême.

Le parti national extrême, *Rechtspartei*, aspire à anéantir le compromis. De même que les radicaux en Hongrie ne veulent conserver d'autre lien avec l'Autriche que l'identité du souverain, ainsi la gauche extrême en Croatie réclame l'indépendance complète du royaume triunitaire et l'union personnelle. Les plus avancés de ce groupe ont des tendances antidynastiques, républicaines et même socialistes. La jeunesse se rallie volontiers au parti extrême, dont elle considère le meneur, le docteur Starcevitch, comme son prophète. Le neveu de celui-ci, David Starcevitch, provoque souvent au sein de la diète d'Agram, par la véhémence de ses discours et de ses interpellations, des conflits qui amènent la suspension des séances. Le chef officiel de ce parti est le baron Rukavina. Les trois partis s'accordent à réclamer la réunion à la Croatie du district et de la ville de Fiume et de la Dalmatie, conformément aux précédents historiques.

La politique du ministère hongrois s'explique, car il est naturel que tout gouvernement s'efforce de faire prévaloir son autorité; mais, on ne peut se le dissimuler, elle est condamnée par ses résultats. Les tentatives faites pour étendre la compétence du pouvoir central ont provoqué une résistance universelle et une irritation profonde. L'Autriche, malgré les efforts persévérants d'une bureaucratie très habile et très tenace, n'a pas réussi à germaniser les Croates, alors que le sentiment national était encore complètement engourdi, et quoique la langue allemande représentât une civilisation plus avancée, une grande littérature, la science, et qu'elle fût le trait d'union avec l'Europe occidentale. Les Magyars ne peuvent donc pas espérer d'imposer leur langue, maintenant que la nationalité croate a une presse, une littérature, un théâtre, une université, des écoles de tous les degrés, et surtout quand s'ouvrent devant elle, au delà de la Save et du Danube, des perspectives d'expansion et de grandeur presque illimitées, qu'entretiennent à la fois les souvenirs de l'histoire et les aspirations de la démocratie. Qu'aura gagné la Hongrie quand elle aura fait entrer dans les bureaux d'Agram quelques-uns de ses employés et exigé la connaissance de sa langue, ou quand elle aura placé sur les monuments publics quelques inscriptions en magyar? Elle ne réussira qu'à éveiller des susceptibilités et des haines violentes, comme on l'a vu récemment, lorsqu'il a suffi que les écussons placés sur les édifices de l'État portassent une traduction hongroise, à côté de la désignation en croate, pour provoquer dans les rues d'Agram une émeute sanglante.

Homme d'État de premier ordre, libéral convaincu, partisan dévoué de tous les progrès et de toutes les libertés, M. Tisza poursuit, comme un autre ministre éminent, M. de Schmerling, la création d'un gouvernement unifié à la façon de ceux qui existent en France ou en Angleterre. Mais il faut tenir compte des résistances quand elles sont invincibles. Le moment, d'ailleurs, serait mal choisi pour essayer de les briser. Les concessions décisives faites par le ministère Taaffe aux Tchèques, en Bohême, accroîtront énormément les forces et les espérances du parti national en Croatie et dans les autres pays de même race. En outre, et ceci est grave, les féodaux, si puissants à la cour, favorisent les revendications des Slaves contre les Hongrois, parce que ceux-ci représentent à leurs yeux le libéralisme et la démocratie. Il ne faut point perdre de vue une éventualité redoutable. Le régime de l'union entre l'Autriche et la Hongrie est d'une pratique si difficile qu'en temps d'épreuves il pourrait donner lieu à un conflit entre les deux pays. Dans ce cas, quel péril pour les Magyars de trouver leurs ennemis les plus acharnés parmi les pays de la couronne de saint Étienne, qui les attaqueraient à revers, en Croatie et en Transylvanie! Leur intérêt le plus évident n'est-il pas de s'en faire plutôt des amis, en renonçant franchement à toute ingérence dans leurs affaires et en favorisant par tous les moyens leur développement matériel et intellectuel?

L'influence prédominante qu'exercent en ce moment les Hongrois dans tout l'empire est une preuve incontestable de la supériorité de leurs hommes d'État. Mais, à mesure que l'instruction et le bien-être se répandent et que les institutions deviennent plus démocratiques, il est plus difficile aux minorités de comprimer les majorités. Or, au milieu des Slaves, des Allemands et des Roumains, les Magyars sont une minorité. Rien de plus dangereux, par conséquent, que d'exaspérer ceux à qui la force du nombre finira, tôt ou tard, par donner la prépondérance. La solution, d'ailleurs, est tout indiquée; Deak en a donné la formule: *Gleichberechtigung*, droit égal pour toutes les nationalités, autonomie pour chaque pays, comme en Suisse, en Norvège et en Finlande. Ce régime, qui peut invoquer à la fois l'histoire et l'équité, est d'autant plus facile à appliquer à la Croatie, qu'elle forme un État nettement délimité, qui a ses annales et ses titres anciens, et qui n'est pas, comme la Transylvanie, habité par plusieurs races irrégulièrement entremêlées. Le respect du droit et de la liberté est, en toutes circonstances, la meilleure politique.

—De Brod à Vukovar, le chemin de fer traverse l'étroite et longue presqu'île qui sépare la Save du Danube. Le pays qu'on aperçoit des deux côtés de la voie est plat, à moitié noyé et très vert. Ce sont d'abord de grands pâturages entremêlés de petits massifs de chênes, puis des champs cultivés dont la terre est excellente, car le blé est dru et haut. Les villages et les habitations sont rares. La population peut s'accroître ici sans que Malthus s'alarme. La route, que parcourt l'omnibus qui de la gare me mène à Vukovar, est charmante. Elle est ombragée de grands tilleuls et bordée par d'anciens bras du Danube, où les canards s'ébattent joyeux parmi les nénuphars en fleur. C'est dimanche. Les paysans, en costume de fête, se rendent à la messe et à la foire qui la suit. Presque tous arrivent sur de petits chariots tout en bois, très légers, qu'entraînent au grand trot deux chevaux hongrois, fins et de sang arabe. C'est un avantage réel pour la population rurale d'avoir ainsi un attelage qui lui permet de faire au loin des promenades et des courses, vraie joie et plaisir sain pour les jours de fête. Le labourage et les gros transports se font uniquement au moyen de bœufs.

Il est curieux d'observer ici comme les modes de l'Occident viennent transformer et gâter le costume national. Beaucoup d'hommes ont encore le large pantalon blanc, retenu par l'énorme ceinture de cuir, la toque en feutre et l'attila soutaché. Mais peu de femmes ont conservé la belle chemise brodée des statues grecques. La plupart portent maintenant des robes à gros plis, bouffant autour de la taille, et de couleurs criardes, vert, bleu, rouge, et sur le corsage un mouchoir de laine aux bouquets de nuances si heurtées qu'elles crèvent les yeux. Manifestement, «la civilisation» tue le sentiment esthétique traditionnel, et c'est dommage. Ce n'est pas tout de doubler le nombre de nos porcs gras et de nos chevaux-vapeur: *Non de solo pane vivit homo*. A quoi bon être bien nourri, si ce n'est pour jouir des beautés que peuvent nous offrir la nature, l'art, le costume? Quand l'industrie couvre les campagnes de ses scories, ternit de ses fumées le bleu du ciel, empeste l'eau des rivières et détruit les costumes adaptés aux nécessités du climat et élaborés par le goût instinctif des races, je ne puis partager l'enthousiasme des statisticiens.

Vukovar est une honnête petite ville, dont les maisons propres et bien tenues se prolongent en une longue et large rue, sur une colline dominant le Danube. Je n'y découvre pas un monument ancien; les Turcs ont tout brûlé; mais j'y trouve un hôtel, *Zum Löwen*, où l'on mange du sterlet délicieux, arrosé de *villaner*, dans un jardin rempli de roses et sur des tables qu'ombragent des acacias en fleur. Des cigognes apprivoisées se promènent gravement autour de nous. J'ai vue sur le fleuve immense, dont les eaux ne sont pas bleues, comme le prétend la fameuse valse *Die blaue Donau*, mais bien jaunes et limoneuses, comme j'ai pu le constater en m'y plongeant. En Autriche et dans tous les pays voisins, on a pour arranger les endroits où l'on sert à boire ou à manger un art admirable, qu'on devrait imiter dans notre Occident. L'été, les tables sont toujours placées sous des arbres, et de façon à vous ménager quelque joli point de vue, si c'est possible. Le soir, on vient y jouir de la fraîcheur, en écoutant une musique, souvent bonne et presque toujours originale; même dans les hôtels des grandes villes, comme à Pesth, on forme dans les cours, au moyen de lauriers roses ou d'orangers en caisse, des bosquets où l'on peut dîner et souper en plein air. Menu détail peut-être, mais le train ordinaire de la vie n'est-il pas composé soit de petits ennuis, soit de petites jouissances?

Sur la table de la salle à manger, je n'aperçois guère que des journaux slaves: le *Zastava*, en caractères cyrilliques, le *Sriemski Hrvat* et le *Pozor* de Zagreb, forme croate de la capitale, Agram.

Je vois dans l'*Agramer-Zeitung* qu'à la suite des élections récentes dans la diète de la Galicie, les Ruthènes n'auront plus qu'un très petit nombre de députés, 15 ou 16 au plus, et cependant ils forment la moitié de la population. Les propriétaires, qui sont Polonais, dictent ou imposent les votes, paraît-il.

En parcourant la ville, je remarque une caisse d'épargne qui occupe un fort beau bâtiment. Dans les zadrugas, la caisse d'épargne était le grand coffre de mariage où la femme entassait le linge fin et les vêtements brodés qu'elle confectionnait de ses mains.

À Vukovar, je monte sur un steamer à deux ponts, type américain; descendant le Danube, il me conduira en sept heures à Belgrade. C'est la plus charmante façon de voyager. Le pays se déroule à vos yeux comme une série de *dissolving views*; en même temps, on peut lire ou causer. J'entre en relation avec un étudiant originaire de Layback. Il va visiter la Bulgarie pour apprendre à connaître des frères éloignés. Il m'entretient du mouvement national dans sa patrie. «À côté, me dit-il, des revendications des Croates, amères, ardentes, violentes même, le mouvement national parmi mes compatriotes, les Slovènes, est plus calme, moins bruyant, mais il n'en est pas moins décidé; et il a acquis une force que les Allemands ne parviendront plus à comprimer.

«Les Slovènes, le rameau slave le plus anciennement établi en Europe, occupaient tout ce vaste territoire qui comprend la Styrie, la Croatie et toute la péninsule balkanique, sauf ce qui était habité par les Grecs. Plus tard sont venus se mêler à eux, d'abord les Croato-Serbes, puis des Touraniens, les Bulgares, que le mélange des races a slavisés. Dans les premiers siècles du moyen-âge, les barons allemands conquirent et se partagèrent notre pays; des colonies allemandes y pénétrèrent, et ainsi, les trois quarts de la Styrie ne sont plus aux Slovènes, mais ceux-ci forment encore la population presque exclusive de la Carniole. Dans ces deux provinces et en Carinthie, jusqu'aux environs de Trieste, leur nombre doit approcher de 2 millions. Le dialecte slovène, le plus pur des idiomes jougo-slaves, était devenu un patois parlé seulement par les paysans. La langue de l'administration, de la littérature, de la classe aisée, en un mot de la civilisation, était l'allemand. Toute la contrée semblait définitivement germanisée; mais en 1835, Louis Gai, en fondant le premier journal croate, le *Hvratske Novine*, donna le signal du réveil de la littérature nationale, qu'on appela illyrienne, dans l'espoir, aujourd'hui abandonné, que tous les Jougo-Slaves accepteraient cette dénomination. Après 1848, la concession du droit électoral amena la résurrection de la nationalité slovène, grâce à l'activité intellectuelle d'une légion de poètes, d'écrivains, de journalistes, d'instituteurs, et surtout d'ecclésiastiques, ceux-ci voyant dans l'idiome national une barrière contre l'envahissement de la libre-pensée germanique. Aujourd'hui, les Slovènes ont la majorité dans la diète de la Carniole. Le slovène est devenu la langue de l'école, de la chaire et même de l'administration provinciale. L'allemand n'est plus employé que pour les relations avec Vienne, et les pièces officielles sont publiées dans les deux langues. En Styrie, les Slovènes, qui occupent le midi de la province, parviennent à envoyer à la diète une dizaine de députés qui, en toutes circonstances, défendent les droits de leur langue nationale. Celle-ci est parfaitement représentée à l'université de Gratz, dans la chaire de philologie slave, par M. Krek, l'auteur d'un livre très estimé: *Introduction à l'histoire des littératures slaves.*»

Je demande à mon étudiant quelles sont les visées du parti national slovène pour l'avenir. Désire-t-il la constitution d'une province séparée ayant pour limites celles de sa langue? Aspire-t-il à une réunion avec la Croatie? Espère-t-il la réalisation de la grande idée jougo-slave sous la forme d'une fédération embrassant Slovènes, Croates, Serbes et Bulgares? Accepterait-il le panslavisme?—«Le panslavisme, répond mon interlocuteur, n'est plus qu'un mot vide de sens, depuis que les Slaves voient qu'ils peuvent conserver leur nationalité au sein de l'empire austro-hongrois. Les aspirations panslavistes, rapportées du fameux congrès ethnographique de Moscou de 1868, se sont complètement évanouies. Oui, sans doute, nous espérons qu'un jour une grande confédération jougo-slave s'étendra de Constantinople à Laybach et de la Save à la mer Egée. C'est là notre idéal, et chaque rameau de notre race doit en préparer la réalisation. Nous verrions, en attendant, avec plaisir la Slovénie réunie à la Croatie, car la langue parlée dans les deux pays est presque la même. Mais l'essentiel est de fortifier le sentiment national, en faisant de plus en plus de notre langue un instrument de civilisation et de haute culture. Tout progrès des lumières est une garantie de notre avenir.

Le Danube donne vraiment l'impression d'un grand fleuve. Mais quel contraste avec le Rhin! Tandis que la rivière qui baigne Manheim, Mayence, Coblence, Cologne, avec ses deux voies ferrées latérales et ses innombrables bateaux de toute forme, réalise bien l'idée du «chemin qui marche», transportant d'innombrables masses de voyageurs et de marchandises, le magnifique Danube passe à travers des solitudes et ne semble employé qu'à faire tourner les roues des moulins à farine que portent des radeaux. D'où vient la différence? C'est que le Rhin coule vers l'occident et aboutit aux marchés de la Hollande et de l'Angleterre, tandis que le Danube porte ses eaux à la mer Noire, c'est-à-dire vers les contrées naguère encore frappées de malédiction par l'occupation turque. Entre Vukovar et Semlin, la rive gauche, du côté de la Hongrie, est basse, à moitié inondée, presque toujours bordée de saules et de peupliers, tandis que sur la rive droite, du côté de la Slavonie, les hauteurs de la Fiska-Gora forment des berges hautes et escarpées, dont le terrain rougeâtre se dérobe sous un massif continu de chênes et de hêtres.

Les moulins flottants que l'on rencontre à chaque instant sur le fleuve appartiennent la plupart à des juifs, comme l'indiquent les noms sémitiques des propriétaires: Jacob, Salomon, *etc.* En Hongrie, le commerce des blés et des farines est presque entièrement entre leurs mains, parce qu'ils sont mieux renseignés que leurs concurrents. Ceux-ci, au lieu de s'en plaindre, n'ont qu'à les imiter. À Illok, un vieux château fort crénelé domine la berge du haut d'une colline escarpée. Près de Palanka, petite ville aux maisons blanches, dans une île ceinte de saules, paît un grand troupeau de chevaux qui fait penser aux Pampas. A Kaménitz, un immense bâtiment, reflète, dans ses innombrables fenêtres, les rayons dorés du soleil qui s'abaisse. C'est un collège qu'on a dû évacuer, me dit-on, à cause de la malaria.

A Peterwardein, j'admire les merveilles de l'industrie. Le chemin de fer direct de Pesth à Belgrade, qui aboutira à Constantinople, franchit le Danube sur un pont de deux arches, construit par la Société de Fives-Lille, puis passe en tunnel sous la vieille forteresse reconstruite par le prince Eugène. Après que le fleuve principal a reçu la Thisza, il s'élargit beaucoup et prend des aspects de Mississipi.

A l'arrivée à Belgrade, le voyageur est soumis à une formalité vexatoire, la demande des passeports, abolie partout ailleurs, même par ce temps de nihilistes. Est-ce pour épargner à la Russie l'humiliation d'entendre dire qu'elle est seule à conserver cette exigence démodée et inutile? La réflexion qui vient aussitôt à l'esprit n'est pas flatteuse.

Il est cependant évident que les conspirateurs ne seront pas assez niais pour arriver en Serbie par les bateaux, où ils sont passés en revue pendant tout un jour, et d'où ils ne sortent que pour traverser la douane. Ils entreront par les frontières de terre, partout ouvertes et non gardées. Il peut convenir à la Russie d'être rébarbative, puisqu'elle ne désire pas attirer les étrangers, mais la Serbie, qui les appelle et les reçoit de la façon la plus hospitalière, ne devrait pas se montrer à eux, tout d'abord, sous l'aspect revêche et vexatoire d'un gendarme.

Je descends au Grand-Hôtel, construit jadis par le prince Michel. C'est un immense bâtiment, dont les chambres ont les proportions des salles de réception du palais des doges. Quand je suis venu ici en 1867, j'y étais presque seul. Aujourd'hui, l'hôtel est rempli, et aux petites tables où l'on dîne séparément, comme en Autriche, c'est à peine si je puis trouver place. Cela seul indique combien tout est changé. La ville aussi est transformée. Une grande rue occupe l'arête de la colline, entre le Danube et la Save, et aboutit à la citadelle, qui domine le fleuve sur un promontoire escarpé. Elle est maintenant garnie des deux côtés de hautes maisons à deux ou trois étages, avec des boutiques au premier, dont les étalages exhibent, derrière de grandes glaces, exactement les mêmes objets que chez nous: quincaillerie, étoffes de toute espèce, chapeaux, antiquités, habits tout faits, chaussures, photographies, livres et papier. Les petites échoppes basses et les cafés turcs ont disparu. Rien ne rappelle plus l'Orient: on se croirait en Autriche. A l'endroit où la rue s'élargit et devient un boulevard planté d'une double rangée d'arbres, s'élèvent une statue équestre du prince Michel, dont le nom et le portrait se retrouvent partout dans le pays, et un théâtre de style italien, dont les lignes classiques ne manquent pas d'élégance. Une subvention de 40,000 francs permet d'entretenir une troupe et de jouer parfois des pièces nationales, mais surtout des traductions en serbe d'ouvrages français ou allemands.

Sur le glacis de la forteresse, qui s'appelle Kalimegdan, on a planté un jardin public où, les soirs d'été, les habitants viennent se promener aux sons de la musique militaire, en contemplant le magnifique panorama qui se déroule au pied de ces hauteurs. On y aperçoit, semblable à un lac, le confluent des deux grands fleuves: d'un côté, la Save arrivant de l'ouest; de l'autre, le Danube descendant à l'est vers les gorges sauvages de Basiasch, et au nord, les plaines à moitié submergées de la Hongrie se perdant, à l'horizon, dans un lointain infini. C'est sur ce glacis que les Turcs empalaient leurs victimes. Que de souvenirs horribles, que de récits de massacres et de supplices me reviennent à la mémoire! Je visitai la citadelle en 1867, quand les troupes ottomanes venaient de l'évacuer, et j'y ramassai des petits carrés de papier, sur lesquels étaient inscrits trois mots arabes: «O Siméon combattant (contre les infidèles);» vaine protestation de l'islamisme qui battait en retraite. L'odieux bombardement de 1862 avait décidé l'Europe à intervenir pour mettre un terme à une situation intolérable. L'ancien quartier turc qui s'étendait le long du Danube était complètement désert; tous les habitants étaient partis, abandonnant leurs maisons. Aujourd'hui, elles ont été rasées et les juifs espagnols y ont bâti des demeures nouvelles. De la domination musulmane, il ne reste presque plus de traces: quelques fontaines avec des inscriptions arabes et une mosquée qui tombe en ruines. Il y avait un grand nombre de mosquées jadis, et le traité d'évacuation stipulait qu'elles seraient respectées. Mais comme nul ne les répare, le temps fait son œuvre: elles s'écroulent; bientôt il n'en restera plus une seule. C'est dommage. Le gouvernement serbe devrait en conserver une, comme souvenir d'un passé dramatique et comme ornement architectural. Voyez avec quelle rapidité recule la domination ottomane! Récemment encore, elle s'étendait sur toute la rive droite du Danube et de la Save et nominalement jusqu'en Roumanie, en plein cœur de l'Europe; maintenant, elle est rejetée au delà des Balkans, où elle n'exerce même plus qu'une autorité nominale.

Sur les deux penchants de la colline centrale, vers le Danube et vers la Save, on a bâti des rues nouvelles, composées exclusivement de maisons-villas, fort élégantes, mais n'ayant qu'un rez-de-chaussée. Elles ont un jardin, une grande cour et de vastes dépendances: le tout occupe une superficie très étendue et procure beaucoup d'air et de lumière. Toutes les constructions neuves et vieilles sont fraîchement badigeonnées en couleurs claires, ce qui fait que la capitale de la Serbie continue à mériter son nom de *Beo Grad*, blanche ville.

De ma fenêtre, je vois les cours d'une école moyenne. Les élèves sont habillés comme chez nous et jouent les mêmes jeux. Cependant il y aurait à faire, en Serbie, une étude spéciale sur les chants populaires qui accompagnent souvent les jeux d'enfants, ainsi que l'a fait M. Pitre pour la Sicile, où il a retrouvé l'écho des plus anciens mythes de la race aryenne. Ceux qui dirigent l'enseignement ont à s'occuper des jeux sous un autre rapport. Avec les programmes surchargés que l'on adopte partout, il n'y a plus de place pour les récréations et les exercices musculaires. Les élèves des classes supérieures croient que jouer est en dessous de leur dignité. Ils se promènent, causent et discutent. Les cerveaux sont surmenés, la vigueur physique diminue, et l'anémie ravage les générations nouvelles. Quelques quarts d'heure de gymnastique réglementaire ne sont pas un remède suffisant. Il faut les jeux en plein air, qui vivifient le sang, fortifient les muscles, donnent du sang-froid, de la décision, du coup d'œil, comme le cricket en Angleterre et les barres ou la paume en France. Récréation, mot français admirable, qu'il faudrait savoir réaliser dans l'éducation. Comme les anciens, les Grecs surtout, avaient bien compris l'art de développer l'être humain tout entier, moralement, intellectuellement, physiquement! Dans ces incomparables institutions, les Bains romains, où, à côté des salles de conférences, dissertaient les philosophes, on trouvait la bibliothèque pour l'étude et l'arène pour la lutte et le pugilat. Les Anglais seuls ont imité les anciens en ceci. Leurs universités, à vrai dire, forment beaucoup plus de jeunes hommes vigoureux que de savants, et les étudiants consacrent toutes leurs après-midi à des jeux athlétiques. Les jeunes filles qui suivent les cours universitaires veulent imiter cet exemple. Récemment, à Cambridge, au collège féminin de Newham, dirigé par Mlle Hélène Gladstone, je voyais le programme d'un grand *match* de lawn-tennis entre cet établissement et celui de Girton. Me serait-il permis de recommander au ministère de l'instruction de Serbie, et peut-être à ceux de plus d'un autre pays, l'examen de cette question: Quelle place les jeux et les récréations doivent-ils occuper dans l'éducation intégrale?

La reine Nathalie pourrait donner un prix au meilleur mémoire à faire sur ce sujet, car elle aime beaucoup les jeux en plein air. Le soir, en prenant le thé chez le secrétaire de la légation de France, dont la maison faisait face au jardin du palais, nous entendions cogner les boules du croquet, quand, le soleil couché, il faisait déjà obscur.

Je visite quelques écoles: même aspect que chez nous et même encombrement de matières dans l'enseignement moyen. Voici la liste des matières enseignées dans les gymnases serbes: Latin, français, allemand, langue serbe et vieux slave, histoire de la littérature nationale, géographie, cosmographie, histoire générale et histoire de Serbie, botanique, zoologie, minéralogie, géologie, physique, chimie, biologie, anthropologie, arithmétique, algèbre, géométrie, géométrie descriptive, dessin, sténographie, gymnastique, musique et chant; jusqu'à trente-huit heures de leçons par semaine, parmi lesquelles, heureusement,—et j'en fais compliment à la Serbie,—trois heures de gymnastique et deux heures de chant. Le grec est supprimé. Pour ce qu'on en apprend chez nous, on ne ferait pas mal d'y renoncer aussi. Cette accumulation de branches enseignées, qui usent et fatiguent les jeunes cerveaux, provient du raisonnement suivant, auquel il est difficile de répondre: Les mathématiques sont indispensables et les langues anciennes ne le sont pas moins, car elles forment le goût, le style et la pensée; puis est-il permis aujourd'hui de ne pas connaître quelques langues étrangères et de ne rien savoir des phénomènes naturels au sein desquels nous vivons et de l'organisation de notre propre corps, qui nous tient, certes, d'assez près?

La Serbie entretient trois gymnases complets et vingt «demi-gymnases», où toutes les branches ne sont pas enseignées; elle y consacre environ un demi-million de francs, ce qui est assez satisfaisant. Le gymnase de Belgrade a 620 élèves et celui de Kragoujevatz 357, ce qui prouve qu'il existe déjà des gens ayant le désir de faire instruire leurs enfants. Je suis reçu au ministère de l'instruction publique par M. Novakovitch, qui en tient le portefeuille, et par le chef de bureau, M. Militchevitch, qui est entièrement dévoué à ses importantes fonctions. Ils me remettent le texte de la nouvelle loi du 12 janvier 1883 sur l'instruction primaire et les tableaux qui résument la situation actuelle.

En 1883, on comptait dans le royaume, y compris les nouvelles provinces, 618 écoles, avec 821 instituteurs et institutrices, et 36,314 élèves des deux sexes. Pour une population de 1,750,000, cela ne fait que 1 élève sur 48 habitants ou 2 p. c. de la population, ce qui est extrêmement peu.

Il existe dans le pays deux villes de plus de 20,000 habitants: Belgrade et Nisch; 8 de 5,000 à 10,000 et 43 de 2,000 à 5,000, plus 930 bourgs et villages de 500 à 2,000 et 1,270 petits hameaux de 200 à 500 habitants. Puisqu'il n'y a en tout que 618 écoles, il s'ensuit qu'il y a même de gros villages qui n'en ont pas jusqu'à présent. On a fait plus relativement pour l'enseignement moyen, et c'est un tort: on multiplie ainsi les chercheurs de places. Dans un pays agricole et démocratique comme l'est la Serbie, il faut imiter la Suisse et instruire le cultivateur, car il est le vrai producteur de la richesse. Le ministère progressiste l'a compris. M. Novakovitch a obtenu de la Skoupchtina la loi récente, qui est aussi complète et aussi énergique qu'on peut le désirer. Elle est empruntée à la législation scolaire des États les plus avancés sous ce rapport, la Saxe et les pays Scandinaves. Rien n'y manque: enseignement obligatoire pendant six années, de sept à treize ans, plus deux années complémentaires; obligation pour toute commune scolaire de fournir les locaux, le matériel de classe, les livres, pour l'instituteur un traitement convenable avec maison, jardin d'un arpent, bois de chauffage et une pension de retraite commençant à 40 p. c, après vingt ans de service, et s'élevant, par une majoration de 2 p. c. par année supplémentaire, jusqu'à la totalité du traitement; inspection annuelle de toutes les écoles; examens des élèves, fonds scolaire et impôt scolaire spécial payable par tous les contribuables. Le ministre nomme les instituteurs communaux et n'autorise l'ouverture d'écoles privées qu'à des conditions très sévères. Si la Serbie parvient à mettre à exécution une loi pareille, elle pourra en être fière, mais il faudra beaucoup d'argent. L'État devrait, comme aux États-Unis, concéder au fonds scolaire une grande partie des terres publiques; c'est le meilleur usage qu'on en puisse faire.

Le ministère progressiste a fait adopter récemment une réorganisation complète de l'armée, due au général Nikolitch. Elle donnera une force d'environ 17,000 hommes de toutes armes sur pied de paix et de 80,000 sur pied de guerre. En 1883, les dépenses militaires se sont élevées à 10,305,326 francs. La Serbie a fait de grands sacrifices pour son armement. Récemment elle s'est fait livrer 100,000 fusils Mauser-Milovanovitch au prix de 72 francs pièce. Elle a aussi commandé des canons de Bange, dont les essais à Belgrade ont été extraordinairement satisfaisants, prétend-on. Le service est obligatoire pour tous les hommes valides jusqu'à l'âge de 50 ans; dans le premier ban, de 20 à 30; dans le second, de 30 à 37; dans le troisième, de 39 à 50 ans. Dans le cadre permanent, la durée du service est de deux ans.

—Le dimanche, j'entre dans la cathédrale du rite orthodoxe, qui, avec ses clochetons en forme de bulbes et sa façade style italien, a très grand air. On entrevoit encore la trace des boulets turcs de 1862. L'intérieur n'offre rien de curieux, sauf l'iconostase, couverte de grandes figures de saints sur fond d'or; elle forme une haute paroi, derrière laquelle les officiants disent la messe. Le nombre des fidèles est très restreint: quelques femmes qui embrassent les images des saints et allument des cierges, presque pas d'hommes. Si la foi n'est pas morte, les pratiques paraissent très négligées. Un volontaire italien, M. Barbanti Brodano, qui a fait la guerre de 1875 en Serbie, rapporte, dans un volume de souvenirs très vivement écrit et intitulé *sulla Drina*, qu'il a été très frappé de rencontrer si peu d'églises en ce pays. Sept ou huit hameaux n'en ont qu'une seule, située à une grande distance et d'apparence plus que modeste. Grande différence, remarque-t-il, avec l'Italie, où chapelles, oratoires et églises abondent. Le fait est que la statistique nous apprend qu'il n'y a que 972 paroisses pour 2,253 villes, villages et hameaux.

Les évêques seuls (il y en a cinq) reçoivent un traitement de l'État. Les popes sont entretenus par les fidèles. D'après une loi récente, outre le casuel, ils ont droit à 2 francs par tête de contribuable. Beaucoup ont famille, car ils peuvent se marier avant d'être consacrés diacres. Ils ne sont pas forts en théologie; les études au séminaire ont été, jusqu'à présent, très négligées; beaucoup, dit-on, ne comprennent pas le vieux slave des offices; mais le peuple les aime, parce qu'ils cultivent eux-mêmes leur champ, qu'ils partagent les sentiments populaires et qu'ils ne visent nullement à une prééminence théocratique. Ils n'exercent en aucune façon sur leurs ouailles cette influence en matière politique que le prêtre catholique a conservée sur les campagnards, dans les pays de foi, comme l'Irlande, le Tyrol ou la Belgique. Ceci est important pour les élections.

Les églises du rite oriental ne sont pas toujours ouvertes, comme celles des catholiques. Elles ne le sont, comme chez les protestants, que les jours de fêtes, à l'heure des services. L'unitairien Channing, peu porté cependant aux pratiques dévotes, préfère l'usage catholique. L'Évangile dit sans doute: «Quand tu pries, entre dans ta chambre, ferme la porte et prie ton Père en secret»; mais à moins de nier toute influence des choses extérieures, il faut bien admettre que l'âme s'élèvera plus aisément vers Dieu dans un temple et parmi les symboles qui le rappellent, qu'entre quatre murs nus. Les orthodoxes, trouvant presque toujours closes les portes de leurs lieux de culte, en oublient facilement le chemin.

Je fais visite au métropolite, Mgr Mraovitch. Il est le chef de l'Église nationale de Serbie, depuis qu'à la suite du traité de Berlin celle-ci s'est affranchie du patriarcat de Constantinople et que, comme le disait le message princier à la Skoupchtina, elle est redevenue indépendante, telle que l'avait constituée saint Sabbas. La nomination de Mgr Mraovitch s'est faite à la suite d'un grand événement politique, car il a éloigné la Serbie de la Russie, pour la rapprocher plus intimement de l'Autriche. Un impôt ayant été établi sur la fortune présumée, on a voulu l'appliquer aussi au clergé. Celui qui se fait moine doit payer 100 francs, puis 150 francs s'il est élevé au rang de jeromonach, 300 francs s'il devient igumène. Le précédent métropolite Michel a protesté et a refusé le paiement de l'impôt, parce qu'il portait atteinte au droit de l'église. «Comment, disait-il dans une lettre adressée au ministre des finances, l'État peut-il mettre une taxe sur des vœux et des dignités monastiques qu'il fait profession d'ignorer? Ce serait à l'Église à exiger cet impôt au profit de l'État; mais alors l'Église vendrait les fonctions religieuses, ce qui est un péché et une violation des constitutions ecclésiastiques; ce serait de la simonie.» On affirmait qu'il était l'agent de la Russie et qu'il faisait de la propagande pour les cercles moscovites de Moscou. Le gouvernement répondit que personne n'a le droit de désobéir aux lois, pas plus le clergé et son chef que les autres citoyens, et il déposa le métropolite, en désignant son successeur. N'a-t-il pas outre-passé ses pouvoirs? D'après la loi canonique, le métropolite est nommé par le synode, que convoque à cette fin l'évêque le plus ancien; mais la nomination doit être approuvée par le prince. Ceci implique-t-il pour l'État le droit de révocation? *Adhuc sub judice lis est.*

Les amis de l'ancien archevêque et le parti russe avaient compté que tout le clergé aurait violemment pris fait et cause pour lui: il n'en a rien été. Les popes orthodoxes n'ont pas l'ardeur belliqueuse des prêtres catholiques. Ce n'est pas eux qui auraient amené M. de Bismarck à Canossa. Soit indifférence, soit crainte du bras séculier, ils se sont tus; mais en Russie, l'opinion et même le gouvernement ont été vivement froissés par cet incident, qu'on attribuait à tort, me dit-on, aux inspirations de l'Autriche. Quand je me trouvai à Belgrade, l'affaire semblait terminée.

Le nouveau métropolite, Mgr Mraovitch, est un petit vieillard, dont les longs cheveux blancs retombent sur les épaules et dont les yeux gris ne manquent pas de finesse. Je me permis de lui demander si ses ouailles étaient partout aussi peu assidues à l'église qu'à Belgrade. «A la campagne, me dit-il, vous auriez trouvé plus de monde à la messe. Cependant les campagnards ne se piquent pas d'y aller régulièrement. Je le regrette, mais ils sont néanmoins bons chrétiens et surtout très attachés à leur religion, qui est intimement liée à toutes les fêtes de famille et qui, à leurs yeux, se confond avec le sentiment national. Pendant des siècles, nous avons été foulés par les musulmans et dépouillés par les prélats phanariotes, et cependant, nous n'avons pas eu d'apostasies.—Votre culte, lui dis-je, autorise le divorce; n'en abuse-t-on pas?—Nullement, me répond-il; mais on prétend qu'il n'en est pas de même à Bucharest.» Le métropolite habite un grand palais en face de la cathédrale; l'ameublement n'a rien de luxueux. A côté se trouve le séminaire. Tous les habitants de la Serbie professent le culte orthodoxe, sauf trois mille juifs, d'origine et de langue espagnoles, et environ quinze mille catholiques, la plupart étrangers. Ceux-ci relèvent de l'évêque de Diakovar, dont l'autorité s'étend sur la Serbie, comme précédemment sur la Bosnie.

Dans tout l'Orient, les questions religieuses ont une grande importance, parce qu'elles sont intimement liées aux rivalités des races et, par conséquent, aux divergences politiques. Je rencontre à l'hôtel un propriétaire roumain de la Bessarabie, qui me donne quelques détails sur les luttes confessionnelles et ethniques dont son pays est le théâtre. La grande majorité de la population est ruthène et roumaine; elle professe par conséquent le culte grec orthodoxe. Mais depuis quelque temps, les Polonais, qui possèdent des propriétés en Bessarabie, et les jésuites qui s'y sont établis, font une propagande active. L'ancien archevêque catholique de Varsovie Félinski, revenu de son exil en Sibérie, s'est fixé à Czernowitz; il y est le centre de l'activité ultramontaine. Un couvent d'Ursulines essaye de faire des conversions en donnant l'instruction aux jeunes filles. Les Polonais de la Galicie rêvent de s'annexer un jour la Bessarabie et, pour y arriver, peu à peu ils s'efforcent de poloniser et d'amener au catholicisme les populations du rite oriental. Récemment, l'archevêque orthodoxe Morariu Andriewitch a publié un mandement très vif pour se plaindre de ces menées, qui, dit-il, menacent la paix et la liberté de conscience de ses ouailles. Ce prélat est un très grand personnage. Il occupe un vaste palais qui domine tout Czernowitz, dont il est le plus beau monument. Avec les vives couleurs de ses fresques et ses ornements dorés, il rappelle les splendeurs de Byzance.

L'Autriche a évidemment intérêt à contenir les intrigues des convertisseurs jésuites qui irritent les populations. Si elles croyaient que le gouvernement aux mains des ultramontains leur est hostile, elles tourneraient les yeux vers la Russie.

—Je trouve ici avec grand plaisir notre ministre, mon collègue à l'Académie de Bruxelles, M. Émile de Borchgrave, qui a écrit une savante étude sur les colonies flamandes et saxonnes de la Transylvanie, et un excellent livre sur la Serbie qui m'a beaucoup aidé dans mes recherches, ainsi que les rapports de M. Alexandre Mason, secrétaire de la légation anglaise.

M. de Borchgrave me conduit chez le roi. Je l'avais vu souvent lorsqu'il faisait ses études à Paris, chez mon ancien maître François Huet. Il était alors un bel adolescent, aux yeux de flamme, déjà très fier de son pays. «Voyez, me dit-il un jour en m'apportant un journal où l'on faisait l'éloge de la Serbie, lisez ceci! On ne dira plus maintenant que nous sommes des barbares.» Après dix-huit ans, au lieu du jeune collégien, je retrouve un superbe cavalier, très grand, très fort et qui s'appelle Milan Ier, roi de Serbie. Quel changement de toutes façons! Il a conservé le souvenir le plus affectueux de la France et de M. et de Mme Huet, qui ont été pour lui comme un père et une mère. C'est en 1868 qu'il a été appelé brusquement à succéder à son cousin le prince Michel, assassiné dans le parc de Topchidéré.

C'est dans cette visite au palais, que je fais connaissance avec une coutume orientale que les Serbes ont conservée. Un domestique nous apporte, sur un plateau d'argent, une coupe contenant de la confiture de roses et pour chacun de nous un verre d'eau. Chacun prend une cuillerée de la confiture et quelques gorgées d'eau: la communion de l'hospitalité est faite. Le roi est très occupé de son budget, qu'il connaît jusque dans ses menus détails. Il est satisfait d'avoir vu passer les recettes de 13 millions en 1868, année de son arrivée au pouvoir, à 34 millions en 1883. «Et nous n'en resterons pas là, ajoute-t-il, car les impôts sont mal assis. Ils pourraient rendre le double, sans accabler les contribuables.»—Je me permets de remarquer que le gonflement des budgets est une maladie propre à tous les États modernes, mais qu'il faut la combattre, sous peine de la voir devenir mortelle.

Le fait est que le système financier est encore très primitif. L'impôt direct est fixé, non sur la terre, mais par «tête contributive», *porezka glava*. Le maximum de cette taxe est, pour les villages, de 15 thalaris de Marie-Thérèse, valant 4 fr. 80 c., de 30 thalaris pour les villes et de 60 pour Belgrade. 6 thalaris, ou environ 30 francs, telle est la contribution moyenne, dont 3 comme capitation et 3 comme taxe sur la fortune présumée. Il existe un grand nombre de classes et chacun est placé dans l'une d'elles, d'après son revenu. Les ouvriers payent une capitation annuelle qui varie de 2 fr. 40 c. à 9 fr. 60 c., d'après leur salaire. L'impôt direct est perçu au profit de l'État par la commune, qui en fait la répartition entre ses habitants. Il a produit, en 1883, environ 12 millions. Les impôts indirects ont donné 2 millions, les domaines 2 millions, les taxes diverses, timbres, enregistrement, encore 2 millions. Les communes peuvent percevoir aussi une taxe établie sur la même base que l'impôt direct au profit de l'État; mais elle ne peut en dépasser le quart dans les villages, le tiers dans les villes, la moitié à Belgrade.

Je transcris ici, à titre d'information précise, une quittance des contributions annuelles d'un habitant de Belgrade appartenant à la onzième classe des contribuables, et il y en a quarante: impôt direct pour l'État, 30 fr. 32 c.; fonds des écoles, 2 fr. 50 c.; fonds des hôpitaux, 1 fr. 60 c.; pour le clergé, 2 francs; pour la commune, 13 fr. 48 c.; pour les pauvres, 1 fr. 90 c.; pour l'armement, 1 franc; pour les invalides, 2 francs; pour l'amortissement de la dette publique, 4 francs. Total: 58 fr. 80 c.—Cela fait un peu l'effet de la note de l'apothicaire du *Malade imaginaire*; mais j'y vois ce grand avantage que chacun sait pour quel objet il paye. Il en est de même en Angleterre, où l'on doit payer un certain nombre de pence par livre sterling de revenu pour les écoles, pour les routes, pour l'éclairage, etc. Le contrôle est plus facile, et le contribuable est plus provoqué à l'exercer qu'avec nos versements en bloc constituant une masse, où nos gouvernants puisent, suivant les prévisions du budget, et où personne ne se retrouve, sauf peut-être MM. Léon Say et Paul Leroy-Beaulieu, tandis que ce rôle de Belgrade est intelligible pour un enfant. Tout ce qui peut brider la fureur des dépenses publiques est excellent; mais est-il moyen d'y arriver? Certes, en Serbie, il vaudrait mieux introduire un impôt foncier sur la terre, basé sur un cadastre indiquant l'étendue, la qualité et le revenu des parcelles; seulement, il serait à craindre qu'on n'en profitât pour exiger davantage, et c'est toujours l'armée qui consommerait improductivement tout ce qui serait enlevé aux cultivateurs.

—Le roi m'invite à déjeuner pour aller ensuite assister à une fête de village. L'ancien palais princier, le Konak, est une villa à un étage, séparée de la rue par une grille et un jardin qui se prolonge en arrière en un parc bien ombragé. L'ameublement, sans luxe tapageur, rappelle celui d'une habitation de campagne d'un lord anglais. La reine Nathalie est la fille du colonel russe Kechko, boyard de la Bessarabie, et d'une princesse Stourdza, Roumaine; elle est ainsi cousine du roi Milan. Elle descend de l'antique famille provençale des Baulx, Balsa en italien et en roumain. Plusieurs chevaliers de la famille des Baulx accompagnèrent Charles d'Anjou quand il fit la conquête de Naples; d'autres vinrent se fixer en Serbie à l'époque où Hélène de Courtnay y était reine. Adélaïs, Laurette et Phanette des Baulx furent chantées par les troubadours, et l'ancien castel de Baulx existe encore près d'Arles. La reine est d'une beauté qui a fait événement dans sa visite récente à Florence, où elle est née; grande, élancée, un port de déesse sur les nues, un teint chaud, éblouissant, et de grands yeux veloutés de Valaque. L'unique enfant, le prince Alexandre, qui apparaît avant qu'on ne se mette à table, a sept ans. Il est plein de vie et ressemble à ses parents, ce dont il n'a pas lieu de se plaindre. Quelle sera sa destinée? Deviendra-t-il le nouveau Douchan de l'empire serbe? Est-ce à Constantinople qu'il ceindra un jour la couronne des anciens tsars? Dans ces pays en fermentation et en transformation, les rêves les plus audacieux se présentent involontairement à l'esprit. En attendant, à côté du Konak actuel, on construit un grand palais avec des dômes prétentieux, qu'on a eu le tort de faire avancer jusque dans l'alignement du boulevard même.

Le déjeuner est servi avec élégance et il sort des mains d'un bon cuisinier. La carte du menu est surmontée d'un écusson royal aux armes et avec la devise de la Serbie: *Tempus et meum jus*. Voici ce qui nous est offert: Bouillon, timbales de macaroni à la Lucullus, sterletons rôtis en matelote, côte de bœuf aux truffes, écrevisses de Laibach à la provençale, poulardes françaises, asperges à la polonaise, petits pois verts, bombe glacée de fraises. On me reprochera peut-être de ressembler à ce diplomate qui avait sur sa table plusieurs volumes de ses mémoires richement reliés et qui ne contenaient que les menus des dîners auxquels il avait assisté. Mais il est curieux de savoir ce que, dans chaque pays, mangent les hommes, depuis le paysan en sa chaumière jusqu'au prince sous ses lambris dorés; car cela donne une idée du bien-être national et des ressources locales. D'ailleurs, toute l'activité économique n'a-t-elle pas pour but d'apporter à tous de quoi se nourrir? Certes, Brillat-Savarin, qui était homme d'esprit, m'eût pardonné.

La reine me rappelle que j'ai écrit, dans la *Revue des Deux Mondes*, certain réquisitoire contre le luxe, qui doit me porter à condamner ces dépenses inutiles. «En effet, lui dis-je, je crois que c'est aux souverains à donner l'exemple de la simplicité et de l'économie. Partout les dépenses improductives ruinent les familles et les États.» Le roi et la reine parlent le français avec le meilleur accent. Après le café, on part pour le village où se célèbre la *Slava*. Il est situé au delà de Topchidéré, non loin de la Save. La route n'est pas en très bon état; mais nos chevaux hongrois nous entraînent au grand trot. Le premier aide de camp du roi, le lieutenant-colonel Franassovitch, m'explique ce que c'est que la Slava. Chaque famille comme chaque village a sa Slava: c'est la fête du saint qui en est le patron. Elle dure plusieurs jours; c'est une antique coutume, qui remonte à l'époque où la famille patriarcale vivait groupée sous le même toit. Aujourd'hui encore, elle se célèbre partout, même dans les villes. La maison se décore de feuillage et de fleurs. Un banquet réunit les plus proches parents, sous la présidence du chef de la famille. Un pain fait du plus pur froment est posé au centre de la table. Une croix y est imprimée en creux, au milieu de laquelle est fixé un cierge à trois branches, allumées en l'honneur de la Trinité. Le pope prononce une prière et appelle la bénédiction de Dieu sur toute la famille. Au dessert, les toasts et les chants se succèdent; les Serbes y excellent. En assistant à une Slava, ou à la fête des morts, on voit combien est encore puissant ici le sentiment familial. C'est un des caractères de toute société primitive, où le clan, le γένος, la *gens*, est la cellule sociale, l'alvéole au sein duquel se conserve et se développe la vie humaine.

Le village où nous arrivons n'est qu'un petit groupe de maisons basses, couvertes de chaume et cachées en des vergers de grands pruniers à fruits violets. Pas d'église; le centre est l'école. Sous la véranda, on a étendu un tapis et placé des fauteuils pour Leurs Majestés et leur suite. Le roi et la reine arrivent dans une légère Victoria, précédée d'un piquet de hussards portant un ravissant uniforme hongrois. Les paysans, rassemblés en foule, crient: *Zivio!* ce qui signifie: *Vive!* Je saisis sur le vif le contraste entre les mœurs anciennes et celles de l'Occident, qui s'introduisent rapidement. Le préfet et le sous-préfet, en habit noir et cravate blanche, s'avancent vers le roi et le saluent avec respect, gourmés et raides comme des fonctionnaires occidentaux. Le maire, *presednik*, avec son beau costume: veste brune soutachée de noir, larges culottes, jambières albanaises, s'approche, et, avec une aisance parfaite, adresse au roi son petit discours, en le tutoyant, suivant l'usage traditionnel. C'est la démocratie du temps de Milosch.

Quand nous avons pris place sur des fauteuils réservés, parmi les feuillages et les fleurs qui ornent le bâtiment de l'école, commence une cérémonie des plus caractéristiques. Les paysannes se dirigent en longue file vers la reine, et chacune, à son tour, lui donne sur les deux joues un retentissant baiser, qu'elle leur rend consciencieusement. Curieux tableau: la reine Nathalie porte un ravissant costume de campagne, qui fait ressortir toute l'élégance de sa taille, une robe de foulard bleu à pois blancs et un chapeau de paille garni de velours assorti; les paysannes sont vêtues d'une chemise brodée en laines de couleurs voyantes, avec un tablier tout couvert d'arabesques de tons très vifs et cependant harmonieux; sur la tête, un mouchoir rouge ou des fleurs et des sequins; autour du cou et de la ceinture, de lourds colliers formés de pièces d'or et d'argent. Toutes ces étoffes et ces broderies sont l'ouvrage de leurs mains. Chez la reine, toutes les distinctions de la civilisation moderne; chez ces femmes de la campagne, les idées, les croyances, les mœurs, les produits de l'industrie familiale, la personnification des civilisations primitives.

L'une de ces femmes, très âgée, mal vêtue, peu lavée, sentant cruellement l'ail, embrasse la reine quatre ou cinq fois et lui adresse un interminable discours. Le roi l'interrompt: «Voyons, que veux-tu?—Mon fils unique a été tué à la dernière guerre, répond-elle; j'ai donc droit à une pension et je ne la recois pas.—*Presednik*, reprend le roi, en s'adressant au maire, qui était resté à côté de lui, ceci te regarde. Qu'as-tu à dire?—Je dis que cette femme est à son aise et que, par conséquent, elle n'a pas droit à la pension.—Comment! réplique la vieille, mais une telle, du village voisin, a plus de terre que moi et elle à une pension.—Je n'ai pas à juger ce que font les autres, dit le maire; mais moi, je remplis mon devoir; je défends l'intérêt de mes contribuables.—Nous examinerons cela, reprend le roi; colonel Franassovitch, veuillez en prendre note.» Je me figure que c'est ainsi que saint Louis jugeait sous son chêne. Je vois en action l'antique souveraineté patriarcale.

Le roi me donne alors quelques détails sur l'organisation communale en Serbie. La commune, *opchtina*, jouit d'une autonomie complète dans les limites fixées par la loi. Les habitants nomment le conseil communal et le maire, sans nulle intervention du pouvoir central. Le nombre des membres formant le conseil dépend de la population de la commune; mais, pour toute décision, il faut au moins trois conseillers. Ceux-ci fixent souverainement le budget en recettes et en dépenses. Ceci est bien la commune primitive, telle qu'on la trouve encore en Suisse, en Norvège, dans le *township* américain, et telle qu'elle existait partout, avant que le pouvoir central soit venu restreindre sa compétence.

Voici qui tient encore aux libertés anciennes: la justice, en premier ressort, est toute communale. Le maire, *presednik opchtiné*, avec deux adjoints élus pour un an, forme un tribunal qui décide de toutes les contestations jusqu'à la somme de 200 francs et qui juge, en matière pénale, les délits de simple police. Des décisions de ce tribunal, il peut être appelé devant une commission, composée de cinq membres, élus tous les trois mois. Une loi récente a limité un peu la compétence de ce tribunal de village. Les conseils communaux choisissent aussi des jurés qui font partie de la cour d'assises pour juger les accusés habitant leur commune. Dans tout notre Occident, au moyen-âge, les échevins communaux exerçaient également des fonctions judiciaires. En Serbie, au-dessus des tribunaux locaux, s'étagent un tribunal de première instance par département, une cour d'appel et une cour de cassation. Cette organisation est empruntée à la France. Afin que tout marche d'une façon plus méthodique et plus uniforme, on veut étendre les pouvoirs de l'autorité centrale, au détriment de l'autonomie locale. C'est un progrès à rebours; car, dans notre Occident, on s'accorde à constater les avantages de la décentralisation, et si l'on pouvait avoir la commune comme aux États-Unis ou en Serbie, on s'estimerait heureux.

Près de l'école, je remarque une construction en bois de forme étrange: c'est un gerbier en clayonnage, très long, élevé sur des pieux, à un mètre du sol, et recouvert d'un épais toit de chaume. «C'est là, me dit le roi, un de nos greniers d'abondance pour les temps de guerre. Encore une de nos vieilles coutumes. Chaque commune est tenue d'avoir un gerbier pareil, et tout chef de famille doit y verser, chaque année, 150 okas, soit environ 182 kilogrammes de maïs ou de blé. En temps ordinaire, nous avons ainsi 60 à 70 millions de kilogrammes de blé, pour les distribuer aux habitants, en cas de disette, ou quand les hommes doivent se mettre en campagne.»

Mais voici le *kolo* qui se met en branle. Le kolo, en bulgare *koro*, le *choros* grec, est la danse nationale des Slaves. Un cercle immense se forme, d'hommes et de femmes, alternativement. Ils se donnent la main ou se prennent par la taille. Au centre, les tsiganes jouent les airs nationaux. La ronde tourne lentement, en décrivant des méandres. Le pas consiste en de petits bonds sur place, sans entrain. La musique est douce, presque mélancolique, nullement entraînante. Quelle différence avec les tsardas hongroises, aux emportements affolés, aux fougues furieuses! Mais les couleurs du tableau sont d'une vivacité merveilleuse. Les hussards de l'escorte royale sont venus prendre place dans la file, qui tourne, tourne toujours; puis sont accourues des jeunes filles tsiganes, vêtues d'étoffes rouges et jaunes. Parmi les danseurs et la foule qui les entoure, tous, hommes et femmes, portent le costume national, si pittoresque, si éclatant de tons. De vieux chênes projettent leur ombre sur la vaste cour. Pas un ivrogne; je ne vois guère boire que de l'eau. Aucun cri grossier. La fête se poursuit avec une convenance parfaite. Tous ces paysans ont une grande distinction naturelle et une dignité d'homme libre. Rien n'est vulgaire. Je n'ai jamais vu une scène de mœurs où tout fût d'une couleur locale aussi complète.

Nous rentrons par Topchidéré, qui est le bois de Boulogne de Belgrade. Des promenades y serpentent sous de beaux ombrages, au bord d'un petit ruisseau coulant à travers les prairies d'une vallée verdoyante. Ici se trouve la maison qu'occupait Milosch et le vaste parc aux Daims, où a été assassiné le prince Michel. Je dîne chez notre ministre, avec quelques diplomates. Parmi ceux-ci se trouve le comte Sala, qui fait l'intérim à la légation française. La comtesse, une Américaine parisienne, est étincelante d'esprit et de beauté. Je reste tard pour causer avec M. de Borchgrave de la situation économique du pays, qu'il connaît à fond. J'emprunte aussi quelques détails à un rapport très bien fait de M. Mason, secrétaire de la légation anglaise.

Nul pays ne mérite mieux d'être appelé une démocratie que la Serbie. Les begs turcs ayant été tués ou chassés dans les longues guerres de l'indépendance, les paysans serbes se sont trouvés propriétaires absolus des terres qu'ils occupaient, sans personne au-dessus d'eux. Il n'y a donc ici ni grands propriétaires ni aristocratie. Chaque famille possède le sol qu'elle cultive et en tire de quoi vivre avec les procédés de culture les plus imparfaits. Le prolétariat était inconnu autrefois, grâce aux zadrugas, ou communautés de famille, qui, comme nous l'avons vu, subsistaient sur un fonds inaliénable, héritage en mainmorte, et ensuite grâce à une loi excellente qui interdit la vente, même au profit des créanciers, de la maison, de cinq arpents de terre (environ deux hectares et demi), du cheval, du bœuf et des outils aratoires nécessaires pour les cultiver.

Dans les campagnes, on ne trouve guère d'ouvriers, et, semblable en cela au Yankee, aucun Serbe ne consent à être domestique; même les cuisinières et les servantes viennent de la Croatie, de la Hongrie et de l'Autriche. Quand un cultivateur, avec l'aide de sa famille, ne peut suffire à couper ses foins ou ses blés, il s'adresse à ses voisins, qui viennent lui donner un coup de main, et la rentrée de la récolte est une occasion de fête. Cela s'appelle la *moba*. Point de salaire; service pour service, à charge de revanche. N'est-ce pas l'âge d'or? Malheureusement, ces fiers Serbes, qui, avant le récent désarmement, marchaient toujours armés, sont de très médiocres cultivateurs. Leur grossière charrue, toute en bois, avec un petit bout de soc en fer, traînée par quatre bœufs, déchire le sol, mais ne le retourne pas. Au maïs succède le froment ou le seigle, puis suit une jachère de plusieurs années. C'est à peine si le tiers de la superficie est en culture. La statistique de 1869, la dernière qui ait été publiée, ne donnait, pour 360,000 «têtes de contribuables», et pour mettre en mouvement 79,517 charrues grandes et petites, *ralitzas*, que 13,680 chevaux de trait et 307,516 bœufs. C'est déplorablement insuffisant. Cependant, comme la population est peu dense, 1,820,000 habitants sur 4,900,000 hectares, ou deux hectares et demi par tête, il s'ensuit que les vivres ne manquent pas et qu'on peut en exporter. La statistique nous apprend, en effet, qu'en moyenne la Serbie vend à l'étranger pour 30 millions de francs de bétail et de produits animaux, et pour 8 à 10 millions de fruits, grains et vins.

Voici quelques chiffres indiquant comment la superficie est employée et quelle est la richesse agricole du pays. La moitié du territoire, soit 2,400,000 hectares, est occupée par les montagnes et les forêts; 800,000 hectares sont en terres cultivées et 430,000 hectares en prairies; le surplus est vague. Sur les terres labourables, le maïs prend 470,000 hectares, le seigle; le froment et les autres grains 300,000 hectares; le reste est consacré aux vignes, aux pommes de terre, au tabac, au chanvre, etc. Le maïs est ici, comme dans tout l'Orient, le produit principal. On estime que la récolte moyenne donne pour le maïs 448,327 tonnes, 250,000 pour le froment, 32,000 pour l'avoine et 80,000 pour les autres grains.

Voici la proportion sur 100 qu'on attribue à chaque céréale: maïs, 52.35; froment, 27.20; orge, 6.30; avoine, 6.60; seigle, 3.90; épeautre, 3; millet, 0.65. Dans les provinces de Podrigné, de Pojarevatz et de Tchoupria, le maïs forme les 65 centièmes du produit total.

La richesse en bétail est représentée par les chiffres suivants: 826,550 bêtes à cornes, 122,500 chevaux, 3,620,750 moutons et 1,067,940 porcs.

Les statisticiens ont noté que si, d'une part, dans les pays en progrès, la population augmente, ce qui prouve un accroissement de la prospérité générale, d'autre part, la quantité du bétail diminue, ce qui est regrettable, car il en résulte que la proportion de nourriture animale devient moindre. Si l'on considère les anciennes provinces serbes, sans les districts annexés par le traité de Berlin, qui ont 280,000 habitants, on trouve que la population s'élevait à 1,000,000 en 1859, à 1,215,576 en 1866 et à 1,516,660 en 1882. L'accroissement annuel est donc d'environ 2.2 p. c., ce qui donne une période de doublement de cinquante ans, comme en Angleterre et en Prusse. En même temps, de 1859 à 1882, le nombre des bêtes à cornes tombait de 801,296 à 709,000, celui des chevaux de 139,801 à 118,500, celui des porcs de 1,772,011 à 958,440. Il n'y a que le chiffre des moutons qui augmente un peu: de 2,385,458 à 2,832,500. Ceci semble le résultat habituel de ce que l'on appelle les progrès de la civilisation. A mesure que la population s'accroît, elle doit de plus en plus se contenter d'une nourriture végétale. D'après Tacite, le Germain se nourrissait surtout de viande et de laitage, tandis que l'Allemand et le Flamand, dans les campagnes, ne mangent guère que des pommes de terre et du pain de seigle. Maintenant encore, le rapport entre le chiffre du bétail et celui de la population est beaucoup plus satisfaisant ici que dans nos pays occidentaux, car en réduisant le nombre des animaux domestiques en têtes de gros bétail, on arrive au total d'environ 1,400,000 pour 1,516,660 habitants, ce qui fait presque une tête par habitant. C'est à peu près la même proportion qu'en Bosnie-Herzégovine, qui, avec 2 millions d'hectares en plus, n'a que 1,158,453 habitants au lieu de 1,820,000. Il faut aller dans les pays nouvellement occupés, comme l'Australie et les États-Unis, pour trouver une proportion aussi favorable. On peut en conclure que les Serbes mangent généralement de la viande à l'un de leurs repas, quand ils ne sont pas obligés de faire maigre, ce qui leur arrive plus de cent cinquante jours par an. Alors ils se contentent de maïs et de fèves.

Le porc a été pour la Serbie ce que le hareng a été pour la Hollande, la principale source de la richesse commerciale et la cause de son affranchissement. Les héros de la guerre de l'indépendance, les gueux de mer qui, au XVIe siècle, ont dispersé les flottes de Philippe II, étaient des pêcheurs de harengs, et ici Milosch et ses compagnons étaient des éleveurs et des marchands de porcs. D'innombrables troupeaux de ces animaux, presque à l'état sauvage, s'engraissaient de glands dans les vastes forêts de la région centrale, la Schoumadia. Ils étaient amenés par bandes vers la Save et le Danube et vendus pour la consommation de la Hongrie et de l'Autriche. Aujourd'hui, les forêts de chênes sont dévastées et le lard d'Amérique a pénétré partout. Cependant, en 1881, on a encore exporté 325,000 porcs gras et maigres. L'étendue moyenne des exploitations est de 4 à 5 hectares, mais avec des droits de jouissance sur les prairies et les forêts de la commune ou de l'État. Certaines régions de la Serbie sont renommées pour leurs animaux domestiques. Les plaines de la Koloubara et la basse Morava pour ses chevaux, Resavska pour ses bœufs, la Schoumadia pour ses porcs, Krivoviv, Visotchka, Pirot et Labska pour ses moutons.

—Je fais quelques visites, d'abord au président du conseil, M. Pirotchanatz, qui a infiniment d'esprit et de verve, et qui voit de haut la situation de l'Europe et celle de son pays, ensuite au ministre des finances[13], M. Chedomille Mijatovitch, chez qui je passe la soirée. Il a étudié l'économie politique en Suisse; il est membre du *Cobden Club* et il a épousé une Anglaise, qui à publié, dans sa langue, une histoire de Serbie, les légendes serbes et les poèmes relatifs à la bataille de Kossovo. M. Mijatovitch parle le français non moins bien que l'anglais. Il s'occupe en ce moment de la loi qui doit créer la banque nationale. Le jour même j'avais assisté, dans la salle de la Skoupchtina, à une réunion de négociants de Belgrade et des autres villes principales, qui avaient discuté les statuts de la future banque. Je ne pus que les trouver excellents, puisqu'ils étaient la reproduction de ceux de notre banque nationale, qui est considérée comme un établissement modèle en ce genre. Je critique vivement cependant un article qui permet de faire des avances à des entreprises industrielles. Il y a là un danger réel. La mission de maintenir intacte la circulation fiduciaire est si délicate, parfois si difficile, qu'il ne faut pas la compliquer en engageant les capitaux de la banque en des affaires toujours aléatoires. On transforme celle-ci en crédit mobilier. En outre, comme l'établissement est soumis au contrôle de l'État, les influences politiques peuvent entraîner à faire de mauvais placements. La loi belge interdit même à notre banque d'émission d'accorder un intérêt aux dépôts, afin qu'elle ne s'expose pas à les perdre en cherchant à les placer avantageusement. La banque nationale de Serbie fonctionne maintenant, mais ce qui lui fait défaut jusqu'à présent, c'est le papier de commerce à escompter.

[13]

Maintenant ministre de Serbie à Londres (1885).

La principale institution de crédit de la Serbie est l'*Ouprava Fondava* ou crédit foncier, fondé en 1862, réorganisé en 1881. Il reçoit les dépôts des institutions publiques, caisses de retraite, caisses d'épargne et fait des avances sur hypothèques au taux de 6 p. c., plus 2 p. c. d'amortissement pendant vingt-trois ans et six mois. Le total des dépôts, qui n'était que de 7,824,737 francs en 1863, s'est élevé en 1882 à 28,219,465 francs.

Par une loi de 1871, des caisses d'épargne ont été fondées par l'État dans cinq chefs-lieux de département: Smedorevo, Krouchevatz, Tchatchak, Ougitza et Kragonjevatz. Outre une somme de 150,000 ducats (1,962,500 francs) avancée par l'État, ces caisses ont reçu en dépôt les capitaux des églises, des communes, des veuves et des orphelins qui ont été remis à l'*Ouprava Fondava*. L'intérêt payé est de 5 p. c. et seulement de 3 p. c. pour les fonds exigibles à la première demande.

Les différents métiers, constitués par l'association des ouvriers et des corps de patrons, ont aussi chacun une caisse de secours et même d'avances. En 1881, Belgrade comptait 30 métiers possédant en tout un capital de 174,318 francs; Tchoupria, 37 métiers possédant 74,834 francs; Pojarévatz, 28 métiers possédant 69,509 francs; Nisch, 29 métiers possédant 27,248 francs.

Nous touchons un autre point encore. Les hommes d'État que je rencontre ici, comme ceux de la plupart des jeunes pays, désirent vivement voir se développer chez eux l'industrie manufacturière. A cet effet, on a voté, en 1873, une loi spéciale qui permet au gouvernement d'accorder aux entreprises industrielles qui s'établiront en Serbie un monopole exclusif, même pour quinze ans, et, en outre, toute espèce de faveurs: des terres, des bois, des exemptions de droits d'importation sur les machines. Quelques concessions de monopole ont été demandées, mais sans aboutir. La seule qui ait réussi est une grande fabrique de draps, établie à Paratchine, par une maison de

Moravie. Mais l'État est obligé de lui prendre tous les draps nécessaires à l'armée, en les payant 10 p. c. de plus que le prix le plus bas soumissionné par d'autres fournisseurs. Ceci est une rude charge imposée aux contribuables. Et qui en profite? Personne; pas même les ouvriers, qui reçoivent un minime salaire: fr. 40 c. à 1 franc pour les femmes, 1 fr. 50 c. à 2 francs pour les hommes. Tout monopole est une entrave au progrès, et partout où on l'a pu, on l'a supprimé. On le comprend quand il rapporte un revenu au fisc, comme celui du sel, du tabac ou des allumettes; mais un monopole qui coûte de l'argent à l'État et qui grève tous les consommateurs est une chose absurde et inique.

Dans un pays où chacun est propriétaire et cultive sa propre terre, l'heure de l'industrie manufacturière n'est pas venue; il manque le prolétariat, pour lui fournir la main-d'œuvre à bon marché par la concurrence des bras. Au lieu de se féliciter d'une situation économique si heureuse, qui permet à tous de mener la vie saine de la campagne et de se procurer, par le travail agricole, un bien-être suffisant, le gouvernement serbe s'efforce, au moyen de primes, de protection et de privilèges, de créer une industrie factice, contre nature, plus exposée encore que la nôtre aux crises cruelles dont nous souffrons périodiquement. Quelle aberration! Elle est dictée par cette idée qu'un pays où manque la grande industrie est arriéré, barbare. Même erreur en Italie. Voit-on s'élever des cheminées de fabrique, on s'en réjouit: c'est l'image de la civilisation occidentale. Qui profitera de la création de ces établissements? Ni l'État, qui leur accorde des faveurs de toute espèce, ni le public, rançonné par les monopoleurs, ni surtout les travailleurs enlevés aux champs et entassés dans les ateliers. Quelques spéculateurs étrangers s'enrichiront peut-être aux dépens de la Serbie et iront dépenser ailleurs le produit net de leurs prélèvements privilégiés.

Comme le sol, source principale de la richesse, est aux mains de ceux qui le font valoir, il n'y a pas de fermage payé, et ainsi manque la classe des rentiers et des oisifs, qui forment les grandes villes: Belgrade n'a que 36,000 habitants et Nisch 25,000. Toute la population urbaine, y compris celle des bourgades, ne dépasse pas 200,000 âmes. Il n'y a point du tout d'aristocratie et très peu de bourgeoisie; celle-ci est composée des négociants, des boutiquiers et des propriétaires de maisons. Mais, d'autre part, il n'y a point de paupérisme; les infirmes, les vieillards et les malades sont soutenus par leurs proches et, dans les villes, par la commune ou par les associations ouvrières. Presque tout ce qu'il faut aux habitants des campagnes, qui forment les neuf dixièmes de la population, les vêtements, les meubles, les ustensiles, les instruments aratoires, est confectionné sur place par les industries domestiques. Est-il si urgent de tuer celles-ci par une concurrence subventionnée, qui remplacera les bonnes et fortes étoffes de laine et les solides chemises de lin brodées, appropriées au climat et si pittoresques, par des cotonnades à bas prix, à l'imitation de celles de l'Autriche et de l'Allemagne? Tout manque donc ici jusqu'à présent pour favoriser le développement de l'industrie manufacturière: les marchés urbains, les consommateurs et le personnel ouvrier. Elle se heurterait d'ailleurs à un autre obstacle résultant, non des conditions naturelles, mais des combinaisons spéciales du tarif douanier; car l'Autriche s'est fait accorder des avantages exceptionnels par le récent traité de commerce de 1881.

Pour faciliter les échanges des populations habitant des deux côtés de la frontière dans une certaine zone, l'Autriche a adopté, de commun accord et sous condition de réciprocité avec quelques États limitrophes, notamment avec l'Italie et la Roumanie, un tarif de faveur appelé *Grenz-Verkehr-Tarif*[14]. Le tarif différentiel arrêté avec la Serbie réduit, pour certaines marchandises, les droits de douane à la moitié de ceux que paye la nation la plus favorisée, et, au lieu de limiter la zone à laquelle doivent être réservées ces facilités, le traité austro-serbe de 1881 les accorde aux produits qui sont directement importés, par libre trafic, du territoire douanier de la monarchie austro-hongroise par les frontières communes. Les droits de douane, déjà peu élevés en général, se trouvent tellement réduits que les fabriques serbes qui veulent s'établir sont rendues impossibles ou sont bientôt tuées par la concurrence. C'est ce qui a frappé de stérilité la plupart des monopoles accordés en vertu de la loi de 1873. Les patriotes serbes s'indignent de ce qu'ils appellent un asservissement commercial à l'Autriche. Les autres nations ont le droit de se plaindre de cette prime exorbitante accordée à un État déjà si favorisé par sa proximité; car, sur le total du commerce extérieur de la Serbie, s'élevant en 1879, pour les importations et les exportations, à 86 millions de francs, les échanges avec l'Autriche montaient à 65 millions. Mais, quant à moi, j'y vois un avantage pour les Serbes: elle les préserve d'être enfermés dans des ateliers insalubres et exploités par des manufacturiers privilégiés.

[14]

Les marchandises qui, par faveur spéciale, en vertu du trafic-frontière (Grenz-Verkehr) entre la Serbie et le territoire douanier de l'Autriche-Hongrie, ne payent à l'importation que la moitié des droits de douane applicables à la nation la plus favorisée, sont les suivantes:

1. Papiers grossiers et carton de toute sorte. Taxe: la nation la plus favorisée, par 100 kilogrammes, 4 francs; l'Autriche-Hongrie, 2 francs.

2. Pierres non polies, pierres à aiguiser et pierres à lithographier. Taxe ordinaire: par 100 kilogrammes, 1 fr. 50 c.; l'Autriche-Hongrie, 75 centimes.

3. Poteries communes avec ou sans vernis, poterie de grès, tuyaux, carreaux pour poêles et pour plancher. Taxe ordinaire: par 100 kilogrammes, 2 francs; l'Autriche-Hongrie, 1 franc.

4. Verre à vitres, etc., plaques de verre coulées pour toitures ou dallages. Taxe ordinaire: par 100 kilogrammes, 3 francs; l'Autriche-Hongrie, 1 fr. 50 c.

5. Verre creux, blanc. Taxe ordinaire: par 100 kilogrammes, 5 francs; l'Autriche-Hongrie, 2 fr. 50 c.

6. Fer brut, fonte en barre, en gueuse, fer malléable et acier en barre, massiaux, fer en loupe, vieille ferraille, débris de fer et acier. Taxe ordinaire: par 100 kilogrammes, 80 centimes; l'Autriche-Hongrie, 40 centimes.

7. Fer et acier en verges, carré, en rubans, méplat ou rond, fer et acier d'angle et de cornière de toute espèce, plaques de fer et d'acier. Taxe ordinaire: par 100 kilogrammes, 2 francs; l'Autriche-Hongrie, 1 franc. Les outils et instruments aratoires rentrent dans cette catégorie.

En échange, la Serbie a obtenu le traitement différentiel pour ses bœufs et taureaux (par tête, 4 florins), et ses porcs (par tête, fl. 1.50.

Un rapport récent du consul d'Autriche-Hongrie à Belgrade constate sans façon que la Serbie est entraînée dans l'orbite commerciale de sa puissante voisine. «La Serbie, dit M. de Wysocki, est, par sa situation, attribuée presque entièrement à l'Autriche-Hongrie, et elle le sera encore longtemps. Le long de sa frontière septentrionale, la Serbie a trois grands moyens de communication: le Danube, la Save et la *Staatsbahn*, qui lui imposent impérieusement l'Autriche-Hongrie comme débouché et comme source d'importations.» La vérité de cette affirmation se trouve confirmée par les chiffres du commerce extérieur de la Serbie, dont voici le résumé pour 1880: Importation, 59,096,263 francs; exportation, 31,685,553 francs; transit, 1,504,877 francs; total: 90,286,693 francs. Importation d'Autriche-Hongrie, 38,151,904 francs; exportation en Autriche-Hongrie, 24,376,208 francs; total: 62,528,112 francs. Reste donc pour tous les autres pays: 27,758,581 francs. En 1882, on a exporté 280,000 porcs estimés 13,990,000 francs; pour 14,246,270 francs de pruneaux secs; pour 8,101,770 francs de laine; 6,083,600 francs de froment; 2,584,660 francs de vin. Progression du commerce extérieur: 1842, 13 millions; 1852, 22 millions; 1862, 28 millions; 1868, 67 millions; 1880, 90 millions.

Je me suis permis de dire aussi au ministre des finances qu'un autre danger me semblait menacer la Serbie, celui de la dette publique, grossissant partout et toujours, grevant toutes les familles, ruinant surtout les campagnes et faisant plus de mal que les trois fléaux dont la litanie demande que le Seigneur nous délivre: la peste, la guerre et la famine. Point d'agent de paupérisation plus malfaisant. Les désastres de la guerre se réparent vite, on l'a bien vu en France après 1870; mais la dette arrache le pain de la bouche de ceux qui le produisent: voyez l'Italie, la Russie et l'Egypte. Elle est surtout une cause de souffrances dans les contrées éloignées des marchés de l'Occident, où les denrées sont à vil prix et l'argent rare. Dans une province écartée, au centre de la péninsule des Balkans, une famille vit à l'aise; mais forcez-la de verser 20 ou 30 francs en or aux banquiers de Vienne ou de Paris, pour sa part dans l'intérêt de la dette, que de produits elle devra vendre et soustraire à la satisfaction de ses besoins, dans une région où les routes manquent pour l'exportation et où il n'y a pas d'acheteurs sur place, parce que chacun produit à suffisance tout ce qu'il lui faut! La facilité d'emprunter est un entraînement irrésistible pour ceux qui gouvernent. Ils ont immédiatement en mains des moyens d'action énormes; l'avenir pourvoira aux intérêts et au remboursement! Les banquiers sont toujours prêts à avancer l'argent. Ils touchent la prime et rejettent le risque sur les souscripteurs. Le déficit se creuse; on emprunte encore pour le combler; les populations sont accablées de charges croissantes, jusqu'à ce que vienne la faillite. C'est l'histoire habituelle des emprunts orientaux. Pour les pays primitifs, le crédit est une peste.

La dette de la Serbie ne s'élève encore qu'à 130 millions, dont 100 ont été consacrés à faire le chemin de fer Belgrade-Nisch et à remplacer les millions emportés par la faillite Bontoux. Mais les emprunts n'ont commencé à se succéder qu'à partir de 1875, et déjà ils prennent plus de 7 millions par an sur un revenu de 34. On entre dans cette voie funeste qui a mené la Turquie à sa perte. Pour obtenir 5 millions destinés à compléter l'achat de 100,000 nouveaux fusils Mauser, on a cédé à l'Anglo-Austrian Bank le monopole du sel pour quinze ans, et récemment on a engagé d'autres impôts, se mettant ainsi à la merci des financiers étrangers. Rien de plus funeste pour un État; il aliène de la sorte son indépendance. Je sais parfaitement que jusqu'à présent la Serbie peut très facilement payer l'intérêt de sa dette, d'autant plus que le nouveau chemin de fer, surtout quand il sera relié à Salonique, d'un côté, et à Constantinople, de l'autre, favorisera notablement le développement de la richesse; mais, néanmoins, je ne puis cacher mon impression aux ministres serbes qui m'ont fait un si bienveillant accueil. Armements coûteux, emprunts répétés, mise en gage des sources du revenu, ce sont là des symptômes inquiétants auxquels il faut veiller. *Principiis obsta* est une admirable devise, trop peu comprise.

—Je reçois l'accueil le plus amical chez le secrétaire de notre légation, le comte du Bois. Il est grand chasseur et rapporte merveille des belles traques que l'on peut faire dans les montagnes du pays, qui sont sauvages et inhabitées.

—En voyage, je tâche toujours, quand j'en ai le temps, de visiter les bureaux des principaux journaux; c'est encore le meilleur centre d'informations. On y trouve des gens d'esprit capables d'exposer la situation d'une façon plus «objective», plus impartiale que les «politiciens». Je rencontre plusieurs fois M. Komartchitch, rédacteur en chef du journal progressiste et gouvernemental le *Vidélo*. Il y a, me dit-il, trois partis en Serbie: les conservateurs, les progressistes et les radicaux.

Les conservateurs ont pour chef M. Ristitch, l'homme politique le plus considérable du pays. Il a fait partie du conseil de régence après la mort du prince Michel et pendant la minorité du prince Milan. C'est lui qui a dirigé la politique étrangère pendant la période si difficile, si périlleuse de la guerre turco-russe, et aussi au congrès de Berlin, d'où il a eu l'honneur de rapporter pour la Serbie les deux importantes provinces de Nisch et de Pirot. Il a dû quitter le pouvoir, parce qu'il n'a pas voulu céder aux exigences de l'Autriche, lors des négociations pour le traité de commerce. Quand le cabinet de Vienne a menacé de fermer ses frontières aux exportations de la Serbie et que les canonnières autrichiennes sont venues s'embosser à Semlin, la Serbie n'a pas osé résister et M. Ristitch s'est retiré. On le prétend inféodé à la Russie. Il s'en défend énergiquement. «Ce que je veux pour mon pays, me dit-il, c'est ce bien précieux que nous avons conquis au prix de notre sang, l'indépendance. Nous devons conserver de bonnes relations avec l'Autriche, mais nous ne pouvons pas oublier ce que la Russie a fait pour nous. C'est à elle que nous devons d'exister. C'est elle qui, à la paix de Bucharest, en 1812, puis en 1815, en 1821 et en 1830, est intervenue pour nous et a obtenu notre affranchissement. Inutile de rappeler ses sacrifices en notre faveur durant la dernière guerre. C'est d'elle encore que nous pouvons attendre la délivrance des populations slaves affranchies par le traité de San-Stefano, mais remises sous le joug turc par le traité de Berlin. Amis de tous, serviteurs de personne, voilà quelle doit être notre devise.» A l'intérieur, M. Ristitch est hostile aux innovations trop hâtives et partisan d'un gouvernement fort. Il est encore dans la force de l'âge. L'œil ferme et même dur indique une volonté arrêtée. Il expose ses idées avec une grande netteté, et, quand il s'anime, avec une véritable éloquence. Il occupe une vaste maison richement meublée, sur le boulevard Michel, non loin du Konak.

Parmi les hommes d'État éminents de la Serbie appartenant au parti conservateur, on peut encore citer M. Kristitch, qui a été, à plusieurs reprises, président du conseil; Marinovitch, ancien président du Sénat, actuellement

(1885) ministre de Serbie à Paris, et Garaschanine, qui a exercé une grande influence sur les affaires de son pays.

Le parti progressiste correspond aux libéraux de l'Occident. Il n'a guère de respect pour les institutions anciennes, qu'il considère comme un reste de barbarie, et il ne se pique point d'une grande déférence envers l'Église nationale, ainsi que l'a prouvé la façon dont il a mené et terminé le différend avec le métropolite Michel. Il veut doter son pays le plus tôt possible de tout ce qui constitue ce qu'on appelle la civilisation occidentale: grande industrie, chemins de fer, affaires financières, banques et crédit, instruction à tous les degrés, beaux monuments, villes bien pavées, éclairées au gaz, bourgeoisie aisée menant grand train, développement de la richesse, et, pour hâter la réalisation de ce programme, l'accroissement des pouvoirs et des revenus du gouvernement, et la centralisation. Le roi, qui désire voir son pays marcher d'un pas rapide dans la voie du progrès, s'attache de préférence à ce groupe de «libéraux». En outre, comme tous les souverains, qui craignent les chocs que peut amener la situation actuelle de l'Europe, il a pour visée principale de fortifier son armée.

Le parti radical comprend deux groupes dont les tendances sont très différentes. Le premier se compose des paysans et des popes de la campagne, qui veulent conserver intactes les anciennes libertés locales et payer peu d'impôts. Ils sont, par conséquent, hostiles aux innovations des progressistes, qui coûtent de l'argent et qui étendent le cercle d'action du pouvoir central. Les ruraux serbes ressemblent en ceci à ceux de la Suisse, qui, par le *referendum*, rejettent impitoyablement toutes les mesures centralisatrices, à ceux du Danemark, qui, dominant dans la Chambre basse, refusent, depuis des années, de voter le budget trop favorable aux villes, d'après eux, et à ceux de la Norvège, qui tiennent en échec le roi Oscar, si aimé en Suède et si digne de l'être. La seconde fraction du parti radical est composée de jeunes gens qui, ayant fait leurs études à l'étranger, en ont rapporté des idées républicaines et socialistes. Leur organe était la *Somoouprava* (*l'Autonomie*). Leur amour des anciennes institutions slaves s'avive d'un enthousiasme étrange pour «da commune» de Paris, comme on peut le constater dans leur journal le *Borba* (le *Combat*). Dans un programme que publiait naguère un de leurs journaux, ils réclamaient la revision de la Constitution afin d'arriver aux réformes suivantes: suppression du conseil d'État, division du pays en cantons fédérés, la magistrature remplacée par des juges élus, tous les impôts transformés en un impôt progressif sur le revenu et, au lieu de l'armée permanente, des milices nationales.

Si les élections sont libres, le parti des paysans doit l'emporter, car est électeur tout homme majeur payant l'impôt sur ses biens ou son revenu, ce qui équivaut à peu près au suffrage universel des chefs de famille. On compte 360,000 contribuables, dont environ les neuf dixièmes appartiennent aux campagnes. Mais quand le groupe radical urbain expose des idées révolutionnaires et socialistes qui n'ont guère d'application dans un pays où il n'y a ni accumulation de capitaux, ni prolétariat, et où se trouve réalisé le principe essentiel du socialisme: «A tout producteur l'intégralité de son produit», parce que la propriété foncière est répartie universellement et très également, alors les paysans prennent peur, et les avancés sont livrés sans défense à la merci du gouvernement, qui parfois use à leur égard de procédés de répression sommaires, rappelant trop l'époque turque, ainsi qu'on l'a vu récemment.

Je ne puis m'empêcher de croire que le parti progressiste, en s'efforçant d'implanter hâtivement en Serbie le régime dont la Révolution française et l'Empire ont doté la France, poursuit un faux idéal, dont l'Occident revient. Au risque de passer pour un réactionnaire, je n'hésite pas à dire que très souvent les paysans ont raison dans leurs résistances. C'est un si grand avantage pour un pays de posséder des autonomies locales, vivantes, ayant leurs racines dans le passé, qu'il faut bien se garder de les affaiblir ou de restreindre leur compétence. Quand la centralisation les a détruites, on a grand'peine à les ressusciter, comme on le voit en France et en Angleterre.

Le «fonctionnarisme» est une des plaies des États modernes. Pourquoi l'introduire là où il n'existe pas? Un exemple fera comprendre ma pensée. Tandis que la Belgique, avec cinq millions et demi d'habitants, n'a que neuf gouverneurs de province, la Serbie, qui n'a que 1,800,000 habitants, est divisée en vingt et un départements avec autant de préfets (*natchalnick*) et quatre-vingt-un districts ayant chacun son sous-préfet (*sreski-natchalnick*), et dans chaque préfecture et sous-préfecture il y a des secrétaires, des greffiers, des employés. N'est-ce pas trop? Le but visé paraît très désirable: c'est l'application rapide et surtout uniforme des lois. Il paraît intolérable que toutes les communes ne marchent pas du même pas et que quelques-unes restent très en arrière. C'est cependant ce que l'on voit dans les pays les plus libres et les plus heureux: en Suisse, aux États-Unis et jadis dans les Pays-Bas. L'uniformité est une admirable chose, mais on peut la payer trop cher. Il faut voir dans Tocqueville comment, en la poursuivant, l'ancien régime a détruit la vie locale et préparé la révolution. L'avantage incalculable des pays où la commune primitive a survécu, c'est que, plus on y est démocrate, plus on est conservateur. Quelles sont les causes de perturbation dans les États occidentaux? La grande industrie, la concentration des capitaux, le prolétariat, les grandes villes et la centralisation. Or, c'est là ce que les progressistes travaillent à développer en Serbie. Ils sont donc, à leur insu, les fauteurs des révolutions futures, en multipliant, aux dépens des contribuables, les places, ample proie que se disputeront les factions politiques, les influences parlementaires et les aspirants au pouvoir: C'est un des maux dont souffrent déjà la Grèce et l'Espagne, sans parler des États plus rapprochés de nous.

Les Serbes doivent rester un peuple principalement agricole: *Beati nimium agricolæ!* Il n'est pas vrai, comme l'a dit l'économiste allemand List, le fondateur du Zollverein, en invoquant l'exemple de l'ancienne Pologne, qu'un État exclusivement adonné à l'agriculture ne peut s'élever à un haut degré de civilisation. Il y a trente ou quarante ans, avant qu'un tarif ultra-protecteur eût développé la grande industrie aux États-Unis, la Nouvelle-Angleterre avait autant de lumières et de bien-être et plus de vertus et de vraie liberté qu'aujourd'hui. Lisez ce qu'en disent les voyageurs clairvoyants de cette époque: Michel Chevalier, Ampère, Tocqueville: nulle part ils n'avaient trouvé un état social plus parfait. Voilà l'exemple qu'il faut poursuivre, et dont la Serbie n'est séparée que par une certaine infériorité de culture qui est le résultat inévitable de quatre siècles de servitude. Si ma voix pouvait être écoutée, je dirais aux Serbes: Conservez vos institutions communales, votre égale répartition de la terre; respectez les autonomies locales; gardez-vous de les écraser sous une nuée de règlements et de fonctionnaires. Ayez surtout, de bons instituteurs, des popes instruits, des écoles pratiques d'agriculture, des voies de communication; puis, laissez agir librement les initiatives individuelles, et vous deviendrez un pays modèle, le centre d'agglomération de cet immense et splendide cristal en voie de formation, la fédération des Balkans. Mais si, au contraire, vous violentez et comprimez les populations, pour marcher plus vite et vous rapprocher en peu de temps de l'Occident, vous conduirez la Serbie et vous-mêmes à l'abîme, car vous provoquez les révolutions.

—Je m'entretiens avec M. Vladan Georgevitch du service sanitaire de la Serbie, dont il est l'organisateur et dont il est très fier. Il a beaucoup voyagé et beaucoup étudié, et il a pu édicter une réglementation modèle dans un pays où presque tout était à faire. J'en dirai quelques mots, parce qu'elle soulève un très grave débat. Il est certain qu'il est pour les communes une série de mesures, et pour les individus une façon de vivre, de se nourrir et de se soigner, en cas de maladie, qui sont les plus conformes à l'hygiène publique et privée. L'État doit-il, par des règlements détaillés, imposer tout ce que commande la science à cet égard, comme il le fait dans l'armée, afin d'accroître autant que possible les forces de la population? Il est hors de doute qu'en le faisant, l'État aidera les citoyens à se mieux porter et à se mieux défendre des épidémies; mais, d'autre part, il affaiblira le ressort de l'initiative et de la responsabilité individuelles, comme on l'a vu dans les établissements des jésuites au Paraguay; il favorisera l'extension du fonctionnarisme; la nation deviendra un mineur soumis à une tutelle perpétuelle. Récemment, Herber Spencer a poussé, à ce sujet, un cri d'alarme d'une admirable éloquence en décrivant l'esclavage futur: *the Coming Slavery*, qui réduira, dit-il, les hommes, libres jadis, à n'être plus que des automates aux mains de l'État omnipotent. C'est l'éternel débat entre l'individu et le pouvoir. Je me trouve très embarrassé en présence d'une réglementation plus minutieuse, plus excessive qu'aucune de celles édictées par la bureaucratie prussienne, et, en même temps, si méthodique, si conforme aux *desiderata* de la science qu'on ne peut s'empêcher de l'admirer. On en jugera; j'imagine qu'il n'est pas un médecin qui ne souhaitât semblable organisation pour son pays.

Au ministère de l'intérieur est constituée une section sanitaire, composée d'un chef de service, d'un inspecteur général et d'un secrétaire, de deux chimistes et d'un vétérinaire général, tous docteurs en médecine. La compétence et les pouvoirs de cette section s'étendent à tout ce qui concerne l'hygiène, même à la nourriture des habitants. Elle peut édicter des règlements obligatoires applicables à toutes les industries travaillant pour l'alimentation. L'énumération de ces prescriptions forme un petit volume. Pour mettre à exécution ces règlements, la section a sous ses ordres des médecins de département, d'arrondissement et de commune, des vétérinaires et des sages-femmes. L'organisation médicale est aussi complète que l'organisation administrative: à côté du préfet, le médecin départemental, presque aussi bien rétribué; à côté du sous-préfet, le médecin d'arrondissement, avec le même traitement; dans chaque commune d'une certaine importance, un médecin communal qui fait de droit partie du conseil municipal. Ceci, en tout cas, est excellent. Au ministère se réunit aussi le conseil sanitaire général, composé de sept médecins. C'est un corps scientifique consultatif. Sa mission est d'étudier et de contrôler les mesures que peut adopter la section sanitaire qui représente le pouvoir exécutif. Le pays tout entier est donc soumis à une hiérarchie de fonctionnaires médicaux, investis du pouvoir d'inspecter et de réglementer tout ce qui touche à l'hygiène des hommes et des animaux domestiques.

Voici maintenant quelques détails de cette réglementation. Tout enfant doit être vacciné entre le troisième et le douzième mois de sa naissance et revacciné à la sortie de l'école primaire, et, s'il est du sexe masculin, revacciné une troisième fois quand il est appelé au service militaire. La vaccination obligatoire et gratuite se fait sous la surveillance du préfet et du médecin départemental, et en présence du maire. La vaccination doit avoir lieu entre le 1er mai et le 30 septembre. Sur toute maison où règne une maladie contagieuse doit être attaché un écriteau réglementaire, indiquant la nature du mal. Même prescription en Hollande, où l'on pouvait voir récemment, sur l'hôtel qu'occupait l'héritier de la couronne, une plaque portant ces mots sinistres: *Fièvre typhoïde*. Le médecin départemental doit veiller à la propreté des maisons habitées, en éloigner les causes d'infection ou de maladie résultant des lieux d'aisances et, des fumiers trop rapprochés des sources, de la nature de l'eau, de la mauvaise nourriture, des coutumes concernant les couches et les inhumations. Ses investigations doivent s'étendre même jusqu'à un sujet très délicat, car il doit rechercher «comment se font les mariages, s'ils produisent des maladies héréditaires, quelle est la fécondité moyenne des unions et s'il y a des causes qui la limitent». Sous peine de punition disciplinaire, il est tenu d'obtenir du préfet des mesures pour faire disparaître, soit dans les ateliers, soit dans les familles particulières, «tout ce qui peut nuire à la santé».

Le nombre des pharmaciens est limité et le prix de tous les médicaments taxé. Les honoraires des médecins pour leurs visites et pour toutes les opérations le sont également. Ainsi, la visite simple se paye dans la capitale de 1 à 4 francs, dans le reste du pays, de 1 à 2 francs. Pour un bandage de plâtre sur un bras cassé: 6 francs; pour amputer un bras ou une jambe, 40 francs; pour l'emploi du forceps, 6 à 40 francs, et ainsi de suite. On ne peut pas dire que le corps médical ait abusé de sa toute-puissance pour rançonner les malades. Un hôpital de vingt lits au moins doit être ouvert dans chaque chef-lieu de département et dans chaque arrondissement; il est placé autant que possible au centre du territoire. N'oublions pas qu'il y en a 31 pour 1,800,000 habitants. Le médecin officiel y aura son logement. Les indigents y seront reçus gratuitement ou ils seront soignés à domicile.

Dans l'intérêt de la santé publique, les règlements n'ont pas craint d'interdire un usage séculaire, qui semble presque un rite religieux. Partout, les orthodoxes transportent leurs morts au cimetière dans un cercueil ouvert, et on couvre le visage et le corps de fleurs. Désormais, il faut le mettre dans un cercueil fermé, sous peine de prison et d'amende. Les prescriptions pour combattre les épizooties à la frontière et dans le pays sont également rigoureuses et minutieuses.

Cette vaste et complète organisation sanitaire dispose d'un budget spécial, qui se compose du revenu de toutes les fondations hospitalières fusionnées en un fonds spécial, d'un impôt spécial de 1 fr. 60 c. par contribuable et de subsides de l'État. Je pense qu'en aucun pays il n'existe un régime de police hygiénique aussi détaillé et aussi parfait. Mais n'a-t-on pas dépassé la mesure? Dans une intéressante étude sur l'histoire du service sanitaire en Serbie, M. Vladan Georgevitch nous montre, dès le XIIe siècle, les anciens souverains serbes, le grand Stephan Nemanja et le roi Milutine fondant des hôpitaux. Nommé récemment maire de Belgrade, cet hygiéniste éminent s'est donné pour mission de faire de cette capitale la ville la plus saine de l'Europe. A cet effet, il s'occupe, en ce moment, de préparer de grands travaux de pavage, d'éclairage et d'égouts, ce qui est excellent; seulement, pour payer l'intérêt des douze millions que cela coûtera, il veut établir l'octroi, ce qui serait très regrettable. Alors que tous les économistes condamnent cet impôt et qu'on envie les pays qui, comme la Belgique et la Hollande, sont parvenus à l'abolir, on irait entourer Belgrade d'un cercle de douane intérieure et d'un cordon de gabelous, et on choisirait pour cela le moment où les nouveaux chemins de fer, qui relieront l'Occident à l'Orient, vont faire de la capitale serbe une grande place commerciale et où il faut surtout faciliter les échanges, en supprimant les entraves, les frais et les délais! Mieux vaut accomplir lentement les améliorations que d'arrêter, dès le début, l'essor du commerce, qui fuit dès qu'on le gêne et qu'on porte atteinte à sa liberté.

—On fonde grand espoir sur le développement des industries extractives. Déjà existe à Maidan-Pek, aux mains d'une compagnie anglaise, une grande fonderie de fer, mais elle ravage les forêts et ne donne pas de grands bénéfices. Bientôt, grâce au chemin de fer, on pourra exploiter les couches de lignite qu'on rencontre entre Tchoupria et Alexinatz et aux bords de la Nischava, au delà de Nisch, et aussi rouvrir les mines de plomb argentifères de Kopaonik et de Jastribatz, dans la vallée de la Topolnitza. Comme la Grèce au Laurium, la Serbie possède des résidus d'anciennes exploitations qui contiennent 5 à 6 p. c. de plomb et 0.0039 d'argent. On estime qu'il y en a 426,000 mètres cubes. On les rencontre dans les montagnes de Glatschina, à 28 kilomètres de Belgrade.

—Le bâtiment où se réunit l'assemblée nationale, la Skoupchtina, est une construction provisoire sans prétention architecturale. On y trouve, comme partout, des bancs en demi-cercle, l'estrade du bureau et des galeries publiques, mais il n'y a point de tribune pour l'orateur; chacun parle de sa place. Le régime constitutionnel ordinaire est en vigueur; seulement, il n'y a qu'une Chambre. Le conseil d'État, autrefois appelé Sénat (*Soviet*), avec onze à quinze membres, nommés par le roi, prépare les lois. Il a aussi d'importantes attributions administratives; mais la Skoupchtina seule vote les lois et le budget. Celle-ci compte aujourd'hui 170 membres, dont les trois quarts sont élus à raison d'un député par 3,000 contribuables et le dernier quart, nommé par le roi «parmi les personnes distinguées par leur instruction ou leur expérience des affaires publiques». Est électeur tout Serbe majeur et payant un impôt sur ses biens, son travail ou son revenu. Pour être nommé député, il faut avoir trente ans révolus et payer trente francs au moins d'impôt à l'État. Curieuse incompatibilité, les officiers, les fonctionnaires, les avocats, les ministres des cultes ne peuvent être désignés par le peuple, mais seulement par le roi. La Skoupchtina se réunit chaque année. Le roi peut la dissoudre. Pour changer la Constitution (*Oustaw*), pour élire le souverain ou le régent, s'il y a lieu, ou pour toute question de première importance au sujet de laquelle le roi veut consulter le pays, il faut réunir la Skoupchtina extraordinaire, qui se compose de quatre fois plus de députés que l'assemblée ordinaire. Une bande de réfugiés, réunie le 4 février 1804 dans la forêt d'Oréchatz, y décida la guerre sainte contre les Turcs et conféra à Kara-George le titre de vojd ou de chef: ce fut la première Skoupchtina. C'est d'elle qu'émanent, par conséquent, la nationalité serbe et plus tard la dynastie. C'est en Serbie, plus que partout ailleurs, qu'on peut dire que tous les pouvoirs viennent du peuple. Les électeurs étant tous des propriétaires indépendants, les élections devraient être complètement libres, et néanmoins, dans les moments de crise, le gouvernement, par l'influence de ses préfets et de ses sous-préfets, parvient, dit-on, à imposer ses candidats. Si cela est vrai, c'est un symptôme regrettable et pour les gouvernants et pour les gouvernés.

—Le prix des denrées et le montant des traitements servent à faire apprécier les conditions économiques d'un pays. Les chiffres sont un peu inférieurs à ceux de l'Occident, mais pas notablement. La liste civile du roi a été élevée, en 1882, de 700,000 à 1,200,000 francs. Le métropolite reçoit 25,000 francs; les ministres et les évêques, 12,630 francs; les conseillers d'État, 10,140 francs; les conseillers de la cour des comptes et de la cour de cassation, de 5,000 à 7,000 francs; le président d'un tribunal de première instance, de 4,000 à 5,000 francs; les juges, de 2,500 à 4,000; un professeur d'université, 3,283 francs, augmentés tous les cinq ans jusqu'à 7,172 francs; un professeur de l'enseignement moyen, 2,273 francs, augmentés tous les cinq ans jusqu'à 5,000 francs; les instituteurs et les institutrices, outre le logement et le chauffage, fourni par la commune, 800 francs, augmentés successivement jusqu'au maximum de 2,450 francs; un général, 12,600 francs; un colonel, 7,000, un capitaine, 2,700 et un lieutenant 1,920 francs. A Belgrade, la viande se paye 1 franc le kilogramme; le poisson, 1 fr. 25 c.; le sterlet, 1 fr. 60 c.; le pain, 25 centimes; le vin, de 50 centimes à 1 franc; le beurre, 3 à 4 francs; la couple de poulets, 2 à 3 francs; un dindon, 4 francs; une oie, 3 francs. Plus on pénètre dans l'intérieur du pays, plus ces prix diminuent. Les voies de communication rapides nivelant les prix, Belgrade est déjà sous l'action du marché de Pesth. La Serbie a adopté le système monétaire français; seulement, le franc s'appelle *dinar* et le centime, *para*.

La valeur des immeubles en Serbie augmente rapidement. En 1863, on a estimé celle des propriétés urbaines, moins Belgrade, à 48,531,844 francs, et celle des propriétés rurales à 196,099,000 francs. D'après les calculs communiqués par le directeur de l'*Ouprava Fondava* à M. de Borchgrave, il faudrait porter la valeur des propriétés urbaines à plus du double, soit à environ 100 millions, et celle des propriétés rurales à 2,160,000,000 de francs. Pour Belgrade seule, on compte 1,080,000,000 de francs, ce qui, relativement, paraît un chiffre trop fort. Pour les terres, les appréciations sont difficiles, parce qu'il s'en vend très peu. Sur les 360,000 contribuables que compte la Serbie, 12,000 ont conclu avec l'*Ouprava Fondava* des emprunts hypothécaires pour une somme de 36 millions de francs, dont 12 millions pour Belgrade, et 24 millions pour le reste du pays.

A Belgrade, les terrains à bâtir atteignent un prix élevé: 60 à 100 francs par mètre carré dans les rues Prince-Michel fit Teresia; vers le Danube, 20 à 30 francs, et vers la Save, 24 à 40 francs. Les constructions coûtent cher, parce que la main-d'œuvre et les matériaux se payent à un haut prix. Le salaire d'un ouvrier maçon est de 5 à 6 francs par jour; leurs aides, qui sont souvent des femmes, reçoivent 1 fr. 50 c. Les 1,000 briques valent 35 à 40 francs. Les maisons rapportent de 8 à 10 ou 12 p. c. de leur prix de revient. C'est donc un bon placement, car le chemin de fer augmentera la valeur des immeubles dans la capitale. Il y aurait avantage à employer ici, pour faire des briques, les méthodes et les ouvriers belges, qui les produisent au prix de 12 à 15 francs le 1,000.

M. Vouitch, professeur d'économie politique à l'université, m'en fait voir les bâtiments. Ils ont été construits grâce au legs généreux d'un patriote serbe, le capitaine Micha Anastasiévitch, mort récemment à Bucharest, et dont l'une des filles a épousé M. Marinovitch, envoyé de Serbie à Paris. C'est le plus beau monument de Belgrade. On y a réuni des monnaies, des armes, des antiquités, des manuscrits et des portraits très intéressants pour l'histoire nationale. C'est aussi le siège de l'Académie royale des sciences. L'université n'a que trois facultés: celle de philosophie et lettres; celle des sciences, comprenant les arts et métiers, et celle de droit, vingt-huit professeurs et environ deux cents élèves. Pour étudier la médecine, il faut se rendre à l'étranger.

—Le code civil, rédigé sous Milosch, est une imitation du code autrichien; cependant il y a quelques différences curieuses à noter, entre autres celle-ci: comme dans toutes les législations primitives, les filles n'héritent pas, s'il y a des fils ou des enfants mâles issus d'eux. Elles n'ont droit qu'à une dot, afin que les biens ne passent pas dans une famille étrangère.

—Je lis dans un journal financier:

«Les journaux de Berlin s'occupent de la régie des tabacs serbes. La formation de la régie est prévue dans le contrat d'avances conclu avec le groupe de la Banque des Pays-Autrichiens et du Comptoir d'Escompte. La redevance est fixée, pour les cinq premières années, à 2,250,000 francs, et elle progresse par séries quinquennales. Elle forme le gage de l'emprunt de 40 millions, dont le service sera fait directement par les contractants de la régie et par prélèvements sur cette redevance.»

Rien de plus triste! Voilà la Serbie, pays libre et à peine émancipé, qui suit le chemin de la Turquie et de l'Égypte. Elle hypothèque et livre en gage, successivement, toutes ses ressources, donnant droit, chose plus grave, aux financiers européens d'intervenir dans son administration intérieure. C'en est fait de son indépendance. Elle ne payera plus tribut à Constantinople, mais à Vienne et à Paris, et dans des conditions bien plus dures. Elle marche ainsi ou à la banqueroute ou à l'asservissement économique de la nation serbe. Vaillant Kara-George, glorieux Milosch, est-ce pour un semblable avenir que vous avez combattu!

—Tandis que nous nous promenons sur le Kalimegdan et que nous contemplons, du haut de ce glacis de la forteresse, le magnifique paysage qui se déroule devant nous, la vaste plaine hongroise et le confluent du Danube et de la Save illuminés des feux dorés du soleil couchant, on me raconte quelques détails sur les atrocités commises jadis par les Turcs en ce lieu même. C'était en 1815. L'insurrection serbe vaincue, et Milosch momentanément réduit à se soumettre, les Turcs, qui avaient réoccupé tout le pays, voulurent lui enlever toutes ses armes. Suleyman-Pacha envoya des sbires dans chaque village pour forcer les paysans à livrer leurs fusils. Ceux qui refusaient ou qui prétendaient n'en pas avoir étaient soumis à des tortures atroces; des femmes et des hommes étaient tués sous la bastonnade, pendus, les pieds en l'air, privés de toute nourriture, empalés ou brûlés vifs. Ce serait à ne pas le croire, si, comme le dit Mme Mijatovitch, dans son livre *History of Modern Serbia*, page 81, on ne connaissait pas le nom des victimes et la date exacte de leur martyr. En un seul jour, le gouverneur de Belgrade, Suleyman, fit empaler 170 Serbes compromis dans la dernière insurrection, malgré l'amnistie générale solennellement promise. Comme ces empalements s'étaient faits du côté du Kalimegdan qui domine la Save et fait face à Semlin, le général autrichien qui y commandait écrivit au pacha que cette exhibition révoltante devait être considérée comme une insulte à un État chrétien voisin, et que, par conséquent, s'il n'était pas mis fin immédiatement à ce spectacle abominable, les soldats autrichiens viendraient y mettre ordre. Suleyman ordonna de faire faire les exécutions du côté du Danube.

—L'esprit d'association est développé parmi les artisans. J'ai remarqué, en face des bureaux du *Videlo*, une *zadruga* d'imprimeurs typographes, c'est-à-dire une société coopérative. L'antique zadruga rurale, la communauté de familles, est, en effet, une association de production agricole.

—J'aime à errer dans le grand cimetière. Il est situé à l'extrémité sud de la ville, sur une colline d'un côté, coupée à pic par une carrière. On y a une vue admirable sur le Danube et sur l'immense plaine de la Hongrie. Le vendredi, les parents des défunts viennent visiter leurs tombes et y apportent des offrandes, comme dans l'antiquité. Voici, sur le tertre où est plantée une simple croix en bois noir, une petite bougie, un plat de cerises, un petit pain, une bouteille de vin et des fleurs. Une femme y est accroupie, elle pousse des gémissements accompagnés d'invocations à l'âme de son mari semblables à des mélopées: «O ami, pourquoi nous as-tu quittés? Nous t'aimions tant! Chaque jour, nous te pleurons! Rien ne pourra nous consoler.» Sur d'autres tombes se font entendre des lamentations encore plus douloureuses. On dirait un chœur de pleureuses romaines. L'effet est poignant. Le rite oriental s'est beaucoup moins modifié que les cultes occidentaux. Les coutumes du paganisme grec et latin, qui ont transformé le christianisme primitif, purement sémitique, sont restées ici intactes et vivantes. Ce poétique cimetière n'est pas à 200 mètres des habitations, comme le prescrit le règlement sanitaire: sera-t-il aussi fermé?

—Je retrouve ici une personne que j'avais rencontrée lors de mon premier voyage et dont la vie est un drame. En 1867, lorsque je quittai Belgrade pour me rendre aux bains d'Hercule, à Mehadia, je vis monter sur le bateau à vapeur une dame au port de reine, accompagnée d'une jeune fille dont la beauté était éblouissante. Je remarque qu'elle est saluée avec le plus grand respect. La femme du consul d'Autriche, Mme de Lenk, m'apprend que c'est Mme Anka Constantinovitch, tante du prince Michel, lequel est éperdument amoureux de sa fille, la ravissante Catherine.—«Il veut, me dit-elle, l'épouser, après s'être divorcé de sa femme, la comtesse Hunyadi, qui déteste Belgrade et habite constamment en Hongrie. Jusqu'à présent, deux obstacles ont empêché l'accomplissement de ce dessein: le rite orthodoxe admet le divorce, mais interdit le mariage entre cousins et cousines. La comtesse Hunyadi est catholique; elle se refuse au divorce, et l'Autriche la soutient.» Comme j'avais une lettre de François Huet pour le prince Michel, Mme Anka me reçut de la façon la plus aimable et je passai quelques jours avec elle et sa fille à Mehadia. Peu de mois après, le prince Michel et Mme Anka étaient assassinés dans le parc de Topchidéré. Sa fille, la belle Catherine, qui est devenue Mme Michel Boghitchevitch, me raconte ce tragique épisode.

—«Nous nous promenions, me dit-elle, ma mère et moi, avec le prince dans le Thiergarten. C'était par une belle après-midi du mois de juin. Tout à coup, sortent du bois des hommes armés de pistolets. Ils tirent à bout portant. Le prince et ma mère sont tués sur le coup, une balle m'atteint et me jette la figure contre terre. Pour m'achever, on me tire une seconde balle dans le dos, mais celle-ci rencontre l'omoplate, glisse et s'arrête dans mon cou. Tenez, elle est encore là; on n'a pas voulu l'extraire! J'avais dix-huit ans. On m'amena à épouser, peu de temps après, Blasnavatz qui en avait près de soixante, mais qui était régent de la Principauté. Après sa mort, je devins la femme de mon mari actuel, qui est également mon cousin. Aussi, pour que le mariage pût s'accomplir, fûmes-nous obligés de nous réfugier en Hongrie. Le roi Milan nous a fait revenir à Belgrade, et il est très bon pour nous, mais nous préférons vivre à l'écart du monde officiel. Que de terribles souvenirs! Le prince Michel était adoré par le peuple. Vous avez vu sa statue équestre sur la place du Théâtre. Bientôt on inaugurera un monument expiatoire dans le parc aux Daims, à la place où il a été tué.»—Malgré ces tragiques épreuves, Mme Catherine est restée très belle. Elle a les yeux magnifiques, d'un noir velouté, avec de grands sourcils arqués et ce teint mat et chaud des femmes roumaines. Car, comme son cousin le roi, à qui elle ressemble d'ailleurs, elle est d'origine valaque, par les femmes.

—Je dîne chez M. Sidney-Locock, ministre d'Angleterre, qui s'est fait bâtir ici une charmante résidence avec une pelouse unie comme un tapis, où l'on joue au lawn-tennis, à l'ombre de beaux arbres. On se croirait aux environs de Londres. Grande discussion avec le ministre d'Allemagne, le comte de Bray, sur le point de savoir qui profitera le plus du futur chemin de fer Belgrade-Nisch-Vrania-Salonique, ou l'Angleterre ou l'Autriche? La concurrence sera vive, car les Autrichiens sont favorisés par leur tarif différentiel. En tout cas, l'Angleterre ne peut pas y perdre. Si on relie par un tronçon, facile à faire le long de la côte, Salonique à la ligne grecque récemment inaugurée de Larissa-Volo, ce port, situé au fond du plus admirable golfe, deviendra le point d'embarquement le plus rapproché vers les échelles du Levant et l'Égypte, à moins qu'on ne pousse jusqu'à Athènes! Lorsque la jonction sera faite entre Nisch et les chemins ottomans à Sarambey, par Sofia, on ira, avec une vitesse de 40 kilomètres à l'heure, de Belgrade à Constantinople, 1,066 kilomètres, en 29 heures, et de Londres à Constantinople en 75 heures. La ligne de Salonique réalisera le fameux projet exposé, avec tant d'éloquence, par le consul autrichien de Hahn, il y a plus de trente ans. La malle des Indes suivra l'ancienne route militaire des Romains par *Singidunum* ou *Alba Greca* (Belgrade), *Horreum Margi* (Tchoupria), *Naissus* (Nisch) et Thessalonique, qui deviendrait un port de première importance.

—Quelles sont les visées d'avenir de la Serbie? Elles sont vastes, illimitées comme les rêves de la jeunesse. Les patriotes exaltés voient renaître dans un avenir éloigné l'empire de Douchan, ce qui est une pure chimère. D'autres espèrent, ici comme à Agram, qu'un jour un État serbe-croate réunira toutes les populations parlant la même langue: les Croates, les Serbes, les Slovènes, les Dalmates et les Monténégrins; mais, pour cela, il faut ou qu'elles se soumettent à l'Autriche, ou qu'elles contribuent à la démembrer. Quoique ce projet ait pour lui la force très grande du principe des nationalités, il n'est pas encore à la veille de se réaliser. Les patriotes pratiques visent un but plus prochain: l'annexion de la Vieille-Serbie, cette pointe nord de la Macédoine, au sud de Vrania, qui comprend le théâtre de la grandeur et de la chute de l'antique royaume serbe: Ipek, la résidence des anciens patriarches serbes; Skopia, où Douchan plaça sur sa tête la couronne impériale de toute la Romanie; Detchani, le tombeau de la dynastie des Némanides, et Kossovo, le champ de bataille épique où triompha définitivement le croissant. D'après un voyageur qui connaît bien cette partie de la Péninsule, M. Arthur Evans, le jour où l'armée serbe pénétrera dans la Vieille-Serbie, elle y sera reçue avec joie par les rayas, dont la condition est affreuse[15]. Pour éviter à l'avenir de nouvelles complications, il faut que l'Europe tienne compte des vœux des populations, fondés sur les convenances ethniques, économiques et géographiques et sur les souvenirs de l'histoire.

[15]

Voyez aux annexes, n° I.

ANNEXE N° 1.

LA VIEILLE-SERBIE.

Le pays appelé *Vieille-Serbie* est un des moins connus de la péninsule des Balkans. Il y a toujours eu danger à parcourir cette province, à cause de la présence des nombreux Arnautes qui l'occupent. Ces Arnautes sont les descendants des Serbes qui, après la bataille de Kossovo, se sont soumis au sultan et ont embrassé l'islamisme afin d'acquérir des terres et des privilèges que les sultans accordaient à tous ceux qui prenaient le turban.

Les Arnautes de la Vieille-Serbie sont, sans contredit, les plus fanatiques et les plus turbulents des musulmans, toujours les armes à la main. Ils portent sur eux un véritable arsenal, car, dans leurs larges ceintures en cuir, ils ont généralement deux grands pistolets, un et quelquefois deux kandjiars. A cette ceinture, les Arnautes accrochent trois cartouchières ou boîtes en métal ciselé de dimensions différentes et dans lesquelles ils mettent la poudre, les balles et les amorces. Une baguette en fer, terminée par un anneau en cuir ouvragé et qui leur, sert à bourrer leurs pistolets, complète leur attirail guerrier. Lorsqu'ils sont en expédition ou qu'ils voyagent, les Arnautes portent toujours un immense fusil à crosse de cuivre plein, plus ou moins bien ciselé.

Aussi ne peut-on s'aventurer qu'avec les plus grandes précautions dans la Vieille-Serbie turque, et les Européens qui ont pu traverser le pays des Arnautes sont extrêmement rares.

Une partie de la Vieille-Serbie que revendique le peuple serbe a déjà été conquise en 1879; elle compose aujourd'hui trois départements qui sont ceux de Nisch, de Vrania et de Prekoplié. C'est dans ce dernier département qu'habitait plus particulièrement l'élément arnaute, et dont le centre principal était Kourschoumlié. Il a fallu les déloger à coups de fusil, car ils opposèrent une résistance armée à l'occupation de leur pays par les troupes serbes. Ne pouvant vivre sous le joug chrétien, les Arnautes de Prekoplié et de Kourschoumlje, quoique Serbes de race, se retirèrent plus au sud, en territoire ottoman, mais toujours dans la Vieille-Serbie.

On les retrouvera peut-être encore et avec eux bien d'autres qui peuplent le pays, vivant côte à côte avec les Serbes chrétiens, qu'ils oppriment et terrorisent cruellement.

Les Serbes rencontreraient-ils de grandes difficultés dans l'occupation du pays qu'ils convoitent? Cela est à peu près certain, quoique la Serbie soit en mesure de surmonter ces obstacles; mais, pour le moment, nous ne voulons pas nous occuper de cette éventualité, nous voulons simplement donner quelques notions sur le territoire et les habitants du pays qui doit, aux yeux des Serbes, composer l'agrandissement de leur patrie.

Nous avons dit plus haut qu'une partie de la Vieille-Serbie a été incorporée au jeune royaume en 1879; celle qui reste encore en territoire ottoman est la plus considérable et forme presque exclusivement le vilayet de Kossovo.

Les territoires qui composent ce vilayet sont ceux de Kossovopoljé, Métokia, Liouma, Tetovo, Dvetz et Kodjak.

Le Kossovopoljé est le plus vaste et le plus peuplé. C'est là que se trouve la ville de Pristina, le chef-lieu du vilayet, résidence du gouverneur général turc ou vali. C'est là également que se trouve la ville de Mitrovitza, tête de ligne du chemin de fer qui mène à Salonique. Ce territoire touche aux frontières serbes; deux routes relient le Kossovopoljé à la Serbie; elles partent, l'une de Pritchina pour aller à Leskovatz, l'autre de Tirnovatz à Vrania. Si les Serbes donnent suite à leurs projets, c'est par là qu'ils doivent forcément commencer. Le territoire de Kossovopoljé est encore plein de souvenirs historiques chers aux Serbes. C'est là, entre le village de Wuchtrin et la ville de Pritchina, que se trouve le fameux haut plateau de Kossovo, qui a donné son nom au vilayet; c'est une très vaste plaine élevée qu'arrosent trois petites rivières qui se jettent dans l'Ibar, et qui se nomment la Grasena, la Lab et la Simnitza. C'est la fameuse plaine des Merles (Kossovopoljé en slave), où tomba le dernier empereur serbe, le knèze Lazar, dans la bataille qu'il livra à la tête de toutes les troupes serbes contre les Turcs, commandés par le sultan Mourad, qui périt lui-même à la fin du combat, par le poignard du voïvode Miloch Obilitch, qui venait d'être fait prisonnier et que l'on conduisait devant le vainqueur. C'est à partir de ce moment que commença la servitude de la Serbie. A l'endroit où tomba Mourad, il existe un «turbé» ou monument funèbre musulman.

Près de Mitrovitza, on voit encore les ruines, assez bien conservées, d'un grand château, où périt assassiné le roi Ouroch, père de Douchan, le plus grand souverain serbe.

D'autres ruines de châteaux serbes se trouvent dans les montagnes qui séparent la rivière Lab de l'Ibar.

A Gilar et à Novobrdo, il y a de belles églises serbes en assez bon état.

La province de Métoja se trouve à l'ouest de celle de Kossovopoljé; les deux villes principales de ce pays sont: Diakowa et Ipek ou Petsch. Ipek conserve encore l'église métropolitaine de l'ancienne Serbie. Pendant un moment, le patriarche de l'Église serbe résida dans cette ville.

Diakowa est le centre arnaute par excellence; c'est le pays le plus dangereux de toute la Péninsule; c'est un véritable repaire d'haïdouks (brigands).

Le territoire de la Ljuma, situé plus au sud, se trouve compris entre les montagnes du Schar et la rive droite du fleuve Drin. Les villes principales de ce territoire sont: Prizrend, la plus grande ville de tout le vilayet de Kossovo; elle possède plus de 40,000 habitants et fut longtemps la résidence du pacha gouverneur, et Dibré ou Diwra, où l'on travaille le cuir, comme on le faisait à Cordoue. C'est à Dibré que se trouvent les plus fanatiques musulmans de la contrée. Les Arnautes de Dibré sont orgueilleux et fiers et d'un courage exceptionnel. Ils sont continuellement en lutte avec les Malisores Mirdites qui les avoisinent, lesquels sont catholiques. Il est vrai que ceux-ci pratiquent la religion romaine à leur façon, qui n'est pas tout à fait conforme à l'orthodoxie catholique.

La territoire de Tetovo est le plus accidenté de tous; il est presque exclusivement habité par des Arnautes de race serbe; ce sont des montagnards sauvages, d'une ignorance extrême et qui ne vivent que du produit de leur bétail. C'est à peine s'ils savent qu'ils vivent sous la domination ottomane, et les collecteurs d'impôts, si âpres partout ailleurs, ne pénètrent jamais dans leurs montagnes. Les villes principales de ce territoire sont Kalkandelen, Gustiva et Kritschévo.

Le territoire d'Ovetz se trouve à l'est; c'est un pays riche, mais là l'élément serbe se trouve mélangé par parties presque égales à l'élément bulgare. Tracer une ligne de démarcation entre ces deux races dans cette province nous paraît chose bien difficile. Il est très possible que le désaccord entre la Serbie et la Bulgarie survienne à propos de l'Ovetz, où se trouvent les centres importants d'Istib, d'Uskub et de Kumanova.

Le territoire du Kodjak est le moins connu de tous. Il limite la Serbie au sud de Vrania. Toutefois, de ce que les géographes qui ont dressé des cartes de la presqu'île des Balkans ont laissé en blanc tout le Kodjak, il ne s'ensuit pas qu'il soit inhabité, comme l'ont affirmé certains publicistes mal renseignés.

Il existe, au contraire, un assez grand nombre de villages assez peuplés dans les étroites vallées formées par le Kodjak-Planina, grande montagne qui donne son nom au territoire.

Le Kodjak est également habité par des Serbes et par des Bulgares, dont la sauvagerie ne le cède en rien aux Arnautes pasteurs du Tétovo.

Telles sont les provinces qui composent la Vieille-Serbie. Quoique en majorité serbe, la population se divise en deux fractions bien distinctes: la partie composée des Serbes ou des Bulgares demeurés chrétiens et celle des Serbes musulmans ou Arnautes. La première représente environ les deux tiers de la population, la partie musulmane, l'autre tiers. La population totale du vilayet de Kossovopoljé, moins le sandjak de Novi-Bazar, monte à 480,000 habitants, d'après les dernières cartes de Bianconi.

SITUATION ACTUELLE DE LA VIEILLE-SERBIE.

«A quatre lieues de distance de Djakowo, cachés dans une belle gorge alpestre, s'élèvent l'église et le monastère de Détchani, fondés par le roi serbe saint Étienne, et par son fils, Douchan, qui le premier prit le titre de czar. Dans tout l'intérieur de la péninsule des Balkans, on ne rencontre pas un monument aussi artistique que cette église. La forme, les matériaux et le style de cet édifice nous transportent bien loin des constructions de briques, du genre byzantin. Ses bandes de marbre blanc veiné de rose ressortent avec éclat sur les collines couvertes de sapins qui l'environnent. Ses colonnes élégantes et ses lions hardiment posés en avant rappellent l'architecture de la Dalmatie et de la ville d'Ancône. Les rinceaux dentelés des fenêtres sont, en partie, si bien conservés qu'on croirait que le sculpteur vient d'y mettre la dernière main. Cette église est le souvenir vivant d'une dynastie de rois qui régnèrent du Danube à l'Adriatique, et de l'Adriatique à la mer Egée, d'artisans qui ont laissé la trace de leur habileté jusque sur le sol italien. Le style de cette église est une heureuse combinaison des traditions de l'architecture religieuse italienne et grecque; il s'éloigne beaucoup de la rigidité de lignes du style byzantin. Tout l'intérieur est recouvert de fresques remarquables, dont les plus intéressantes représentent les héros de la famille royale des Nemanjas, depuis le czar Siméon jusqu'au jeune czar Ourosh, rangés parallèlement entre les branches feuillues d'un arbre héraldique.

«Les personnes qui ont vu cette admirable relique historique comprendront aisément la place qu'elle a occupée et qu'elle occupe encore actuellement dans l'imagination de tous les Serbes et même de tous les Slaves. Cette église, de même que l'église patriarcale d'Ipek, qui s'élève non loin de là, sont les deux lieux saints de la race serbe. C'est dans l'église d'Ipek que siégeaient les métropolitains et les patriarches de l'église serbe, qui disparurent peu à peu à l'époque du célèbre exode de la race serbe. Ceux qui connaissent la puissance des sentiments populaires en matière politique saisiront l'absurdité, d'un traité, qui a laissé ces centres des aspirations de tout un peuple dans les mains d'Arnautes barbares et de mahométans fanatiques. Il n'est pas étonnant que l'église et le monastère de Détchani aient été aussi bien conservés. Après la conquête, les Turcs s'aperçurent que ce lieu de pèlerinage pourrait devenir, entre leurs mains, une source importante de revenus. C'est pourquoi ils commencèrent par faire payer par les Slaves un lourd tribut—qu'ils exigent encore maintenant;—ensuite, ils convertirent le monastère en vakouf impérial, c'est-à-dire en propriété ecclésiastique, placée sous la protection du sultan, et durant les quatre siècles qui viennent de s'écouler un grand nombre de firmans ratifièrent cette charte. Les privilèges spéciaux et les assurances de protection si souvent réitérées donnent à la situation actuelle du monastère une garantie toute spéciale. Néanmoins, des Arnautes s'établissent constamment chez les moines, y restent parfois des semaines entières, en vivant à leurs dépens. Les mahométans du voisinage ont, de plus, levé une série d'impôts forcés sur les moines, qui ne peuvent les payer; les malheureux frères vivent dans un péril constant.

Il est impossible de s'éloigner de cent pas du monastère sans escorte armée, et, en 1882, les Arnautes brûlèrent une aile du bâtiment principal et tirèrent à plusieurs reprises dans l'intérieur. Les moines eux-mêmes furent outragés indignement.

Une nuit, je fus réveillé par les cris sauvages de ces brigands, et je pensai à saint Guthlac de Croyland, dans les temps anciens, qui, entendant des hurlements affreux dans le voisinage, crut à une invasion des Bretons. Quand le saint s'aperçut que ce bruit avait été fait par des diables, il fut tout réconforté et sa peur s'apaisa. Mais dans le cas présent, cette consolation-là me fut enlevée, car c'étaient bien des Arnautes, il n'y avait pas à s'y méprendre. Après avoir échappé à la destruction pendant quatre cents ans de domination turque, cet admirable monument court, à l'heure présente, les plus grands dangers.

La situation de l'église patriarcale d'Ipek, située à une demi-lieue du siège du gouverneur turc, est également précaire; quoiqu'elle soit, comme Detchani, sous la protection spéciale du gouvernement, elle est exposée aux mêmes extorsions et au même système de terrorisation. Les trois quarts de la congrégation régulière ne peuvent assister aux offices parce que les Arnautes battent les chrétiens qui se rendent à l'église et les attaquent à coups de fusil. Le pays est si peu sûr, que la plupart des chefs de famille n'osent s'aventurer hors de leurs maisons. Les portes du monastère sont criblées de trous de balles et plus d'un meurtre a été commis dans le voisinage.

«Le gouverneur civil et militaire de la ville d'Ipek n'est autre que le redoutable Ali de Gusinje, vieillard d'un aspect imposant, qui possède, sans doute, une autorité sans bornes dans Gusinje, mais qui est devenu l'instrument d'un «cercle» d'Arnautes. Les troupes en garnison à Ipek sont disciplinées, et leur présence est bien vue des chrétiens, mais la Porte ne leur permet pas d'intervenir pour maintenir l'ordre. Les Arnautes sont les favoris du «Palais», et il est interdit de se mêler de leurs affaires. Dans la ville, l'insécurité est telle, que ce fut seulement sous l'escorte de huit Arnautes armés jusqu'aux dents, formant le carré autour de moi, qu'il me fut permis de faire quelques petites acquisitions au bazar. Quoi qu'il en soit, l'apparition d'un étranger «européen» dans les rues d'Ipek causa une si grande agitation, que le gouverneur ne me permit plus de sortir et me défendit de visiter l'école serbe. Je parvins cependant à la voir. Le maître d'école vit dans un péril constant; mais il faut rendre cette justice à Ali de Gusinje, que c'est grâce à son intervention que les livres de classe n'ont pas été saisis en bloc, comme cela s'est fait ailleurs. L'école des filles est dirigée par deux maîtresses indigènes fort remarquables. Miss Irby parle de l'une d'elles dans ses livres. Cette école fait oublier un peu l'anarchie complète qui règne à Ipek, mais l'état de choses dans les contrées avoisinantes surpasse toute description. Depuis le traité de Berlin, il y a eu ici de 150 à 200 meurtres de chrétiens restés impunis. On m'a donné la date exacte de 92 de ces assassinats; dans plusieurs cas, la victime était un enfant, et je suis certain que jamais les autorités n'ont fait aucun effort pour poursuivre les meurtriers. C'est ainsi que la Turquie se venge d'avoir dû signer «une paix honorable».

«Pendant mon court séjour à Ipek, on assassina un infortuné Serbe dans le village de Gorazdova, où avaient été commis deux crimes identiques dans les derniers temps. Dans le village de Trebovitza, un musulman, arnaute ou renégat serbe, avait persuadé à une jeune fille de seize ans de l'épouser et d'embrasser l'islamisme. Les parents de la jeune fille refusèrent leur consentement au mariage. Alors, les autorités mirent la mère en prison (elle s'y trouvait encore lors de mon départ), et le séducteur emmena la jeune fille dans son harem. Il y a eu six ou sept cas semblables à Ipek, et l'un des Arnautes influents commet impunément des outrages encore plus révoltants. Les prêtres des villages sont cruellement maltraités. J'en vis un qui avait courageusement signalé aux autorités d'Ipek deux meurtres commis dans sa paroisse. Les autorités firent la sourde oreille, mais les Arnautes, informés de ses réclamations, tombèrent sur lui à coups de couteau. J'ai vu l'un de ses bras à moitié coupé. Dans le monastère d'Ipek se trouvait un autre pope, qui venait de s'enfuir du village de Suho-Gurlo. Les Arnautes s'étaient emparés de lui, l'avaient conduit dans un lieu désert et étaient sur le point de le massacrer, quand ils consentirent à le relâcher, à condition qu'il leur payât la somme de 50 piastres dans un délai de trois jours. Il est actuellement enfermé dans le couvent et n'ose visiter son troupeau. Il m'apprit que, dans les environs de Suho-Gurlo, plus de douze villages avaient été privés de leurs pasteurs de la même manière. Même à Vuchitern, un endroit relativement favorisé par sa position sur le chemin de fer macédonien, je découvris que le pope et le maître d'école avaient passé une année au cachot, et l'on croyait que le prêtre avait été déporté en Asie.

«Si ces crimes étaient des actes de cruauté isolés, ce serait déjà déplorable; mais il est hors de doute que c'est un système de terreur organisé et ayant un but parfaitement défini. On veut à tout prix chasser les Serbes de ces territoires par des actes répétés de violence et de pillage. Des habitants du pays, bien informés, m'ont assuré que les Arnautes, malgré leur sauvagerie naturelle, ne se rendraient pas coupables d'assassinats pareils, s'ils n'y étaient encouragés par les gouvernants. Le plus grand promoteur de ces violences est indubitablement Mullazeg, un notable Arnaute fort riche, qui, de concert avec une série de personnages influents du même genre, dirige tous les mouvements du pacha.

«Plusieurs de ces «gentilshommes» ont des relations intimes avec le palais de Stamboul, et on trouvera difficilement un fonctionnaire turc qui consentira à jouer encore le rôle du malheureux Mehemet-Ali,qui s'était laissé persuader qu'il parviendrait à rétablir l'ordre. C'est ainsi que continue le règne de la terreur, et si l'Europe n'intervient pas bientôt, il est probable que le rêve des oppresseurs se réalisera complètement. Sous le coup de semblables persécutions, les populations chrétiennes prennent la fuite, parfois par villages entiers, et se mettent en chemin vers la frontière serbe. Dans certains villages, des hordes d'Arnautes ont littéralement chassé les habitants. Dans les environs d'Ipek seulement, 22 villages sont déserts. Les réfugiés conservent toujours l'espoir de revenir dans leur pays natal, quand le règne de la tyrannie aura cessé.

«Les autorités craignant les Arnautes, favoris du sultan, il s'ensuit que les receveurs des contributions n'osent s'adresser à eux, et forcent les malheureux rayas de l'Albanie et de la Macédoine à payer les impôts dus par leurs oppresseurs. La «vergia» ou impôt foncier est ainsi réclamée jusqu'à trois fois au même propriétaire, et comme on ne donne pas de reçu aux paysans des impôts déjà perçus, ils n'ont aucun recours contre ces extorsions réitérées. Les receveurs trouvent un appui puissant dans les autorités turques, et plusieurs chrétiens sont actuellement emprisonnés à Ipek, pour n'avoir pas voulu ou n'avoir pas pu payer leurs impôts pour la seconde ou peut-être la troisième fois.

«Dans le district voisin de Kolashin, j'ai constaté le même état de choses, en 1880. Les chrétiens sont assassinés et dépouillés sans merci et sans qu'il soit possible de poursuivre les coupables. Le gouvernement et la justice sont également inertes. Je citerai un seul fait qui s'est passé récemment. Entre Ipek et Mitrovitza, la route traverse pendant six lieues une plaine fertile, bien irriguée, mais maintenant déserte, sans culture et sans habitations. Je passai la nuit dans le petit village serbe de Banja. J'y trouvai les paysans en grande discussion pour savoir s'ils quitteraient le pays immédiatement. Tous les environs sont le théâtre de scènes horribles. Un jeune Serbe, appelé Simo Lazaritch, se baignant dans la source d'eau tiède qui donne son nom à Banja, fut tué de sang-froid par un Arnaute de Dervishevitch. Le jour précédent, un autre jeune Serbe âgé de 20 ans, Josif Patakovitch, avait subi le même sort, et un autre malheureux avait été grièvement blessé. Les habitants de Banja ont travaillé six mois à la restauration de leur église, mais les Turcs l'ont de nouveau détruite. L'école, de même, est en ruines, et aucun instituteur n'a le courage d'y rester. «Ils nous assassineront tous, l'un après l'autre,» me dit un des anciens du village; et un vieil infirme me demanda avec anxiété s'il n'y aurait pas bientôt la guerre. Tels sont les fruits, dans ces contrées, de la «paix avec honneur» obtenue par lord Beaconsfield.

«M'est-il permis de demander si l'Europe et l'Angleterre n'ont aucune responsabilité relativement au sort de ces malheureuses populations, par leur participation au traité de Berlin? Ou bien faut-il que les habitants du vilayet de Kossovo soient exterminés, simplement parce qu'il convient à la politique de l'Autriche de cacher l'anarchie qui règne dans ces régions? Pourtant, il est incontestable que la «Vieille-Serbie» tout entière ferait partie du royaume serbe, et jouirait de la sécurité et de la liberté de conscience qui font le bonheur de la Serbie et du Monténégro, sans l'opposition de la politique tortueuse et impie qui faisait de chaque charte de franchise accordée par la Russie à ses alliés serbes un *casus belli*.

«Arthur Evans.»

J'ajouterai que si la Serbie, au lieu d'attaquer la Bulgarie sans le moindre droit, s'était donné pour mission de dénoncer la situation de la Vieille-Serbie à l'Europe et d'affranchir ses frères opprimés, ce pays infortuné serait probablement aujourd'hui délivré et réuni au royaume serbe.